実例でわかる
幼稚園幼児指導要録
作成マニュアル

監修 冨田久枝

成美堂出版

　毎年3月は、卒園する子どもたちのうれしくも、また寂しくもある新たな旅立ちの季節です。そして、入園から卒園までを見守り、指導してきた子どもたちの育ちの全てを記した「幼稚園幼児指導要録」を提出する、幼稚園教員にとって重要な時期でもあります。

　幼児指導要録は、子どもたちの特性や生育の記録を小学校教員に正しく伝え、子どもが小学校生活にスムーズに移行できるようにするための大変重要な文書です。

　しかし、幼稚園教員の日常は多忙で、子ども一人ひとりの幼児指導要録を作成するには、時間がいくらあっても足りないくらいです。それでも多忙な合間をぬって、日々の記録を調べたり同僚たちとの意見の交換を踏まえて、子どもの姿を立体的に表し、正確に伝えるものを作らなければなりません。

　本書の文例集は、担任した学年の記録を執筆できるように年齢別に分け、5領域ごとにたくさんの事例によって構成されています。ご自分のクラスの子ども一人ひとりの育ちに合わせて記述するのに、きっとお役に立つと思います。

　また、2年保育から4年保育までの実例を、実際の「指導に関する記録」の用紙を使ってさまざまなパターンを掲載し、その書き方のポイントとまとめ方を、具体的な添削文例とともに紹介しています。幼稚園教育要領の改訂に伴い「幼児期の終わりまでに育ってほしい姿」についてもふれ、幼保連携型の認定こども園への対応も加えました。

　本書が少しでも幼稚園教員の皆さんの幼児指導要録の作成に役立ち、これからも続く子どもたちの育ちを、幼稚園と小学校が連携して支えることに寄与できれば幸甚です。

冨田久枝

- ■はじめに……………………………………………………………… 2
- ■本書の特長と見方 …………………………………………………… 6

第1章 指導要録の基本を知ろう！　7

- 子どもの「育ち」を伝える「指導要録」…………………………… 8
- 指導要録のフォーマットを見てみよう…………………………… 10
- 指導要録の管理と記入のルール…………………………………… 17
- 指導要録の作成と提出の流れ……………………………………… 18
- 指導要録Q&A①…………………………………………………… 20

第2章 伝わる指導要録の書き方　21

- 記録から指導要録を書く…………………………………………… 22
- 指導要録に生きる記録のアイデア………………………………… 24
- 指導要録の書き方8条……………………………………………… 28
- 5領域ごとの書き方のポイント…………………………………… 31
- 最終学年の指導に関する記録　書き方のポイント……………… 36
- 文章表現上の注意点………………………………………………… 38
- 指導要録Q&A②…………………………………………………… 40

第3章 指導要録文例集　41

2歳児の5領域別文例
- 「学年の重点」文例集……………………………………………… 42
- 「個人の重点」文例集……………………………………………… 43
- 「健康」文例集……………………………………………………… 44
- 「人間関係」文例集………………………………………………… 46
- 「環境」文例集……………………………………………………… 48
- 「言葉」文例集……………………………………………………… 50
- 「表現」文例集……………………………………………………… 52

3歳児の5領域別文例
- 「学年の重点」文例集……………………………………………… 54

「個人の重点」文例集⋯⋯⋯⋯⋯⋯⋯⋯⋯⋯55

「健康」文例集⋯⋯⋯⋯⋯⋯⋯⋯⋯⋯⋯⋯⋯57

「人間関係」文例集⋯⋯⋯⋯⋯⋯⋯⋯⋯⋯59

「環境」文例集⋯⋯⋯⋯⋯⋯⋯⋯⋯⋯⋯⋯⋯61

「言葉」文例集⋯⋯⋯⋯⋯⋯⋯⋯⋯⋯⋯⋯⋯63

「表現」文例集⋯⋯⋯⋯⋯⋯⋯⋯⋯⋯⋯⋯⋯65

4歳児の5領域別文例

「学年の重点」文例集⋯⋯⋯⋯⋯⋯⋯⋯⋯67

「個人の重点」文例集⋯⋯⋯⋯⋯⋯⋯⋯⋯68

「健康」文例集⋯⋯⋯⋯⋯⋯⋯⋯⋯⋯⋯⋯⋯70

「人間関係」文例集⋯⋯⋯⋯⋯⋯⋯⋯⋯⋯72

「環境」文例集⋯⋯⋯⋯⋯⋯⋯⋯⋯⋯⋯⋯⋯74

「言葉」文例集⋯⋯⋯⋯⋯⋯⋯⋯⋯⋯⋯⋯⋯76

「表現」文例集⋯⋯⋯⋯⋯⋯⋯⋯⋯⋯⋯⋯⋯78

5歳児の5領域別文例

「学年の重点」文例集⋯⋯⋯⋯⋯⋯⋯⋯⋯80

「個人の重点」文例集⋯⋯⋯⋯⋯⋯⋯⋯⋯81

「健康」文例集⋯⋯⋯⋯⋯⋯⋯⋯⋯⋯⋯⋯⋯83

「人間関係」文例集⋯⋯⋯⋯⋯⋯⋯⋯⋯⋯85

「環境」文例集⋯⋯⋯⋯⋯⋯⋯⋯⋯⋯⋯⋯⋯87

「言葉」文例集⋯⋯⋯⋯⋯⋯⋯⋯⋯⋯⋯⋯⋯89

「表現」文例集⋯⋯⋯⋯⋯⋯⋯⋯⋯⋯⋯⋯⋯91

第 4 章 指導要録実例集 ⋯⋯⋯⋯⋯⋯⋯⋯⋯⋯⋯ 93

[記入例1] 満3歳（2歳）　気にいらないと暴れる子 ⋯⋯⋯⋯⋯⋯⋯⋯⋯⋯ 94

[記入例2] 満3歳（2歳）　人見知りで偏食ぎみな子 ⋯⋯⋯⋯⋯⋯⋯⋯⋯ 95

[記入例3] 満3歳（2歳）　パンツがはけたがんばり屋 ⋯⋯⋯⋯⋯⋯⋯⋯ 96

[記入例4] 3歳　集中できず勝手に話す子 ⋯⋯⋯⋯⋯⋯⋯⋯⋯⋯⋯⋯⋯ 97

[記入例5] 3歳　持病があり虚弱な子 ⋯⋯⋯⋯⋯⋯⋯⋯⋯⋯⋯⋯⋯⋯⋯ 98

[記入例6] 3歳　大人を怖がり顔を見ない子 ⋯⋯⋯⋯⋯⋯⋯⋯⋯⋯⋯⋯ 99

[記入例7] 4歳　言葉の習得が遅かった子 ⋯⋯⋯⋯⋯⋯⋯⋯⋯⋯⋯⋯ 100

[記入例8] 4歳　育児放棄が疑われる子 ⋯⋯⋯⋯⋯⋯⋯⋯⋯⋯⋯⋯⋯ 101

［記入例9］4歳　マイペースで身勝手な子 …………………………… 102
［記入例10］5歳　いじめっ子にみられる子 …………………………… 103
［記入例11］5歳　日本語が苦手な外国籍の子 ………………………… 104
［記入例12］5歳　特定の子としか遊ばない子 ………………………… 105
［記入例13］4〜5歳（2年保育）　特別な配慮が必要な子 …………… 106
［記入例14］4〜5歳（2年保育）　何でもがんばり過ぎる子 ………… 108
［記入例15］4〜5歳（2年保育）　うそをついてしまう子 …………… 110
［記入例16］3〜5歳（3年保育）　3年間預かり保育の子 …………… 112
［記入例17］3〜5歳（3年保育）　友だちを作れない子 ……………… 115
［記入例18］3〜5歳（3年保育）　困難を乗り越える強い子 ………… 118
指導要録Q&A③ ……………………………………………………………… 121
［記入例19］2〜5歳（4年保育）　体は弱いが一生懸命な子 ………… 122
［記入例20］2〜5歳（4年保育）　食に問題があるが芯が強い子 …… 126
［記入例21］2〜5歳（4年保育）　複雑な家庭環境で育った子 ……… 130
●練習用／幼稚園幼児指導要録（学籍） ………………………………… 134
●練習用／幼稚園幼児指導要録（指導） ………………………………… 135

第5章　認定こども園園児指導要録の書き方　137

「幼保連携型認定こども園園児指導要録」のポイント ……………… 138
認定こども園園児指導要録文例集／育ち・健康等に関する記録 …… 141
3歳児「指導等に関する記録」文例集 ……………………………………… 142
4歳児「指導等に関する記録」文例集 ……………………………………… 144
5歳児「指導等に関する記録」文例集 ……………………………………… 146
園児指導要録［記入例1］感情的になり手をあげる子 ………………… 148
園児指導要録［記入例2］虚弱から健康になった子 …………………… 150
●練習用／幼保連携型認定こども園園児指導要録（指導） …………… 152

【巻末資料】
幼稚園教育要領（全文） ……………………………………… 154

本書の特長と見方

初めて幼稚園幼児指導要録（以下、指導要録）を書く教師でも、以下の手順で仕上げることができます。

❁特長と使い方❁

1 まず、基本を再確認！
はじめに「第1章／指導要録の基本を知ろう！」でフォーマットとねらいを再確認します。「指導要録の作成と提出の流れ(P.18)」に沿って作成します。

2 文章表現のコツがわかる！
「第2章／伝わる指導要録の書き方」に記録の生かし方から、伝わる文章表現のコツまでを紹介しています。実際に書くときに気をつけるポイントがわかります。

3 担当する子どもの事例を見つける！
「第3章／指導要録文例集」は、「指導上参考となる事項」の5領域の順に、豊富な記入例と文例を掲載しています。担当する子どもの事例に当てはまる文を見れば、書くときの参考にできます。

4 記入例の添削を参考に！
「第4章／指導要録実例集」は、伝えたい大きなテーマから構成されています。子どもの総体としての指導要録ですから、テーマ以外の育ちも記載してより現実的な形式で作成しています。記入例では、陥りがちな間違いや不足部分を添削しています。

5 「園児指導要録」文例も参考にできる！
「第5章／認定こども園園児指導要録の書き方」では、園児指導要録の記入例と文例を掲載しています。

6 練習用フォーマットが使える！
下書き用にコピーして使える、指導要録（P.134〜136）と、園児指導要録（P.152〜153）の各フォーマットがあります。

❁本書の見方❁

事例の子どものデータ。児童票と同じデータ。
事例のテーマ。これに基づき総体的に作成。
よりよい表現に添削し、それぞれに文例を掲載。

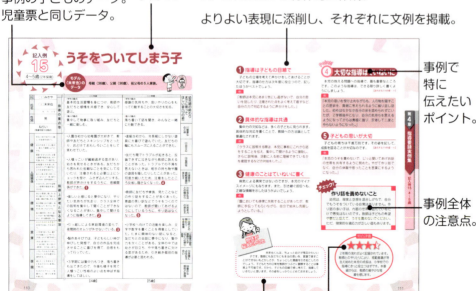

事例で特に伝えたいポイント。

事例全体の注意点。

事例で担任が伝えたいこと。
指導要録全体の評価。4つ星が満点。

[各文例の見方]
・項目ごとの文例。見出しから子どもの事例を探す。
・その文例のポイントと使い方を記載。

第1章

指導要録の基本を知ろう！

子どもの「育ち」を伝える「指導要録」

「幼稚園幼児指導要録」は、子どもの「育ち」を幼稚園から小学校へ伝える橋渡しの役割をします。

指導要録はなぜ作る？

幼稚園幼児指導要録は、子どものありのままの「姿」と「育ち」を幼稚園から小学校へ伝え、子どもが小学校で適切な指導のもとに学習に取り組むことができるようにするための大切な公式文書です。学校教育法施行規則で、その作成と送付、保存が定められています（学校教育法施行規則第24条。次ページ参照）。

用紙は2種類

幼稚園幼児指導要録は、「学籍に関する記録」と「指導に関する記録」の2枚で構成されています。

「学籍に関する記録」は、その園児が確かにこの園にいたことを証明するもので、外部に対する証明原簿としての性格をもちます。子どもの氏名や保護者名、担任者名などの項目で構成され、原則として入園時と異動のあったときに記入します。

一方、「指導に関する記録」は、子どもの園における「育ち」や「姿」を、幼稚園教育の柱である5領域（健康・人間関係・環境・言葉・表現の5つ。詳しくは31～35ページ参照）の視点から記入するもので、記入らんは年度ごとに分かれており、年度末にクラス担任が1年を振り返り、記入するようになっています。ただし、最終学年については「幼児期の終わりまでに育ってほしい姿（幼稚園教育要領の第1章総則第2。154ページ参照）」を活用し、小学校等の児童の指導に生かされるような指導の過程と育ちつつある姿を記入します。原簿は園に保管することが義務づけられており、「学籍に関する記録」は保育を修了した翌日から20年間、「指導に関する記録」は5年間保存します。

園内では次の学年への引き継ぎに

指導要録は、最終的には小学校へ写しを提出するものですが、一方で、園内では次の学年への引き継ぎの際の大切な資料でもあります。担任から次の担任へ、子どもがどのように育っているか、気をつける点などを、具体例をあげながらわかりやすく記述することで、子どもの育ちの連続性を確認することができます。

教師が保育を見つめ直すきっかけに

個々の子どもの指導要録をまとめることは大変な作業です。しかし一方で、日々の記録を振り返り、まとめ直す作業の中で、教師自身の保育のあり方を見つめ直すきっかけにもなります。また、子どもの成長を確認し、実感することにもつながり、より一層教育に携わる喜びを感じることにもつながります。

日常生活では日々の忙しさに追われ、全体を見通す余裕がなかなかもてませんが、指導要録を書く作業を通して、個々の子どもの育ちの過程や全体像を把握できるきっかけとなります。

小学校ではどのように使われるか

小学校では、それまで園で身につけた子どもの個々の力を土台として、その力をさらに伸ばしていくことが大切です。そのため、2018年、文部科学省は指導要録の改善を通知し、最終学年においては特別に、「幼児期の終わりまでに育ってほしい姿」を活用して幼児の資質や能力を記入することとし、園と小学校のよりスムーズな連携を目指しています。

小学校では園から送られてきた指導要録をもとに、教師が入学してくる子どもの状況を把握し、入学当初の授業の進め方や生活全般についての対応の参考にしていきます。例えば、入学当初から欠席しがちな子がいた場合、健康上の理由や友だちとの関係が関連している可能性などを、指導要録から把握します。

学校教育法施行規則

第24条
校長は、その学校に在学する児童等の指導要録（学校教育法施行令第31条に規定する児童等の学習及び健康の状況を記録した書類の原本をいう。以下同じ。）を作成しなければならない。
○2 校長は、児童等が進学した場合においては、その作成に係る当該児童等の指導要録の抄本又は写しを作成し、これを進学先の校長に送付しなければならない。
○3 校長は、児童等が転学した場合においては、その作成に係る当該児童等の指導要録の写しを作成し、その写し（転学してきた児童等については転学により送付を受けた指導要録の写しを含む。）及び前項の抄本又は写しを転学先の校長、保育所の長又は認定こども園の長に送付しなければならない。

第28条
学校において備えなければならない表簿は、概ね次のとおりとする。
一　学校に関係のある法令
：
四　指導要録、その写し及び抄本並びに出席簿及び健康診断に関する表簿
：
○2 前項の表簿（第24条第2項の抄本又は写しを除く。）は、別に定めるもののほか、5年間保存しなければならない。ただし、指導要録及びその写しのうち入学、卒業等の学籍に関する記録については、その保存期間は、20年間とする。

第1章 指導要録の基本を知ろう！「育ち」を伝える

指導要録のフォーマットを見てみよう

指導要録は、文部科学省が示したフォーマットに従って都道府県の教育委員等が定めた様式を使用します。

◆**学籍に関する記録**◆　幼稚園での子どもの在籍を外部に証明する公式な文書です。定められた様式と、書き方に従って作成します。

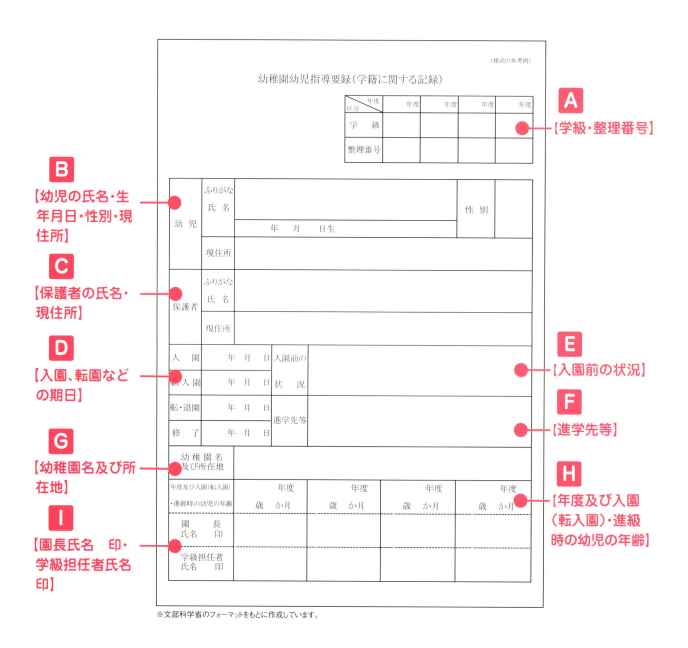

A 【学級・整理番号】
B 【幼児の氏名・生年月日・性別・現住所】
C 【保護者の氏名・現住所】
D 【入園、転園などの期日】
E 【入園前の状況】
F 【進学先等】
G 【幼稚園名及び所在地】
H 【年度及び入園（転入園）・進級時の幼児の年齢】
I 【園長氏名　印・学級担任者氏名印】

A 学級・整理番号

● 満3歳児保育の場合は、左から進級順に書きます。2年・3年保育の場合は、左のらんをあけ、右に寄せて書きます。

● 整理番号のつけ方には、特に決まりはありませんが、五十音順や生年月日など、園で統一しておきます。途中で転園した場合は、欠番にします。

■満3歳で入園した場合

区分 ＼ 年度	○○年度	○○年度	○○年度	○○年度
学　級	ぞう	すみれ	つき	かえで
整理番号	7	12	9	13

■2年保育の場合

区分 ＼ 年度	年度	年度	○○年度	○○年度
学　級			つき	かえで
整理番号			5	8

あける

B 幼児の氏名・生年月日・性別・現住所

● 氏名は楷書で書き、上にふりがなを書きます。外国籍の子どもは外国人登録済証明書に記載されている氏名（本名）を記入し、ふりがなはカタカナで、母国語に近い読み方で書きます。

● 住所らんには、子どもが現在生活の拠点としている住所を都道府県名から書き、アパート名なども省略せず記入します。変更にそなえてやや上部に書き、下に余白を残します。

● 生年月日や住所らんの数字は、固有名詞をのぞいて、全て算用数字を使用します。

幼児	ふりがな 氏名	みずの けんた 水野　健太	性別	男
	現住所	○○年 6 月 14 日生 東京都杉並区西荻南3＝5＝201 東京都武蔵野市中町4-8-105		

変更の場合は二重線で訂正し、印は押さない
（間違った場合は二重線で訂正後、印を押す）

C 保護者の氏名・現住所

● 子どもの親権者（あるいは後見人）の氏名と現住所を書きます（通常は両親のいずれか）。現住所が子どもと同じ場合は、「幼児のらんに同じ」と記入し（ゴム印でも可）、子どもと異なる場合は、都道府県名から書きます。変更にそなえてやや上部に書きます。

● 親権者がいない場合は、後見人の氏名を書き、後ろに（後見人）と明記します。

● 両親のもとを離れ、祖父母の家などから通園している場合でも、両親が健在であれば、親権者である両親の氏名と現住所を記入します。

保護者	ふりがな 氏名	みずの みちひこ 水野　道彦
	現住所	幼児のらんに同じ

■後見人の場合

保護者	ふりがな 氏名	たなか ともこ 田中　知子　（後見人）
	現住所	静岡県磐田市赤坂町2－5－97

第1章　指導要録の基本を知ろう！　学籍に関する記録

D 入園、転園などの期日

● 入園：公立幼稚園では市区町村の教育委員会が通知した年月日（原則として4月1日）、その他の幼稚園では園が定めた入園の日を記入します（必ずしも入園式の日ではありません）。

● 転入園：他の幼稚園から転入園してきた場合に記入します。公立幼稚園では所轄の教育委員会が転入園を通知した日、その他の幼稚園では園が定めた転入園の日を記入します。なお、保育所から入園した場合はこのらんに書かず、「入園」のらんに記入します。

● 転・退園：他の幼稚園へ転園した場合や、幼稚園を退園した場合（保育所、他の施設、家庭、外国の幼稚園などへ移る場合）に記入します。
公立幼稚園では、転園先の幼稚園が転入を許可した日の前日を記入し、その他の幼稚園では、園が定めた日を記入します。
退園は、所轄の教育委員会が退園を通知した日、その他の幼稚園では園が定めた退園の日を記入します。

● 修了：公立幼稚園では市区町村の教育委員会が通知した年月日（原則として3月31日）、その他の幼稚園では園が定めた修了の日を記入します。

E 入園前の状況

● 入園前に保育所に通っていたり、他の幼稚園から転入園した場合に記入します。入園前に特に集団生活の経験がない場合は、「特記事項なし」とします。

● 入園前の習い事は記入する必要はありませんが、児童館など公的な機関に通い集団生活を行っていた場合や、海外で保育園、幼稚園に通っていた場合は、その旨を記入します。

■海外に居住していた場合

入園前の状況	父親の海外勤務のため、1歳8か月から韓国に在住。3歳2か月から4歳5か月まで日本人幼稚園（ソウル市内）に通園。

国名と海外に居住していた年齢と期間、通園の状況などについて記入

■保育所から入園した場合

入園前の状況	両親が共働きのため、1歳5か月からふたば保育所（神奈川県横須賀市入江7-9）に入所。転居のため、3歳4か月で入園。

保育所の名称と所在地、入所した年齢と、本園に入園した年齢、理由などについて記入

■他の幼稚園から転入園した場合

入園前の状況	私立めぐみ幼稚園（東京都世田谷区上北沢3-22）に3歳2か月で入園。父親の転勤により、4歳8か月で転入園。

前園の名称と所在地、入園した年齢と、本園に転入園した年齢、理由などについて記入

F 進学先等

● 進学先の小学校の名称と所在地を記入します。転園や退園をした場合は、その理由と転園先を記入します。

■退園する場合

進学先等	母親の就労のため、ふたば保育所（神奈川県横須賀市入江7-9）に入所。

退園の理由を記入（保育所への入所も「退園」となる）

■小学校へ進学する場合

進学先等	前橋市立大門小学校　群馬県前橋市滝瀬4-3

小学校の名称と住所を省略せずに記入

■他の幼稚園へ転園する場合

進学先等	父親の転勤のため、私立なぎさ幼稚園（新潟県柏崎市浜中1-5）に転園。

転園先の幼稚園の名称と住所、転園の理由を記入

G 幼稚園名及び所在地

● 公立の幼稚園では都道府県名から、その他の幼稚園の場合も正式名称を、省略せず記入します。

● 所在地も同様に、都道府県から省略せずに記入します（あらかじめ印刷するか、ゴム印を使用してもかまいません）。変更にそなえ、下部に余白を残すようにします。

● 分園の場合は、本園名とその所在地を記入し、下に（ ）で分園名と所在地を記入します。

■公立の場合

幼稚園名 及び所在地	長野県長野市立わかくさ幼稚園　長野県長野市大町4-3 長野県長野市寿町6-9

変更の場合は二重線で訂正し、印は押さない
（間違った場合は二重線で訂正後、印を押す）

■私立の場合

幼稚園名 及び所在地	私立たんぽぽ幼稚園　三重県津市美里町523

■分園の場合

幼稚園名 及び所在地	私立名宝幼稚園　滋賀県大津市西町2-5 （私立名宝幼稚園南分園　滋賀県大津市前崎10-21）

分園の場合は本園を記入し、カッコで分園を記す

H 年度及び入園（転入園）・進級時の幼児の年齢

● 各学年の年度と、4月1日時点での幼児の年齢を月数まで記入します。満3歳児保育の場合は、入園時の幼児の年齢を記入します。

● 学級・整理番号のらんと同様に、満3歳児保育の場合は左から進級順に書きますが、2年・3年保育の場合は左のらんをあけ、右に寄せて書きます。

■満3歳児保育に○○年10月から入園した　○○年8月5日生まれの子どもの場合

年度及び入園（転入園） ・進級時の幼児の年齢	○○　年度 3 歳 1 か月	○○　年度 3 歳 7 か月	○○　年度 4 歳 7 か月	○○　年度 5 歳 7 か月

誕生日ごとの4月1日時点での月数の早見表

誕生日	4/2～5/1	5/2～6/1	6/2～7/1	7/2～8/1	8/2～9/1	9/2～10/1
月数	11	10	9	8	7	6
誕生日	10/2～11/1	11/2～12/1	12/2～1/1	1/2～2/1	2/2～3/1	3/2～4/1
月数	5	4	3	2	1	0

記入時は満年齢に月数を加える

I 園長氏名印・学級担任者氏名印

● 年度初め、または幼児が転入園した際の、園長、担任名を記入します（ゴム印を使用してもかまいません）。変更にそなえ、上部に記入します。

● 年度内に変更があった場合は、そのつど後任者名を記入し、担当した期間を（ ）で書きます。

● 印は、学年末または転園の際に、園長、担任であった者が押印します。産休などで臨時職員が担任した場合は、その期間と名前を併記します。

■年度内に担任や園長の変更があった場合

園　長 氏名　印	田中光子 (4.1-8.31) 小林健 (9.1-3.31) ㊞	小林健 ㊞		
学級担任者 氏名　印	松島みどり ㊞	橋本彩 (4.1-5.10,9.7-3.31) （産・補）中井遼 (5.11-9.6) ㊞		

年度末に担任、園長だった者の印を押す

■副担任がいる場合

学級担任者 氏名　印		西野ひかり ㊞ 小松彩乃 ㊞ （副担任）		

副担任をおいている場合は、副担任も印を押す

13

◆指導に関する記録◆

子どもの育ちの過程とその指導について、学年ごとに記入します。
各項目の詳しい文例と実例は、41ページ〜を参照してください。

A 【氏名・生年月日・性別】

B 【学年の重点】

C 【個人の重点】

幼稚園幼児指導要録（指導に関する記録）

（様式の参考例）

		年度	年度	年度
ふりがな 氏名	指導の重点等	（学年の重点）	（学年の重点）	（学年の重点）
年　月　日生				
性別		（個人の重点）	（個人の重点）	（個人の重点）

ねらい
（発達を捉える視点）

健康	明るく伸び伸びと行動し、充実感を味わう。	指導上参考となる事項
	自分の体を十分に動かし、進んで運動しようとする。	
	健康、安全な生活に必要な習慣や態度を身に付け、見通しをもって行動する。	
人間関係	幼稚園生活を楽しみ、自分の力で行動することの充実感を味わう。	
	身近な人と親しみ、関わりを深め、工夫したり、協力したりして一緒に活動する楽しさを味わい、愛情や信頼感をもつ。	
	社会生活における望ましい習慣や態度を身に付ける。	
環境	身近な環境に親しみ、自然と触れ合う中で様々な事象に興味や関心をもつ。	
	身近な環境に自分から関わり、発見を楽しんだり、考えたりし、それを生活に取り入れようとする。	
	身近な事象を見たり、考えたり、扱ったりする中で、物の性質や数量、文字などに対する感覚を豊かにする。	
言葉	自分の気持ちを言葉で表現する楽しさを味わう。	
	人の言葉や話などをよく聞き、自分の経験したことや考えたことを話し、伝え合う喜びを味わう。	
	日常生活に必要な言葉が分かるようになるとともに、絵本や物語などに親しみ、言葉に対する感覚を豊かにし、先生や友達と心を通わせる。	
表現	いろいろなものの美しさなどに対する豊かな感性をもつ。	
	感じたことや考えたことを自分なりに表現して楽しむ。	
	生活の中でイメージを豊かにし、様々な表現を楽しむ。	

D 【指導上参考となる事項】

1年間の幼児の発達の姿を、総合的・具体的に記入します。最終学年については「幼児期の終わりまでに育ってほしい姿」を活用して記入します（16ページ参照）。

出欠状況		年度	年度	年度	備考
	教育日数				
	出席日数				

学年の重点：年度当初に、教育課程に基づき長期の見通しとして設定したものを記入
個人の重点：一年間を振り返って、当該幼児の指導について特に重視してきた点を記入
指導上参考となる事項
(1) 次の事項について記入すること。
　① 1年間の指導の過程と幼児の発達の姿について以下の事項を踏まえ記入すること。
　・幼稚園教育要領第2章「ねらい及び内容」に示された各領域のねらいを視点として、当該幼児の発達の実情から向上が著しいと思われるもの。
　　その際、他の幼児との比較や一定の基準に対する達成度についての評定によって捉えるものではないことに留意すること。
　・幼稚園生活を通して全体的、総合的に捉えた幼児の発達の姿。
　②次の年度の指導に必要と考えられる配慮事項等について記入すること。
(2) 幼児の健康の状況等指導上特に留意する必要がある場合等について記入すること。
備考：教育課程に係る教育時間の終了後等に行う教育活動を行っている場合には、必要に応じて当該教育活動を通した幼児の発達の姿を記入すること。

E 【出欠状況】

F 【備考】

14

A 氏名・生年月日・性別

● 「学籍に関する記録」（10ページ）と同様に、幼児の氏名・生年月日・性別を楷書で書きます。

B 学年の重点

● 年度初めに、学年を受け持つ教師全員で話し合い、学年共通の指導の重点を設定し、記入します。園の教育課程に基づき、年齢に応じた、長期を見通した内容にします。各教師は、年度初めに設定した学年全体の指導の重点を記入し、日常の指導の際にもこの「学年の重点」を心がけるようにします。最終学年が一番右に来るように書き、途中入園の場合は、その学年と同じ年度のところから書くようにします（以下のらんも同様）。

C 個人の重点

● 年度の終わりに1年を振り返り、教師がその子どもについて特に重視してきた点を記入します。したがって、この項目は個々で異なる内容が記入されることになります。日々の記録から、1年間どんなことを心がけながら、その子どもを指導してきたかを振り返り、まとめます。前年度の同らん及び「指導上参考となる事項」の内容を踏まえ、子どもの育ちをつなげるように考慮します。

D 指導上参考となる事項

● 「健康・人間関係・環境・言葉・表現」の5領域に関わる、子どもの姿や教師の指導と援助について、子どもの心情や意欲、態度を念頭に置きながら具体的に記載します。「人間関係と言葉」「環境と表現」のように、それぞれの領域が重なり合う場合があるので、総合的にまとめます。また、健康面や指導上配慮が必要な事項についても記入します。

●健康●	●人間関係●	●環境●	●言葉●	●表現●
生活リズムが乱れていないか、身の回りのことが自分でできるか、気持ちが安定しているかなどについて記載します。	友だちや教師と十分なコミュニケーションがとれるか、集団生活でのルールを守り、相手に対する思いやりが育ってきたかなどを記載します。	身近な動植物に親しむ、周囲の人間と積極的に関わる、身の回りの物を大切にするなど、生命の尊さに気づくことができたかを記載します。	教師や友だちの話を関心を持って聞くことができるか、人に自分の意思や考えを自分なりに伝えられるかなどを記載します。	生活の中の音・色・味・香りなどを感じて自由に楽しむことができるか、砂・粘土・紙などの素材を楽しみ工夫して遊ぶことができるかなどを記載します。

E 出欠状況

● 教育日数：1年間に教育した総日数を記入します。夏休み中の登園日など教育課程に位置づけられた日は含まれますが、自由参加のプールあそびなどは含まれません。教育日数は指導計画に基づいた日数なので、同学年では同じ日数になります。ただし、転入園した子どもは転入した日以降の教育日数を、転・退園した子どもは転・退園までの教育日数を記入します。また、満3歳児で入園した子どもは入園時からの教育日数になります。※幼稚園の毎学年の教育週数は、特別の事情のある場合を除き、39週を下ってはならないと定められています（学校教育法施行規則第37条）。

● 出席日数：1年間にその子どもが出席した総日数を記入します。早退や遅刻も出席として扱います。出席日数が0の場合は空らんとせず、0と記入します。

F 備考

● 欠席理由の主なもの（学級閉鎖、出席停止、忌引など）とその日数や、その他出欠に関する特記事項を記入します。また、教育課程に係る教育時間の終了後等に行う教育活動を行っている場合には、必要に応じて当該教育活動を通した幼児の発達の姿を記入します。

第1章 指導要録の基本を知ろう！ 指導に関する記録

◆最終学年の指導に関する記録◆

幼稚園教育要領第1章総則に示された「幼児期の終わりまで に育ってほしい姿」を活用し、全体的・総合的に記入します。

幼稚園幼児指導要録（指導に関する記録）

（様式の参考例）

ふりがな 氏名	年度	指導の重点等	（学年の重点）
年 月 日生			
性別			（個人の重点）

ねらい（発達を捉える視点）

領域	ねらい	
健康	明るく伸び伸びと行動し、充実感を味わう。	指導上参考となる事項
	自分の体を十分に動かし、進んで運動しようとする。	
	健康、安全な生活に必要な習慣や態度を身に付け、見通しをもって行動する。	
人間関係	幼稚園生活を楽しみ、自分の力で行動することの充実感を味わう。	
	身近な人と親しみ、関わりを深め、工夫したり、協力したりして一緒に活動する楽しさを味わい、愛情や信頼感をもつ。	
	社会生活における望ましい習慣や態度を身に付ける。	
環境	身近な環境に親しみ、自然と触れ合う中で様々な事象に興味や関心をもつ。	
	身近な環境に自分から関わり、発見を楽しんだり、考えたり、それを生活に取り入れようとする。	
	身近な事象を見たり、考えたり、扱ったりする中で、物の性質や数量、文字などに対する感覚を豊かにする。	
言葉	自分の気持ちを言葉で表現する楽しさを味わう。	
	人の言葉や話などをよく聞き、自分の経験したことや考えたことを話し、伝え合う喜びを味わう。	
	日常生活に必要な言葉が分かるようになるとともに、絵本や物語などに親しみ、言葉に対する感覚を豊かにし、先生や友達と心を通わせる。	
表現	いろいろなものの美しさなどに対する豊かな感性をもつ。	
	感じたことや考えたことを自分なりに表現して楽しむ。	
	生活の中でイメージを豊かにし、様々な表現を楽しむ。	

出欠状況	年度			備考
教育日数				
出席日数				

【最終学年の記録】
「幼児期の終わりまでに育ってほしい姿」を活用し、総合的に記入します。

幼児期の終わりまでに育ってほしい姿

「幼児期の終わりまでに育ってほしい姿」は、幼稚園教育要領第2章に示すねらい及び内容に基づいて、各幼稚園で、幼児期にふさわしい遊びや生活を積み重ねることにより、幼稚園教育において育みたい資質・能力が育まれている幼児の具体的な姿であり、特に5歳児後半に見られるようになる姿である。「幼児期の終わりまでに育ってほしい姿」は、とりわけ幼児の自発的な活動としての遊びを通して、一人一人の発達の特性に応じて、これらの姿が育っていくものであり、全ての幼児に同じように見られるものではないことに留意すること。

(1)健康な心と体	幼稚園生活の中で、充実感をもって自分のやりたいことに向かって心と体を十分に働かせ、見通しをもって行動し、自ら健康で安全な生活をつくり出すようになる。
(2)自立心	身近な環境に主体的に関わり様々な活動を楽しむ中で、しなければならないことを自覚し、自分の力で行うために考えたり、工夫したりしながら、諦めずにやり遂げることで達成感を味わい、自信をもって行動するようになる。
(3)協同性	友達と関わる中で、互いの思いや考えなどを共有し、共通の目的の実現に向けて、考えたり、工夫したり、協力したりし、充実感をもってやり遂げるようになる。
(4)道徳性・規範意識の芽生え	友達と様々な体験を重ねる中で、してよいことや悪いことが分かり、自分の行動を振り返ったり、友達の気持ちに共感したりし、相手の立場に立って行動するようになる。また、きまりを守る必要性が分かり、自分の気持ちを調整し、友達と折り合いを付けながら、きまりをつくったり、守ったりするようになる。
(5)社会生活との関わり	家族を大切にしようとする気持ちをもつとともに、地域の身近な人と触れ合う中で、人との様々な関わり方に気付き、相手の気持ちを考えて関わり、自分が役に立つ喜びを感じ、地域に親しみをもつようになる。また、幼稚園内外の様々な環境に関わる中で、遊びや生活に必要な情報を取り入れ、情報に基づき判断したり、情報を伝え合ったり、活用したりするなど、情報を役立てながら活動するようになるとともに、公共の施設を大切に利用するなどして、社会とのつながりなどを意識するようになる。
(6)思考力の芽生え	身近な事象に積極的に関わる中で、物の性質や仕組みなどを感じ取ったり、気付いたり、考えたり、予想したり、工夫したりするなど、多様な関わりを楽しむようになる。また、友達の様々な考えに触れる中で、自分と異なる考えがあることに気付き、自ら判断したり、考え直したりするなど、新しい考えを生み出す喜びを味わいながら、自分の考えをよりよいものにするようになる。
(7)自然との関わり・生命尊重	自然に触れて感動する体験を通して、自然の変化などを感じ取り、好奇心や探究心をもって考え言葉などで表現しながら、身近な事象への関心が高まるとともに、自然への愛情や畏敬の念をもつようになる。また、身近な動植物に心を動かされる中で、生命の不思議さや尊さに気付き、身近な動植物への接し方を考え、命あるものとしていたわり、大切にする気持ちをもって関わるようになる。
(8)数量や図形、標識や文字などへの関心・感覚	遊びや生活の中で、数量や図形、標識や文字などに親しむ体験を重ねたり、標識や文字の役割に気付いたり、自らの必要感に基づきこれらを活用し、興味や関心、感覚をもつようになる。
(9)言葉による伝え合い	先生や友達と心を通わせる中で、絵本や物語などに親しみながら、豊かな言葉や表現を身に付け、経験したことや考えたことなどを言葉で伝えたり、相手の話を注意して聞いたりし、言葉による伝え合いを楽しむようになる。
(10)豊かな感性と表現	心を動かす出来事などに触れ感性を働かせる中で、様々な素材の特徴や表現の仕方などに気付き、感じたことや考えたことを自分で表現したり、友達同士で表現する過程を楽しんだりし、表現する喜びを味わい、意欲をもつようになる。

学年の重点：年度当初に、教育課程に基づき長期の見通しとして設定したものを記入
個人の重点：一年間を振り返って、当該幼児の指導について特に重視してきた点を記入
指導上参考となる事項：
(1) 次の事項について記入すること。
　① 1年間の指導の過程と幼児の発達の姿について以下の事項を踏まえ記入すること。
　　・幼稚園教育要領第2章「ねらい及び内容」に示された各領域のねらいを視点として、当該幼児の発達の実情から向上が著しいと思われるもの。
　　　その際、他の幼児との比較や一定の基準に対する達成度についての評定によって捉えるものではないことに留意すること。
　　・幼稚園生活を通して全体的、総合的に捉えた幼児の発達の姿。
　② 次の年度の指導に必要と考えられる配慮事項等について記入すること。
　③ 最終年度の記入に当たっては、特に小学校等における児童の指導に生かされるよう、幼稚園教育要領第1章総則に示された「幼児期の終わりまでに育ってほしい姿」を活用して幼児に育まれている資質・能力を捉え、指導の過程と育ちつつある姿を分かりやすく記入するように留意すること。また、「幼児期の終わりまでに育ってほしい姿」が到達すべき目標ではないことに留意し、項目別に幼児の育ちつつある姿を記入するのではなく、全体的、総合的に捉えて記入すること。
(2) 幼児の健康の状況等指導上特に留意する必要がある場合等について記入すること。
備考：教育課程に係る教育時間の終了後等に行う教育活動を行っている場合には、必要に応じて当該教育活動を通した幼児の発達の姿を記入すること。

指導要録の管理と記入のルール

指導要録は個人情報が含まれていることから、その管理には十分な注意が必要です。また、記入にはいくつかのルールがあります。

第1章 指導要録の基本を知ろう！ 管理と記入のルール

【保護者に説明】
義務化された指導要録について、その内容や目的を保護者にきちんと説明します。書かれた内容については、原則、保護者には開示しないことを伝えておきます。

管理のルール

1. 指導要録原本は幼稚園が保管する
2. 「学籍に関する記録」は卒園または転園後20年間、「指導に関する記録」は5年間保存
3. 耐火金庫など厳重に保管できる場所を確保し、責任者を決めてしっかりと管理する
4. 情報の流出に注意する（パソコンを使用する場合はデータを持ち出さない）
5. 保存期間が過ぎたら完全に廃棄する
6. 指導要録に基づいて外部への証明書などを作成する場合は、目的に応じて必要な部分のみを抜き出して記載するようにする（個人情報保護の観点から）

記入のルール

① 常用漢字と現代かなづかいで
氏名や地名などの固有名詞以外は、常用漢字と現代かなづかいを使用し、楷書で書きます。数字は算用数字を使用します。

② 修正液は使用しない
書き間違えた場合は、二重線を引き、訂正印を押します。間違いではなく住所変更などの場合は二重線を引くのみで、押印はしません。

③ 黒か青の耐水性ボールペンを使用
手書きする場合は、黒か青色のペンを使用します。消せるボールペンは使えません。

④ スタンプインクは耐久性のあるもの
園名、所在地などはゴム印でも差し支えありませんが、インクは20年間消えないものを使用します。

⑤ パソコンを使用する場合の注意点
パソコンを使用する場合も、最終的な原本にはプリント後に園長の署名・捺印、学級担任の署名、捺印したものが「原本」となります。

指導要録の作成と提出の流れ

指導要録は、年度初めなどにあらかじめ記入する部分と「個人の重点」など年度末に記録をまとめて書く部分があります。

◆指導要録各らんの記入の時期◆

学籍に関する記録

入園時
- 幼児氏名、生年月日、性別、住所
- 保護者氏名、現住所
- 入園年月日
- 入園前の状況
- 幼稚園名及び所在地

年度初め
- 年度、学級、整理番号
- 年度及び入園（転入園）・進級時の幼児の年齢
- 園長氏名
- 学級担任氏名

年度末
- 園長と学級担任の押印

卒園時
- 修了年月日
- 進学先等

指導に関する記録

入園時
- 幼児氏名、生年月日、性別

年度初め
- 学年の重点
- 教育日数

年度末
- 個人の重点
- 指導上参考となる事項※
- 出席状況
- 備考

「指導に関する記録」の大部分は、年度末に書くのね！

※「指導上参考となる事項」の最終年度の記入にあたっては、小学校における児童の指導に生かされるよう、幼稚園教育要領第1章総則に示された「幼児期の終わりまでに育ってほしい姿」を活用する。

※住所変更など、各項目に変更があった場合は、そのつど修正します（修正の仕方は17ページ）。

◆年度末の作成から送付までの流れ◆

1. 日々の記録を整理

記録の中から子どもの育ちがわかるエピソードを書き出し、5領域に分けるなどして整理します。

2. 指導要録の下書き

下書きは、可能であれば他の教師に見てもらい、改善点などの意見を聞くようにします。「指導要録の書き方8条」（28ページ）も参考にしてください。

3. 指導要録の清書

文章が完成したら、指導要録に清書します。

4. 小学校へ送付

最終年度末に、抄本または写しを小学校校長宛で送付します。原簿は幼稚園で保管します。
※ 最終学年以外は、次の学年担任に引き継ぎます。

◆園児が転・退園する場合◆

引っ越しなどで幼稚園が変わる場合、転・退園時に＜学籍に関する記録＞の「転入園」「修了」のらん以外の全て（進学先等には転園先の名称や所在地などを記入）と、＜指導に関する記録＞のうちの転・退園までの必要事項を記入し、園長名で写しを転入先に送付し、原本は園に保管します。

「指導上参考となる事項」には、年度末でなくても、それまでの園での様子や転園先に伝えたい内容を記入します。小学校への写しの送付は、最終年度に在籍していた園が行います。

園児が転入してきた場合は、入園時に新たな指導要録を作成し、前園の指導要録の写しと一緒にしておきます（前園からの写しに追記することはしません）。新しく作成した＜学籍に関する記録＞の「転入園」「入園前の状況」に記入します（12ページ）。

【転園の際の書類の流れ】

転園が決まったら…

転出元の幼稚園　　　　　　　　　　　　　　　　転入先の幼稚園

❶ 転出元の幼稚園は、「在園証明書」（転出証明書という場合もある）を保護者に渡します。
❷ 保護者は転入先の幼稚園に「在園証明書」を渡します。
❸ 転入先の幼稚園は、保護者から「在園証明書」を受け取ったら、転出元の幼稚園へ「転入園の年月日」を知らせるとともに、指導要録の写しの送付を請求します。
❹ 転出元の幼稚園は、転入園の年月日をもとに「転・退園の年月日」を原簿に記入し、写しを転入先の幼稚園に送付します。
❺ 転入先の幼稚園は、送付された写しに基づいて新たな指導要録を作成します。転出元の写しは一緒に保管し、最終年度末に合わせて進学先の校長へ送付します。

小学校

第1章 指導要録の基本を知ろう！　作成と提出の流れ

指導要録 Q&A ①

初めて指導要録を書くにあたっては、とまどいもいっぱいあると思います。その書き方や取り扱いについての素朴なギモンにお答えします。

Q1 用紙に書ききれない場合は、別紙をはさんでもいいの?

A. 指導要録は正式な文書であり、長年保存することからも、別紙を作ることは好ましくありません。用紙に収まるようにまとめましょう。

特に、＜指導に関する記録＞の「指導上参考となる事項」のらんは、下書きの段階で、枠内に収まるように字数を調整する必要があります。「指導上参考となる事項」の文字量は350～500字程度（10～12字×35～40行程度）。100字前後のエピソードを4～5個（長い文章の場合は3個でも）くらいの量をめやすにするといいでしょう。

Q2 「抄本」と「写し」は、どこが違うの?

A.「抄本」とは、原本の一部分を書き抜いたもの、「写し」は、原本のコピーのことです。

指導要録は、原本を園で保管し、「写しまたは抄本」を進学先（または転学先）の校長に送付することになっています（学校教育法施行規則第24条）。

抄本を作る場合は、要録に書かれている内容から、特に重要と思われる部分を抜粋して作成します。また、「抄本又は写し」となっていることから、送付するのは原本のコピーでもかまいません。

Q3 園児の転出から転入までの期間があいてしまった場合は?

A. 転出、転入は原則として日にちをあけないことになっています。多少の日にちの調整は、双方の園長同士の了解の上で、転入園とすることもありますが、何か月もあいてしまった場合は、いったん「退園」し、新たに「入園」したという形にします。

Q4 園児が退園した場合、退園の理由はどこへ書くの?

A. 退園事由は、「学籍に関する記録」の「進学先等」のらんに記入します。（10,12ページ）

Q5 指導要録を自宅に持ち帰ってもいいの?

A. 指導要録を自宅に持ち帰ってはいけません。指導要録は公文書であり、個人情報が含まれているため、万が一紛失したり、第三者の目に触れることがあると、法的に問題になります。パソコンを利用している場合も、データをUSBメモリーなどで持ち帰ることはやめましょう。自宅のパソコンのインターネットから情報が流出する可能性もあるからです。

指導要録は園で書くものということを、職場の共通認識として確認することが重要です。

Q6 「幼稚園名及び所在地」に電話番号は必要?

A.「学籍に関する記録」の「幼稚園名及び所在地」のらんには、特に電話番号を記すらんはありませんが、問い合わせなどの際、記載されていると便利なので、記載しておいてもかまいません。

第2章

伝わる指導要録の書き方

記録から指導要録を書く

幼稚園には、クラス日誌や個人の記録など、さまざまな記録があります。ここでは、指導要録のもととなる日々の記録のとり方とポイントを紹介します。

さまざまな保育記録

記録の種類と書式は、園によってさまざまです。おもな記録の種類と特徴は、以下のようになります。

◆ おもな記録の種類と特徴 ◆

クラス日誌	クラスごとの日々のスケジュールや出来事について書く。翌日に生かせるように、保育終了後、毎日書く。
週の記録	1週間分の日の記録をまとめたもの。連続した子どもの成長と、クラスの成長がわかる。
期の記録	期内の週の記録をまとめたもの。期の始めと終わりの状況を見ることで、子どもやクラスの変化がわかる。
個人の記録	一人ひとりの子どもの記録。定期的に書く場合と随時書く場合など、園によって書き方は異なる。

上記の他に、行事の記録や家庭連絡帳などがあります。いずれも子どもの育ちと教師の援助、注意点を把握し、確認しながら保育を進めることで、よりよい保育を行うために記録するのですが、記録の際に「子どもの育ち」と「教師による援助、注意点」を意識することで、指導要録を書く上で役立つ記録になります。

振り返ることで見えてくる育ち

日々の記録は、その日の出来事と援助などの記述が主体になります。しかし、数日後、数週間後に見返すことで、子どもの変化が見えてきます。週や期の記録をまとめる際は、日々の記録を振り返り、経過の中でどのように変化し、育ってきたかを書くようにします。

着目点をもとう

子どもの育ちを記録する上で重要なのは、「着目点をもつこと」です。「Aくんは元気に鉄棒をしていた」とただ漠然と子どもの様子を記述するのではなく、「すぐあきらめていた逆上がりを、今日はがんばるかな」など、教師が着目している点を意識した上で記録すると、子どもの変化や育ちが鮮明に見えてきます。

5領域を意識して

5領域とは、「健康・人間関係・環境・言葉・表現」の5つ。指導要録で最も多く記述する「指導上参考となる事項」は、その5領域の視点からまとめることになります。日々の記録をとる際にも、この5領域のテーマを意識し、着目点を決めることで、指導要録にまとめやすい記録になります。

要録に使える！記録のとり方6条

1条 5W1Hをメモする

園での毎日では、多くの出来事や気づきがあります。それら全てを1日の終わりのまとめまで覚えておくのは限界があります。そこでポケットにメモ帳とペンを入れておき、5W1H（いつ・誰が・どこで・何を・なぜ・どのように）をそのつど、メモしておくと便利です。

2条 ねらいを意識して

ただし、5W1Hを記録するだけでは、その子の育ちの連続性が見えてきません。そこで、あらかじめ週や日のねらいや目標を定めておき、1日の始まりに確認しましょう。その視点から子どもの様子を観察することで、気づくことがたくさん出てきます。

3条 つぶやきを見逃さない

出来事のあらましを書くだけでなく、そのとき子どもが発した言葉も書いておきましょう。子ども同士の会話や、何気ない子どもの独り言は、あとで振り返ることで子どもの心情を発見したり、子どもの成長を感じられるかもしれません。

4条 援助は具体的に

教師が子どもに行った援助の内容についても、詳しく書いておきましょう。「子どもの姿→一歩前進した姿とは？→そのために必要な援助とは？」というステップで記録をまとめることで、子どもの育ちに必要な教師の援助が具体的になります。

5条 子どもの発達に着目

子どもの発達は横並びではなく、一人ひとり異なります。他の子と比較するのではなく、それぞれの子どもの伸びようとしている方向を捉え、変化を記録するようにしましょう。

6条 反省と評価を忘れずに

記録をつけることによって、教師の反省点や課題もはっきり浮かび上がってきます。効果が見られた援助や、気づいてあげることができなかった子どもの心情など、文字にすることで、それらがより明確になります。

指導要録に生きる記録のアイデア

次に、記録の具体例を紹介します。フォーマットは園によりさまざまですが、重要なのは子どもの変化と教師の援助、他の子どもとの関わりが見える記録にすることです。

◆個人記録の例◆

個人記録は、子ども一人ひとり個別に、日々の出来事を書いたものです。クラス日誌では個々の記録を全員分、毎日とることは難しいので、個人記録をつけることで、おとなしく、見落としがちな子どもの記録もフォローできます。

今日の様子
気がついた出来事を、5W1Hを中心に記述します。

メモ
その子どものことで、いつも注意しておきたいことなどを書いておきます。

クラス（ ○○年度 ）さくら		なまえ 小早川 みちる こばやかわ	メモ ・ぜんそくがある ・家族は父、母の3人家族 ・手が汚れることを極端に嫌う
番号 12		生年月日 ○○年 9月14日	
日付	出欠・早退	今日の様子	援助、課題
12/1（月）	○	・午前中のお絵描きの時間に、にんじんがうまく描けずに、泣き出してしまった。となりの席のみきちゃんが優しく声をかけてくれた。 ・お弁当の時間に、急にだまりこんでしまった。ごちそうさまの合図で、すぐにトイレにかけていった。	・「この中で、にんじんの色はどれかな？」と問いかけてみた。黄に赤をたすことで、自分の思っていた色を出すことができ、えがおになった。 ・その後、「先生、ごはんのときおしっこしたくなったらどうすればいいの？」と困った顔で聞いてきたので、「ごはんの時間でも、先生に言えばおトイレに行っていいのよ」と伝えた。
12/2（火）	△	・朝、せきがひどいので、病院によってから登園すると連絡があった。	・「だいじょうぶ？」と問いかけると、うれしそうに「病院行ったからたいじょうぶ！」と元気に答えていた。

日の区切り線はそのつど引く
書き終わったら、そのつど日の区切り線を引くことで、記述の量を自由に調整できます。

日付、出欠・早退など
個人記録は毎日ではなく、気がついた日のみ書く方法もあります。出欠は、別に出欠簿などで毎日記録しますが、その日の様子を知る上で関連するため、入れておきます。

援助、課題
子どもに対する教師の援助と、子どもの課題を中心に記述します。

◆クラス日誌の例◆

クラスの日誌は、個人記録よりも、クラス全体の1日の流れと、子ども同士のつながりに焦点をあてて書きましょう。環境図などを組み入れることで、子どもの動きや様子をビジュアルに記録することができます。

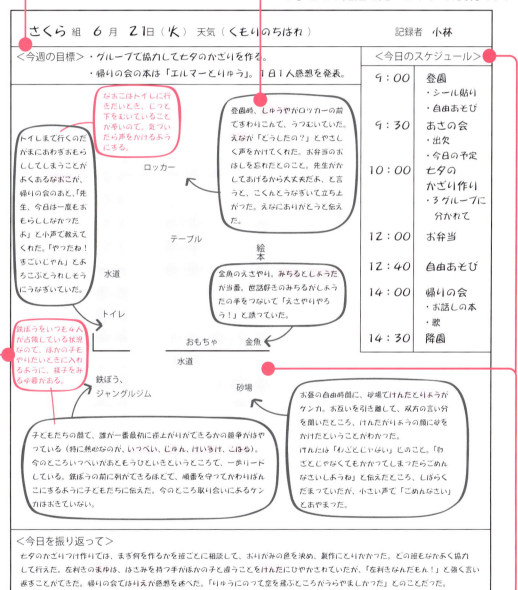

目標や目当てを入れる
その週や日の目標を入れておくと、1日の評価の基準が見えてきます。

名前のところにマーカーを引く
子どもの名前のところに蛍光ペンなどでマーカーを引いておくと、要録にまとめる際に個々の子どもの記述を見つけやすく、便利です。

課題、反省を赤で加える
振り返って気がついた課題や反省は、区別できるように赤など別な色で書き加えます。

環境図とスケジュールを入れる
環境図とスケジュールを入れることで、1日をより具体的に振り返ることができます。

◆個人＋クラスの記録例◆

縦に子どもの名前、横に日付を入れて、日ごとに記録する方法もあります。子ども同士の関係が見やすいことと、個々の子どもの日々の変化がわかりやすいのが利点です。

日々の変化が連動
横軸で子どもの毎日の様子と変化がわかります。

さくら 組　12 月

なまえ＼日	12月1日（火）	12月2日（水）
小早川　みちる	・午前中のお絵描きの時間に、にんじんがうまく描けずに、泣き出してしまった。となりの席のみきちゃんがやさしく声をかけてくれた。 「この中で、にんじんの色はどれかな？」と問いかけてみた。黄に赤をたすことで、自分の思っていた色を出すことができ、えがおになった。 ・帰りの会のときに少しせきこんでいた。	・病院によってから登園するとお母さんから連絡が入る。無理をしないように伝える。 ・お弁当の時間の少し前にお母さんと一緒に登園。熱はなく、本人も園に行きたいとのことで、登園することにしたとのこと。 ・午後も様子を注意深く見ていたが、特にしんどそうなこともなく、楽しそうに遊んでいた。 ・なつみちゃんと2人で絵本を見る。取り合いもせず、仲よく一緒にページをめくっていた。
塩田　美樹	・お絵描きの時間に、みちるちゃんが泣き出してしまったのを心配して頭をなでながらなぐさめてくれた。友だちが困っていると自分のことのように一緒に考えてあげることができる。「ありがとうね」と伝えると、はずかしそうに微笑んでいた。 ・お絵描きでは、なすを一生懸命描いていた。	・朝の会のとき、「今日は昨日描いた野菜を使って、みんなでクッキングします！」と言うと大喜び。「なす嫌いだけど、食べてみようかな」と意欲的に言っていたが、いざ、食べてみると「やっぱり食べれない！」と一口でギブアップ。 「もう少しカレー味を濃くしたら食べれるかもね」と再チャレンジを促しておいた。
高田　翔太	・園に来るなり、すぐにお砂場へ。最近は太郎くんと山を作って、トンネルを掘るあそびに夢中だ。	・今日は朝、いつになく元気がなく、「どうしたの？」と問いかけると、「ねぼうして朝ご飯食べてない」とのこと。園長に相談し、非常食に

友だちとの関係、つながり
子どもの記録が縦に並ぶことで、相互関係を把握しやすくなります。

成長や評価、注意点などにマーカーを引く
記述の中で、子どもの成長や評価につながると感じたところや、注意する点などにマーカーを引いておくと、記録をまとめるときに内容を整理しやすくなります。

◆記録をマメにとるコツと整理術◆

① のりつき付箋を使う

大きめののりつき付箋紙を、いつもポケットに入れておき、気づいたことをメモしておきましょう。気がついたことを子ども別に書いておき、個人記録にそのまま貼りつけてもいいですし、職員で情報を共有する場合は、1日のまとめの際に大きな環境図にぺたぺた貼っていくことで、子どもたちの1日の動きや状況を視覚的に見ることができます。

② テンプレートの活用

テンプレートとは、「ひな型」「定型書式」という意味の英語です。文章をいちから書くのが苦手な場合は、あらかじめ用意された文章の中のカッコを埋めるような形式でまとめると書きやすくなります。例えば、「入園当初の印象に残っている姿は（　　　）」「よく遊ぶ友だちは（　　　）」「苦手なことは（　　　）で、得意なことは（　　　）」というように、あらかじめ設問を設けておいて埋めていきます。

③ ファイリング

記録は書くだけなく、整理も重要です。個人記録、クラス記録などは大きさをそろえ、インデックスをつけるなどして、いつでも取り出しやすいように引き出しなどにファイルしておきましょう。

④ パソコンの活用

日々の記録を、パソコンで管理することも有効です。表計算ソフトなどを使用すれば、表組も簡単に作れますし、「Aちゃんの記述はどこかな？」と思ったら、文字検索機能を使用することで、膨大な記録から一瞬で探し出すことができます。ただし、個人情報が含まれるものなので、データの取り扱いには十分な注意が必要です。

第2章 伝わる指導要録の書き方　記録の整理術

指導要録の書き方8条

年度末、日々の記録をもとに、いよいよ指導要録のまとめにかかります。ここでは、まとめる際に押さえておきたいポイントを紹介します。

1条　子どもの「しようとする姿」を伝える

「〜ができた」「〜ができない」といった結果だけではなく、その子どもがどんな意欲でどう取り組んだのか、その過程が重要になります。子どもの「しようとする姿」を広い視野で捉え、伝えることが大切です。

記入例

✗ 絵本の読み聞かせをじっと聞いていることができない。

◯ 絵本の読み聞かせをじっと聞いていることが苦手だったので、読み手をお願いしたところ、聞く際にも集中できるようになった。

2条　言葉を慎重に選ぶ

物事の二面性を考え、できるだけマイナスイメージの言葉は使わず、前向きに表現するようにします。教師の否定的な思い込みで捉えていないか、第三者に目を通してもらうことも必要でしょう。

記入例

✗ わがままで自己主張が強く、友だちとのケンカが絶えない。

◯ 自分の意見がはっきりしており、感情の激しい面があるが、教師が相手の気持ちを考えるように伝えると激しい口調を控えるようになった。

3条　園だけの用語は使わない

普段園内で使い慣れている行事名や施設名などは、その保育所独自のもので、園外の人には通じない場合があります。誰が読んでも理解できるような一般的な言葉に言い換えることが必要です。

記入例

✗ 「かめっこ競走」では人一倍はりきって競技に参加していた。

◯ 運動会での匍匐前進で競走する競技では、人一倍はりきって参加し、見事一等賞をとった。

4条　他の子どもと比較しない

指導要録は優劣をつけて評価するものではありません。他の子どもと比較する表現は避けましょう。その子どもなりの成長過程を、ありのままに捉えるようにします。

記入例

❌ 他の子どもに比べ、全般的に動作がゆっくりしている。

→ ⭕ 物事をていねいに行い、何事もマイペースである。

5条　自分の基準や考えで判断しない

教師の個人的な感想や推測と事実を混同して書かないように注意しましょう。子どもについて自分が感じたことを、事実であるかのように断定的に書くのは禁物です。

記入例

❌ 全体的におとなしく、何事にも意欲が感じられない。

⭕ 積極的に人前に出ることはないが、仲よしの友だちとは楽しそうに会話している。好きな絵本の話を促すと、少しずつ話してくれる。

6条　子どものきわだったよい点、行動を表す

「～ができない」「～が嫌い」「～が苦手」など、子どものマイナス面ばかり書くのではなく、その子どもの長所や具体的な行動をわかるように書くことが大事です。

記入例

❌ 体を動かすことが嫌いで、園庭での運動あそびにも自分から参加したがらない。集団で遊ぶことも苦手である。

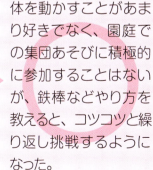

⭕ 体を動かすことがあまり好きでなく、園庭での集団あそびに積極的に参加することはないが、鉄棒などやり方を教えると、コツコツと繰り返し挑戦するようになった。

第2章　伝わる指導要録の書き方　書き方8条

7条 事実の羅列でなく成長を表す

具体的に伝えようとするあまり、事実を並べただけにならないように注意しましょう。それらの事実から見えてくる子どもの成長や今後の課題などを捉え、記述することが大切です。また、表面的な事実だけでなく、子どもとの会話などから読み取れる子どもの気持ちについても記述するようにしましょう。

記入例

生き物が好きで、園の花の水やりをよくやっている。園で飼っているウサギも好きでエサやりを好んでやる。自宅でもイヌとネコを飼っているようである。また、公園に咲いている花が気に入り、折って持ち帰ってしまったことがある。

生き物に対する愛情が豊かである。園で飼育しているウサギや、草花の面倒を積極的にみている。家で飼っているペットの話をすると、「私が飼いたいって飼ったから、ちゃんとお世話するんだ」と責任感の強さがうかがえた。気に入った花を折り取ってしまうことがあるので、植物の命の大切さについての理解がより深まるとよい。

8条 領域が重複することを考えて

「指導上参考となる事項」では「健康・人間関係・環境・言葉・表現」の5領域について記すことになります。この5領域は「言葉と人間関係」「環境と表現」のように領域が重なり合う場合があります。その場合、各項目を個々の独立したものと考えず、総合的に書くようにします。

記入例

体を動かすことが好きで、特に園庭でドッジボールをするのが好きである【健康】。いろいろな子に積極的に声をかけ、チームを作って楽しむ姿が見られる【人間関係】。また、あそびを工夫をするのも好きで、新しいルールを作って提案し、楽しむ姿も見られる【環境】。

絵本が好きで、本の中の主人公についてよく話をしてくれる【環境】。仲のよい友だちと一緒に絵本を見ながら楽しんでいる姿がよく見られる【人間関係】。お遊戯会のポスターを上手に描いて貼り出されたことが大きな自信となり【表現】、文字を書くことにも興味を抱き、お絵描きちょうによく書いている【言葉】。

5領域ごとの書き方のポイント

「指導に関する記録」のねらいには、「健康、人間関係、環境、言葉、表現」の5つが示されていますが、どのようなことに注目して記述したらいいでしょう。

健康

「健康」の領域では体だけでなく、心(情緒)も健康に育っているかも記述します。生活リズムの乱れは、体だけでなく、心の発達にも影響を及ぼします。学校で集団生活を送る上でのルールや生活習慣が身についているかは、小学校教師にとって関心の高い部分です。

幼稚園教育要領を読み直す

健康な心と体を育て、自ら健康で安全な生活をつくり出す力を養う。

[幼稚園教育要領「第2章ねらい及び内容」より]

ねらい
(1) 明るく伸び伸びと行動し、充実感を味わう。
(2) 自分の体を十分に動かし、進んで運動しようとする。
(3) 健康、安全な生活に必要な習慣や態度を身に付け、見通しをもって行動する。

内容
① 先生や友達と触れ合い、安定感をもって行動する。
② いろいろな遊びの中で十分に体を動かす。
③ 進んで戸外で遊ぶ。
④ 様々な活動に親しみ、楽しんで取り組む。
⑤ 先生や友達と食べることを楽しみ、食べ物への興味や関心をもつ。
⑥ 健康な生活のリズムを身に付ける。
⑦ 身の回りを清潔にし、衣服の着脱、食事、排泄などの生活に必要な活動を自分でする。
⑧ 幼稚園における生活の仕方を知り、自分たちで生活の場を整えながら見通しをもって行動する。
⑨ 自分の健康に関心をもち、病気の予防などに必要な活動を進んで行う。
⑩ 危険な場所、危険な遊び方、災害時などの行動の仕方が分かり、安全に気を付けて行動する。

― 記述のポイント ―

体調や気質は具体的に

子どもの普段の体調や気質については、なるべく具体的に対処の方法やコツを書くと、小学校教師にとって大変参考になります。

生活習慣を他の子と比べない

身の回りの整理整頓、食事などの生活習慣がどこまでできているかは、個人個人でさまざまです。他児と比べたり、「年長なのにまだできない」という書き方はしないように注意しましょう。

生活リズムの乱れと家庭との関係

子どもの生活リズムの乱れは家庭環境が関係していることは明らかですが、それが原因であると断定するような書き方をしないように注意しましょう。

危険についての配慮があるか

普段のあそびの中で、友だちにぶつからないような配慮ができているかや、遊具の危険なあそび方を好んですることはないかなど、危険についての子どもの認識と、教師の援助について書くようにします。

人間関係

幼児期は人間関係の土台となる部分が作られる時期です。「人間関係」の領域は、幼児期に作られる人との関わりを振り返り、友だちや保育者とのコミュニケーションや思いやり、協同活動での達成感など、子どもの成長をしっかり書きましょう。

幼稚園教育要領を読み直す

他の人々と親しみ、支え合って生活するために、自立心を育て、人とかかわる力を養う。

[幼稚園教育要領「第2章ねらい及び内容」より]

なかなおり

ねらい
(1) 幼稚園生活を楽しみ、自分の力で行動することの充実感を味わう。
(2) 身近な人と親しみ、関わりを深め、工夫したり、協力したりして一緒に活動する楽しさを味わい、愛情や信頼感をもつ。
(3) 社会生活における望ましい習慣や態度を身に付ける。

内容
① 先生や友達と共に過ごすことの喜びを味わう。
② 自分で考え、自分で行動する。
③ 自分でできることは自分でする。
④ いろいろな遊びを楽しみながら物事をやり遂げようとする気持ちをもつ。
⑤ 友達と積極的に関わりながら喜びや悲しみを共感し合う。
⑥ 自分の思ったことを相手に伝え、相手の思っていることに気付く。
⑦ 友達のよさに気付き、一緒に活動する楽しさを味わう。
⑧ 友達と楽しく活動する中で、共通の目的を見いだし、工夫したり、協力したりなどする。
⑨ よいことや悪いことがあることに気付き、考えながら行動する。
⑩ 友達との関わりを深め、思いやりをもつ。
⑪ 友達と楽しく生活する中できまりの大切さに気付き、守ろうとする。
⑫ 共同の遊具や用具を大切にし、皆で使う。
⑬ 高齢者をはじめ地域の人々などの自分の生活に関係の深いいろいろな人に親しみをもつ。

記述のポイント

集団生活とルールについて書く

子どもが幼稚園での集団生活で、ルールについてどのように意識し、関わってきたのかを書くようにしましょう。小学校での集団生活において、大変参考となります。

友だちや保育者との関わりを書く

友だちや教師とのコミュニケーションがとれているのか、友だちと喜びやくやしさなどを共感し合いながら、共に心が成長しているのかについて書きます。

意欲的に取り組む姿と援助を書く

子どもが自分の意思で決め、意欲的に物事に向かう姿と教師の援助を書きましょう。いろいろなことにチャレンジし、失敗と成功を繰り返して成長することは小学校でも変わりません。

異年齢や地域の人々との交流を書く

異年齢児との交流会や、地域の人との交流などで人見知りしたり、恥ずかしがったりと、人との交流におけるさまざまな体験を通して見えてきた子どもの姿を、具体的に書くようにします。

環 境

「環境」の領域には自然環境への関心はもちろん、日常生活での身近な物の大切さや、生活における数量や図形、文字への関心、探究心なども含まれます。子どもが周囲の環境に関心をもち、探究、発見していく姿を書きます。

幼稚園教育要領を読み直す

> 周囲の様々な環境に好奇心や探究心をもって関わり、それらを生活に取り入れていこうとする力を養う。
> [幼稚園教育要領「第2章ねらい及び内容」より]

ねらい
（1）身近な環境に親しみ、自然と触れ合う中で様々な事象に興味や関心をもつ。
（2）身近な環境に自分から関わり、発見を楽しんだり、考えたりし、それを生活に取り入れようとする。
（3）身近な事象を見たり、考えたり、扱ったりする中で、物の性質や数量、文字などに対する感覚を豊かにする。

内容
①自然に触れて生活し、その大きさ、美しさ、不思議さなどに気付く。
②生活の中で、様々な物に触れ、その性質や仕組みに興味や関心をもつ。
③季節により自然や人間の生活に変化のあることに気付く。
④自然などの身近な事象に関心をもち、取り入れて遊ぶ。
⑤身近な動植物に親しみをもって接し、生命の尊さに気付き、いたわったり、大切にしたりする。
⑥日常生活の中で、我が国や地域社会における様々な文化や伝統に親しむ。
⑦身近な物を大切にする。
⑧身近な物や遊具に興味をもって関わり、自分なりに比べたり、関連付けたりしながら考えたり、試したりして工夫して遊ぶ。
⑨日常生活の中で数量や図形などに関心をもつ。
⑩日常生活の中で簡単な標識や文字などに関心をもつ。
⑪生活に関係の深い情報や施設などに興味や関心をもつ。
⑫幼稚園内外の行事において国旗に親しむ。

記述のポイント

自然や動植物との関わり、気づきを書く

子どもが身近な自然や動植物と触れ合った体験から、何を感じ、何に気づいたかを書きます。自然の神秘への気づき、さらなる好奇心の芽生えなどを具体的に書きましょう。

命を大切に思う気持ちが育まれているか

自然環境に興味をもつだけでなく、身近な動植物を通して命の大切さを育むことも重要です。飼っていた金魚が死んでしまったときのことなど、事例を交えながら小学校に伝えましょう。

身近な物への関わり方を書く

物を大切にする気持ちが育まれているかについて書きましょう。身近な物を壊してしまったり、なくしたりなどの失敗から覚えていく物の大切さや愛着心などについての成長を書きましょう。

危険についての配慮があるか

普段のあそびの中で、友だちにぶつからないなどの配慮ができているか、遊具の危険なあそび方を好んですることはないかなど、危険についての子どもの認識と、教師の援助について書くようにします。

言葉

「言葉」の領域では、子どもが喜びをもって「人の話を聞き」、他の人に自分の言葉で「自分の意思を話す」姿を伝えます。絵本や物語などに親しむことを通して、想像力を養う過程も、重要なポイントです。

幼稚園教育要領を読み直す

経験したことや考えたことなどを自分なりの言葉で表現し、相手の話す言葉を聞こうとする意欲や態度を育て、言葉に対する感覚や言葉で表現する力を養う。

[幼稚園教育要領「第2章ねらい及び内容」より]

ねらい
(1) 自分の気持ちを言葉で表現する楽しさを味わう。
(2) 人の言葉や話などをよく聞き、自分の経験したことや考えたことを話し、伝え合う喜びを味わう。
(3) 日常生活に必要な言葉が分かるようになるとともに、絵本や物語などに親しみ、言葉に対する感覚を豊かにし、先生や友達と心を通わせる。

内容
① 先生や友達の言葉や話に興味や関心をもち、親しみをもって聞いたり、話したりする。
② したり、見たり、聞いたり、感じたり、考えたりなどしたことを自分なりに言葉で表現する。
③ したいこと、してほしいことを言葉で表現したり、分からないことを尋ねたりする。
④ 人の話を注意して聞き、相手に分かるように話す。
⑤ 生活の中で必要な言葉が分かり、使う。
⑥ 親しみをもって日常の挨拶をする。
⑦ 生活の中で言葉の楽しさや美しさに気付く。
⑧ いろいろな体験を通じてイメージや言葉を豊かにする。
⑨ 絵本や物語などに親しみ、興味をもって聞き、想像をする楽しさを味わう。
⑩ 日常生活の中で、文字などで伝える楽しさを味わう。

記述のポイント

人の話を聞き、理解する姿を書く

人の話を聞く態度の習得は、就学の際の大切なポイントです。人の話を聞き、理解するという人とのコミュニケーションについて教師がどのように援助し子どもの気持ちを受けとめたかを書きましょう。

自分の考えを言葉で伝える姿を書く

子どもが自分の経験や気持ちを、自分の言葉で自分なりに表現できるようになった姿を記載しましょう。子どもの話したい、聞いてもらいたいという気持ちを教師がどのように援助したかも述べます。

絵本や物語にどんな感想を抱いたか

人との会話以外に、絵本や物語を通して知る言葉もたくさんあります。言葉のひびきや物語から、子どもがどんなイメージをもち、想像を働かせたかについても書きましょう。

会話を楽しむ姿を書く

さまざまな人と会話のキャッチボールを楽しむ姿と、教師の援助を書きましょう。会話を通して、人への親しみや興味を抱き、共感を得ていくプロセスは、社会で最も大切な能力の一つと言えます。

表現

「表現」の領域では、子どもが生活の中で五感を研ぎすませることで得ていく感性と、感じたことや考えを表現する力について記載します。造形や音楽を通して、美しいものや驚きに出会い、心を動かした子どもの姿も記載しましょう。

幼稚園教育要領を読み直す

感じたことや考えたことを自分なりに表現することを通して、豊かな感性や表現する力を養い、創造性を豊かにする。
[幼稚園教育要領「第2章ねらい及び内容」より]

ねらい
(1) いろいろなものの美しさなどに対する豊かな感性をもつ。
(2) 感じたことや考えたことを自分なりに表現して楽しむ。
(3) 生活の中でイメージを豊かにし、様々な表現を楽しむ。

内容
① 生活の中で様々な音、形、色、手触り、動きなどに気付いたり、感じたりするなどして楽しむ。
② 生活の中で美しいものや心を動かす出来事に触れ、イメージを豊かにする。
③ 様々な出来事の中で、感動したことを伝え合う楽しさを味わう。
④ 感じたこと、考えたことなどを音や動きなどで表現したり、自由にかいたり、つくったりなどする。
⑤ いろいろな素材に親しみ、工夫して遊ぶ。
⑥ 音楽に親しみ、歌を歌ったり、簡単なリズム楽器を使ったりなどする楽しさを味わう。
⑦ かいたり、つくったりすることを楽しみ、遊びに使ったり、飾ったりなどする。
⑧ 自分のイメージを動きや言葉などで表現したり、演じて遊んだりするなどの楽しさを味わう。

記述のポイント

美しい物を愛でる姿を書く

子どもは日々、花や昆虫、音楽や絵画など、さまざまな美しい物、魅力ある物に出会い、心を動かされ、イメージをふくらませています。子どもがどんな物に心を動かされたかについて書きましょう。

感じる力、表現する力の成長を書く

描く絵がさまざまなように、一つの物から得るイメージは、子どもによって違います。自分の感じたイメージを、自分なりに表現する力と、その感性を伸ばすための教師の援助について書きましょう。

工夫を楽しむ姿を書く

クレヨンや段ボールなどさまざまな素材を使って、自分のイメージに近づくように工夫する姿も表現の一つと言えます。工夫する楽しみとねばり強く取り組む姿についても書きましょう。

表現を通して見える育ちを書く

感動や驚きといった心を揺さぶる体験があってこそ、それを伝えたいという気持ちが生まれます。作品など表れた形だけでなく、その表現のきっかけとなった体験や育ちについても書くようにします。

最終学年の指導に関する記録 書き方のポイント

「指導に関する記録」の最終学年については、小学校における児童の指導に生かされるよう、「幼児期の終わりまでに育ってほしい姿」を活用し、指導の過程と育ちつつある姿をわかりやすく記入します。

幼児期の終わりまでに育ってほしい姿

次に示す「幼児期の終わりまでに育ってほしい姿」は、第2章に示すねらい及び内容に基づく活動全体を通して資質・能力が育まれている幼児の幼稚園終了時の具体的な姿であり、教師が指導を行う際に考慮するものである。

[幼稚園教育要領「第1章総則 第2幼稚園教育において育みたい資質・能力及び『幼児期の終わりまでに育ってほしい姿』」より]

(1)健康な心と体	幼稚園生活の中で、充実感をもって自分のやりたいことに向かって心と体を十分に働かせ、見通しをもって行動し、自ら健康で安全な生活をつくり出すようになる。
(2)自立心	身近な環境に主体的に関わり様々な活動を楽しむ中で、しなければならないことを自覚し、自分の力で行うために考えたり、工夫したりしながら、諦めずにやり遂げることで達成感を味わい、自信をもって行動するようになる。
(3)協同性	友達と関わる中で、互いの思いや考えなどを共有し、共通の目的の実現に向けて、考えたり、工夫したり、協力したりし、充実感をもってやり遂げるようになる。
(4)道徳性・規範意識の芽生え	友達と様々な体験を重ねる中で、してよいことや悪いことが分かり、自分の行動を振り返ったり、友達の気持ちに共感したりし、相手の立場に立って行動するようになる。また、きまりを守る必要性が分かり、自分の気持ちを調整し、友達と折り合いを付けながら、きまりをつくったり、守ったりするようになる。
(5)社会生活との関わり	家族を大切にしようとする気持ちをもつとともに、地域の身近な人と触れ合う中で、人との様々な関わり方に気付き、相手の気持ちを考えて関わり、自分が役に立つ喜びを感じ、地域に親しみをもつようになる。また、幼稚園内外の様々な環境に関わる中で、遊びや生活に必要な情報を取り入れ、情報に基づき判断したり、情報を伝え合ったり、活用したりするなど、情報を役立てながら活動するようになるとともに、公共の施設を大切に利用するなどして、社会とのつながりなどを意識するようになる。
(6)思考力の芽生え	身近な事象に積極的に関わる中で、物の性質や仕組みなどを感じ取ったり、気付いたりし、考えたり、予想したり、工夫したりするなど、多様な関わりを楽しむようになる。また、友達の様々な考えに触れる中で、自分と異なる考えがあることに気付き、自ら判断したり、考え直したりするなど、新しい考えを生み出す喜びを味わいながら、自分の考えをよりよいものにするようになる。
(7)自然との関わり・生命尊重	自然に触れて感動する体験を通して、自然の変化などを感じ取り、好奇心や探究心をもって考え言葉などで表現しながら、身近な事象への関心が高まるとともに、自然への愛情や畏敬の念をもつようになる。また、身近な動植物に心を動かされる中で、生命の不思議さや尊さに気付き、身近な動植物への接し方を考え、命あるものとしていたわり、大切にする気持ちをもって関わるようになる。
(8)数量や図形、標識や文字などへの関心・感覚	遊びや生活の中で、数量や図形、標識や文字などに親しむ体験を重ねたり、標識や文字の役割に気付いたりし、自らの必要感に基づきこれらを活用し、興味や関心、感覚をもつようになる。
(9)言葉による伝え合い	先生や友達と心を通わせる中で、絵本や物語などに親しみながら、豊かな言葉や表現を身に付け、経験したことや考えたことなどを言葉で伝えたり、相手の話を注意して聞いたりし、言葉による伝え合いを楽しむようになる。
(10)豊かな感性と表現	心を動かす出来事などに触れ感性を働かせる中で、様々な素材の特徴や表現の仕方などに気付き、感じたことや考えたことを自分で表現したり、友達同士で表現する過程を楽しんだりし、表現する喜びを味わい、意欲をもつようになる。

「最終学年の指導に関する記録」については、園における子どもの成長を連続的なものとして捉え、小学校等での児童の指導に生かされることを念頭に記入することが大切です。幼稚園教育要領の第1章総則に示された「幼児期の終わりまでに育ってほしい姿」は、これまでは「5領域」（健康・人間関係・環境・言葉・表現）によって捉えてきたものを、最終学年についてはより具体的な10の視点から見ていこうとするものです。

ですが、「幼児期の終わりまでに育ってほしい姿」は成長のゴールとすべき目標ではなく、個別に取り上げて指導すべきものでもありません。項目別に記入する必要はなく、幼児の発達の姿について偏りや不足がないかを確認し、育ちつつある姿と指導の過程をわかりやすく、全体的かつ総合的に捉えて記入することが大切です。

記述のポイント

(1) 健康な心と体
園生活の中で積極的に体を動かしてチャレンジし、達成感を味わうことができたか。また、健康な心と体のための、身の回りの衛生面や生活習慣、整理整頓が身についているかなどについて書きます。

(2) 自立心
身の回りの準備を進んで行えたか、他者からの指示でなく、自分で考え行動できたかがポイントです。成功や失敗の体験を繰り返す中で、自ら考え取り組む姿勢ができているかを書きます。

(3) 協同性
あそびの中で友だちとイメージを共有したり、異なる考えを擦り合わせたりする過程では、言葉が重要になります。ケンカをしたり、喜びを分かち合う中で育まれた協同性について書きます。

(4) 道徳性・規範意識の芽生え
道徳・規範意識は、大人が言葉で禁止事項を説くよりも、友だちとの関わりの中で楽しく学ぶほうが身につきます。園生活の中で学んだ社会のルール、人を思いやる気持ちなどについて書きます。

(5) 社会生活との関わり
母の日などの記念行事や、地域のボランティア体験を通じて、家族や地域とのよりよい関わりを築くことができたか。また、インターネットなどを介する情報の扱い方の認識についても書きます。

(6) 思考力の芽生え
身の回りのさまざまな事象に興味をもち、考えて工夫をする経験ができたか。また、自分の意見を発する一方で、友だちの意見をしっかりと聞いて、考えを高めることができたかなどについて書きます。

(7) 自然との関わり・生命尊重
自然の大切さに気づくには、身の回りの自然に触れることが第一です。あそびの中で自然物のおもしろさに気づき、動物の飼育を通して命の大切さに気づきます。自然と関わってきた内容について書きます。

(8) 数量や図形、標識や文字などへの関心・感覚
小学校から学習が始まる算数や国語ですが、あそびや園生活の中で、数字やひらがな、図形などに親しんでおくことは大切です。絵本や乗り物を介した文字や標識などへの理解度について書きます。

(9) 言葉による伝え合い
言葉で伝え合う力を育むためには、自分の言葉を伝える以上に、相手の話をきちんと聞くことが大切です。実際の経験から生まれた言葉、そこで友だちと共有できたことなどについて書きます。

(10) 豊かな感性と表現
子どもが豊かな感性を十分に表現するには、それを肯定してもらう場が必要で、それが次の意欲につながります。発表の場などの表現以外にも、感動から出た言葉や行動などについて書きます。

注）本書の第4章・第5章に掲載した最終学年の実例で、添削箇所がこれら「幼児期の終わりまでに育ってほしい姿」(1)〜(10)に該当する場合は、その番号を記しました。

文章表現上の注意点

子どもの育ちを小学校教師に伝えるためには、文章表現にもいくつか注意する点があります。上手に伝わる文章表現のポイントを押さえましょう。

point1 文章は簡潔に書く

一文にダラダラと事例だけを並べないように注意しましょう。ポイントを選んで効果的に文章を区切り、簡潔さを心がけましょう。

記入例

戸外でのあそびが好きで、ドッジボールやサッカーなどに友だちを誘って園庭で遊んだり、得意のかけ足で鬼ごっこをしたり、砂場で山を作るなどして楽しんでいる。

→ 友だちを誘い戸外で遊ぶことが大好きで、かけ足も速い。特にドッジボールやサッカーなどの球技が得意だが、砂場あそびなどを自由に創作して楽しむこともできる。

point2 同じ言葉を何度も繰り返さない

同じ言葉を何度も繰り返し使うと、意図が伝わりにくくなります。別な表現や言い方に変えることで、スッキリと読みやすい文章になります。

記入例

食事に対する意欲が少なく、食事をするのがゆっくりで時間がかかる。好き嫌いはなく、保育者が食事に意欲がもてるよう言葉をかけると、ゆっくりだが完食することもある。

→ 食べ物に好き嫌いはないが、食事に対する意欲が少なく、時間がかかってしまう。保育者が「お弁当のあとは何をしようか」と促すと、自分のペースで完食しようと努力する。

point3 「〜させる」は受け身の表現

「〜させる」という書き方は、子どもの主体性が見えてきません。つい使ってしまいそうな表現ですが、あくまで子ども主体の文章にします。

記入例

歌の時間に集中できず、一人あそびを始めてしまうので、一人ずつ前に出て歌わせる時間を設けてみたところ、自由に歌えることが楽しいのか、集中できた。

→ 歌の時間に集中できず、一人あそびを始めてしまうことがあった。試しに、一人ずつ前に出て歌ってみる時間を設けてみたところ、皆と合わせずに自由に歌えることが楽しいのか、集中できた。

point4　否定・断定はしない

独断による否定的・断定的な言い方に気をつけましょう。たとえその時点でできないことがあっても、発達段階にあると捉え、可能性に注目することが大切です。

記入例

友だちと意見が合わないと、手を出してしまうことが多い。相手の気持ちを思いやるように伝えたが、力が強いため、おとなしい子や小柄な子の気持ちになって考えられない。

→

友だちと意見が合わないと、手を出してしまうことがたびたびある。たたかれたときの相手の気持ちを思いやるようにそのつど伝えたことで、徐々にではあるが、回数が少なくなってきている。

point5　具体的に記述する

「積極的に遊んでいる」「意欲的に工作に取り組む」などのあいまいな表現では、具体的な子どもの姿が思い浮かびません。実際のエピソードを交えて、子どもの様子を書きましょう。

記入例

友だちが多く、自由時間になると友だちと積極的に遊んでいる。手先が器用で、意欲的に工作にも取り組んでいる。

→

友だちが多く、自由時間には自分から提案してチーム対抗のサッカーをしたり、入りたそうにしている子に話しかけるなど、リーダー的な存在である。手先も器用で、牛乳パックで上手に家を作った。

point6　要点を絞る

多くを伝えたいという思いから、あれもこれもとたくさんの事柄を一つの文章に詰め込み過ぎないようにしましょう。文章で伝えたいことを整理し、要点を絞るように心がけます。

記入例

おとなしく、自由時間にはパズルで遊んだり、一人で絵本を読んだり、金魚をじっとながめたりしているが、友だちに話しかけられると受け答えをし、うれしそうにしているので、友だちづき合いが嫌いなわけではないようである。園庭でも集団の中には自分から入ることなく、鉄棒などを一人でもくもくと行っている。

→

口数が少なく、友だちは多いほうである。自由時間は一人でパズルや絵本を読んで過ごしていることが多いが、友だちに話しかけられると、うれしそうにしている。園庭では、集団でのあそびよりも、どちらかというと鉄棒など一人でコツコツと練習を積み重ねるものが好きで、逆上がりを何度も根気強く練習する姿が見られた。

第2章　伝わる指導要録の書き方　文章表現上の注意点

指導要録 Q&A ②

子どもの転園や退園、病気、家族関係の扱い方、個人情報の守り方など、指導要録にまつわるさまざまなギモンにお答えします。

Q1 「保育所児童保育要録」と「幼稚園幼児指導要録」はちがうの？

A.「幼稚園幼児指導要録」は、以前から小学校への送付が義務づけられていましたが、「保育所児童保育要録」は2009年から義務づけられました。管轄でいうと、幼稚園は文部科学省、保育所は厚生労働省と異なるため、要録に使われる文言が多少違っています。しかし、どちらも子どもの育ちの連続性に注目し、小学校での指導に役立ててもらうために送付するという意味合いは同じです。子どもの育ちの連続性という観点で、小学校と連携することが大切でしょう。

Q2 転・退園児の指導要録はどうすればいいの？

A. 園児が転園した場合は、その写しを転園先の幼稚園へ送付することになっていますが（19ページ）、移る先が保育所の場合、送付は義務ではなく、両園の話し合いによって決められます。いずれにせよ、原本は園に保管しますが、在園児の要録とは別にし、「退園児要録つづり」などとして保存しておきます。

Q3 転園と退園はどのように分けているのでしょう？

A. 他の幼稚園に移った場合は「転園」、保育所、他の施設、家庭、外国の幼稚園へ移った場合は「退園」となります。転・退園とも、保護者の届け出を受けて、園長がそれを認めた年月日が「転・退園年月日」となります。

Q4 親の事情で祖父母と暮らしている子どもの保護者は？

A. 保護者のらんには、あくまで法律上の親権者を記入します。ただし、指導上、祖父母との関係を明確にしておく必要がある場合は、「指導上参考となる事項」に記入するようにします。

Q5 指導要録の記載事項について他機関から照会があったら？

A. 指導要録は、外部に対する証明等に役立たせる原簿となるものですが、外部にそのまま開示するものではありません。外部の証明等を指導要録に基づいて作成する場合も、照会の趣旨や用途を十分に確認し、個人の利益、不利益を十分に考慮した上で、必要最小限の事項を記載する配慮が必要です。

Q6 持病やアレルギーについては記載するの？

A. 指導する上で特に留意する必要がある場合は、「指導に関する記録」の「指導上参考となる事項」の健康らんに書くようにします。アトピー性皮膚炎やぜんそくなど、日常特に注意して見守る必要がある病気には、その状態と配慮の仕方について記述しておき、小学校に引き継ぐようにします。

第3章

指導要録
文例集

2歳児の5領域別文例

運動機能を発展させて活発に遊ぶ一方、ままごとやごっこあそびで象徴機能が発達して言葉を多く使うようになり、自我が芽生え自立へと踏み出します。

「学年の重点」文例集

- 幼稚園生活に慣れ、教師や友だちとあそびを楽しむ

- 教師や友だちと一緒に、楽しい幼稚園生活を送る

- あそびのルールや約束を知り、友だちと一緒に楽しむ

- 簡単な身の回りのことは、自分で行うようにする

- 好きなあそびを発見し、自ら積極的に関わろうとする

- 体を十分に使って、友だちとあそびを楽しむ

- 友だちのあそびに関心をもち、自分から進んでやろうとする

- 自分の思いを、言葉やあそびにより自分なりに表す

- ごっこあそびや集団でのあそびを通して、みんなで遊ぶ楽しさを知る

- 生活やあそびを通して友だちと関わり、相手の思いに気づく

- いろいろな遊具や素材に触れ、感触などを楽しみながら遊ぶ

2歳児 「個人の重点」 文例集

おおむね2歳児は、自立と大人への依存の狭間で揺れています。着替えなどを自分一人でしたがったり、できずに癇癪を起こしたり、育ちのステップを踏んでいる最中です。教師はその個性を受け止め、優しく捉えて重点とします。

- 教師と一緒に遊び、園生活に慣れ親しむことができる

- 喜んで登園し、友だちと一緒に好きなあそびを楽しむことができる

- いろいろなあそびの楽しさを知り、元気に楽しむことができる

- 教師や友だちの話を、静かに聞けるようになる

- 自分の気持ちや、やってほしいことを教師に伝えようとする

- あそびのルールを守り、最後まで楽しく過ごすことができる

- いろいろなあそびや遊具に親しみ、自分から遊ぼうとする

- 車や建物など、いろいろな物や人に興味や関心をもつ

- 身の回りのことや、片づけを自分から積極的にしようとする

- お話や絵本に興味をもって、最後までおとなしく聞こうとする

- 友だちと一緒に、イメージをふくらませて遊ぼうとする

- 排尿の失敗など我慢しないで、教師に告げるか、自分で対処できる

- 気にいらないことがあっても、友だちを叩かないようにする

- 身の回りの小さな生物や、植物の命に気づき、大切にしようとする

第3章 指導要録文例集

2歳児 「学年の重点」「個人の重点」

2歳児「健康」文例集

おおよそ2歳になると、歩く、走る、跳ぶなど運動能力が高まり、つまむ、めくるなど指先も器用に使えるようになります。子どもの状況に応じて、声かけや指導を行ったことを記すことで、より深く伝わるものになります。

> 身の回りのことを自分でできて、「もう赤ちゃんじゃないぞ」という子どもの誇らしげな顔が浮かびます。

基本的生活習慣ができ自信に

入園当初は身の回りの始末など、基本的な生活習慣をほとんど身につけておらず、教師の言葉も正しく理解できていない様子だった。一つひとつサポートしながら一緒に行うと、徐々に覚えていき、1学期末には教師の話も聞け、始末なども一人でできるようになり、本児の自信となっている。

見守られてとれたオムツ

排便のとき、家ではオムツでないとできなかった。入園後は、トイレに連れていくと教師に見守られながら行ううちに、次第に一人でできるようになった。

人なつこく明るい子

1月に入園したが、人なつこく誰とでも遊ぶことができ、他のクラスからも誘われることも多い。みんなとままごとや、かけっこなどを楽しみ、声も大きく明朗快活である。

> 自らトレーニングパンツを卒業するほど、大好きな園で活躍する姿が目に見えるようです。

幼稚園が大好きな積極的な子

一人っ子だが、入園時から幼稚園が大好きで、母親が「トレーニングパンツを履いて登園できない」と言うと、自分でパンツを捨ててしまったという。入園当初から、毎日笑顔で元気よく登園し、多くの友だちと遊んでいる。

友だちができて泣く回数が減少

入園当初は、玄関から大泣きして母親から離れなかった。母親が帰ったあともしばらく泣き止まない日が続いたが、教師がそばについてあげ、スキンシップを図ることで安心していた。6月ごろには友だちもでき、あそびに誘われるようになると、泣く時間も減った。

一人で着脱できるようになった

衣服の着脱を一人でやろうとするが、うまく手足を操作できずに教師に手伝ってもらう。癇癪を起こして衣服を投げ捨てたり、裸で逃げたりしていたが、ゆっくりと手足の入れ方などを支援してあげるうちに慣れていき、早くはないが一人で着脱できるようになった。

園という新しい環境に慣れる

入園時は、家では一人っ子だったので大勢の人がいる新しい環境に慣れず、口もきかず部屋の隅でじっとしていることが多かった。1週間ほど母親に付き添ってもらいながら、教師や他の子どもたちが声かけしたり、あそびに誘っているうちに、徐々に友だちと関わるようになり幼稚園生活に慣れていった。

生活体験が少ない子の育ち

1月の入園前は、母親が働いているため多くの時間を祖父母と過ごしてきた。年齢に見合った生活体験が乏しく、会話もほとんどできなかった。素直な性格で人の言葉を受け入れることはできたため、本児が理解しやすくサポートを工夫し、根気よくトレーニングしたことで、できることが徐々に増えていった。

キックはダメと教える

本児は、体も大きくヒーローごっこが大好きな元気な子だが、よくテレビのまねをして他の子に、力いっぱいパンチやキックをして泣かせてしまう。教師はヒーローごっこのバリエーションを一緒に考えて、みんなで追いかけっこをするなどの形に変えたところ、少しずつキックをすることが減ってきた。

心配が伝わり萎縮してしまった子

母親が本児のトイレの始末に関して心配し、その不安が伝わって積極性が消えた。些細なトラブルは保護者には伝えてこなかったが、母親との連絡を十分にとるようにし、本児のがんばりや園の様子を伝えるようにすると、子どもにも快活さが戻ってきている。

あそびに慎重な理由

新しい遊具には不安を抱き、自分でできるか納得するまで遊ばなかった。体は大きいが慎重さと気の弱い面があるので、今後も、安心感をもって十分遊べるように見守ってほしい。

> 運動機能が遅れた子どもに対する創意工夫の様子がよく表現されています。

あそびを通して力をつける

本児は、運動機能の発達が同年齢の子どもより、全体的にやや遅れぎみである。動作や歩くのもゆっくりで、他の子と遊んでいてもとり残されていた。あそびの中に坂道やでこぼこ道を歩いたり、集団あそびで走る回数やダンスを増やすなどして、徐々に全身運動の力がつけられるように工夫している。

> 歩かない子どもに見通しをもたせたり励ましを与えることで成長できた様子がわかります。

歩かない子に楽しさを伝える

園から離れた公園に散歩にいくと、その途中で歩かなくなることがあった。単に「がんばれ」と言うより、教師が「公園に着いたら○○あそびをしようね」と、本児に次の行動の見通しをもたせたり、友だちの「早く公園に行って遊ぼう」という言葉を聞かせるなどすると、以後は「がんばる」と進んで歩くようになった。

甘えの原因を受け止める

手先も器用で身の回りのことは大方できるのに、着替えになると「やってー」と教師に甘えてくる。教師ができない子の世話をしているのを見て、自分に目を向けさせたいための行動と考えた。時々は手助けするが、一人でできたとき「すごいね」とほめるようにすると、自分でがんばる意欲が強くなっていった。

食事が楽しい時間になる

入園当初は、給食のごはんとスープばかりを食べて、他のおかずはほとんど残していた。無理に完食させようとしないで、食事はおいしく楽しい時間だと思えるように、「ごはん大好きなのね。じゃお肉も一口食べてみる？」などと誘うことにした。2学期には、機嫌よく全部の給食を食べられるようになった。

第3章　指導要録文例集　2歳児「健康」

2歳児「人間関係」文例集

自立と依存の間にあり、困っていても大人の手を借りることを嫌がったり、泣いて抗議することもある。友だちとの関係も広がり、やっているあそびや行動に興味を示す時期です。子どもの思いを受け止めることが大切です。

戸惑いながらも園が大好きになる

2月の入園時は、大人しかいない家庭と勝手が違い戸惑っていた。だが、好奇心が旺盛で、興味をもつと自分でやりたくなる性格のため、いろいろな発見に満ちた幼稚園生活にもすぐに馴染んで、友だちと元気に遊んでいた。

> 子どもの毎日の育ちを、よく捉えて観察しています。子どもの多面性がよくわかる文章です。

見た目よりしっかりした子

入園時から同年齢の子に比べ小柄で、髪が長く仕草も幼いため年上の子どもにかわいがられていた。担任に甘えておんぶをせがんだり、指しゃぶりのくせが抜けないなど、幼さが目立っていた。反面、ままごとでは自分が母親役をして、あそびをリードすることもあり、自分の意見や欲求を表すことができる。

何でも興味をもつ子どもの育ち

幼稚園生活の中で、園庭の水まきや門の開閉など、いろいろなことに興味を示し、自分でやりたいという意欲が強い。しかし、友だちと一緒にやって楽しむという協調性が弱く、意欲的な面を伸ばしつつ、他者の思いをわかる子どもになれるよう支援を続けたい。

> あそびを工夫することで子どもの成長を助けることができた様子がよく表現されています。

悔しがり屋で負けると泣く子

友だちと「帽子とりあそび」をしていると、帽子をとられると「返して」と言いながら友だちを追いかけ、いつまでも泣き止まないことがあった。教師が持っているたくさんの帽子を、みんなでとりにいく方法にアレンジすると、徐々に悔しい気持ちを抑え、あそび自体を楽しむことができるようになった。

読み聞かせのとき迷惑をかける

早生まれ（3月）の本児は、絵本の読み聞かせのときに静かに座って見ていることができず、うろうろしたり玩具で遊びだしたりした。早生まれのため、絵本が難し過ぎて理解できなかったのではと考え、1歳児向けの絵本も混ぜると、絵本に集中できるようになった。

友だちの力が不安を解消する

入園当初は、幼稚園への不安や緊張から朝の挨拶も自分から言えなかったが、1学期後半には仲のよい友だちの名前を覚え、次第に園生活にも慣れてきて、朝の挨拶もみんなに元気よく言えるようになった。

思いやりを学びつつある

ブロックあそびで嫌なことがあり、友だちに投げつけたことがあった。本児の気持ちを聞きつつ一緒に片づけをしたところ、自分からぶつけた友だちに謝りにいった。気持ちの制御と、友だちへの思いやりを学びつつある。

友だちとあそびから学ぶ

入園当初は登園してすぐ家に帰りたがったが、園庭でトランポリンやすべり台、ボール蹴りなどを楽しむ年長児のやり方を見ているうちに、自然とあそび方を覚えていった。できるあそびが増えるにつれ笑顔も増え、家に帰りたがらなくなり、朝から活発に遊ぶことができた。

心をつないだ電話ごっこ

人見知りなところがあり、担任になかなか慣れず気持ちの安定が見られなかった。1学期中ごろに、玩具の携帯電話が大のお気に入りになり、友だちと電話ごっこを楽しんでいた。一つを担任が持ち、本児に「もしもし○ちゃん」と話しかけるとうれしそうに応答し、何度も会話を楽しむうちに、心を開いてくれた。

人と関わることで幼稚園に慣れる

10月から双子の姉と入園したが、2人一緒に固まり、離されると不安感から泣き出して止まらなかった。顔見知りの年中の子2人が、いろいろ世話をしてくれるようになると気持ちも安定し、3学期にはそれぞれのクラスの友だちができ、一緒に遊べるようになった。

> 家庭と園との連携が功を奏し
> 物の大切さを理解できるようになった
> 様子がよくわかります。

物の大切さを教えるには

父子家庭の本児は、物の扱いがぞんざいで、投げ捨てたり足で踏みつけたりしていた。父親とコミュニケーションをとり、本児とも膝に乗せて絵本を読むなどして信頼関係を築いた。絵本を大切に扱うことを教え、家庭でも配慮してもらっていたところ、少しずつだが玩具などを大切に扱えるようになった。

自分のことを積極的に伝える

大汗をかいたり、粗相をして困っても教師に言えずに黙っていることが多かった。スキンシップを図りながら、困ったことがあったら恥ずかしがらずに言えば、すぐに助けてあげることを伝えた。教師に何かを訴えたときは、「ありがとう、よく言えたね」とお礼を言って喜ぶようにすると、2学期末には自分から進んで伝えてくるようになった。

運動も得意だけど優しい子

同年齢の子より運動能力が高く、速く走ることができる。ボールころがしでは、友だちより多くのピンを倒して自慢顔だったが、うまく投げられない子に、ていねいに投げ方を教えてあげる優しい面ももっている。

相手の気持ちを考えるようになる

何にでも興味をもつが、友だちの物を気に入ると黙ってとったり、拒まれると叩いたりした。教師はその都度、本児の思いを受け止めながら、叩かれた子の気持ちを伝えていった。2学期になると、次第に「貸して」や「ありがとう」「ごめんね」が言えるようになった。

> 園の母親に対する対応が
> よい結果につながった様子が
> よく表現できています。

赤ちゃん返りの子どもへの対応

母親が育児休暇をとり、家で赤ちゃんを育て始めると、朝夕の送迎で泣くなど「赤ちゃん返り」になった。母親にはマイナスイメージの表現をしないで、一緒に子どもの心理状態に寄り添った対応を話し合い、本児には楽しいあそびや活動に取り組み、少しでも心が安定できるように努めた。3学期になり、徐々に自ら赤ちゃんのことを話すようになった。

第3章 指導要録文例集

2歳児「人間関係」

2歳児「環境」文例集

2歳のころは、目についたものに興味・関心をもち、自分から関わろうとする時期です。生活の中で自然に対する感性を育てること、同時に人と人、人と自然のつながりに気づかせる指導が大切です。

子どもの興味の対象物が思いやりを育むきっかけとなった様子がよくわかります。

小さな命を大切にする

入園当初から元気よく登園する姿が見られたが、園庭でアリを発見するとつまんでつぶしてしまう。動く物への興味からつまんでいるものと思われるので、「アリさんが痛い、痛いって言ってるからやめようね」と声かけをし、「おつかいありさん」を歌ってアリの説明をしたところ、つぶすことがなくなった。

お花が大好きなのでとってしまう子

草花に興味があり、近所の花を無断でとったり、園庭に植えたばかりの花もすぐに摘んでしまう。教師が植物図鑑を見せたり、鉢植えに本児の名前と花の名を書いて見せると、水やりなどを積極的に行う、花を大切にしようとする姿が見られた。

ブロックあそびでけんかになる

大好きな大型ブロックで、タワーやロボットを作って楽しむ。ブロックの貸し借りでトラブルが起こることもあったが、相手の子が謝ると、すぐに自分でも謝れる素直さがある。

カメが別れを乗り越えるきっかけに

入園当初は、泣いて母親から離れなかった。6月本児が玄関の水槽のカメに気づき、関心をもったのをきっかけにエサやりを教えると、うれしそうに進んで行うようになり、9月には母親との別れも乗り越えることができた。

生き物の扱い方を学ぶ

園で飼っているウサギが大のお気に入りだが、扱い方がわからずに、耳をつかんで乱暴に持ち上げるなどしていた。ウサギの世話をしながら抱き方を教え、「一緒にだっこしようね」と伝えると、目を輝かせて喜んでいた。

自分の周りの変化に気づき、それに関わることで、成長するエピソードです。

自分と他人の物の区別を知る

生活に必要な習慣や身支度などはほとんどできるが、自分の持ち物に対してこだわりがなく、ぞんざいに扱うことが多かった。逆に他の子の持ち物にも頓着せず勝手に使い、放り出してしまう。靴箱とロッカーの整理整頓をクラスで行うと、きれいに並べて名前をつけることに興味をもち、自他の区別もつけられるようになり、持ち物の管理が得意になった。

ダンスであがり症を克服

12月のクリスマス会でのダンス練習には、積極的に大きな声で歌い元気よく踊っていた。あがり症なので心配したが、本番でもみんなに率先してダンスを楽しんで、保護者や教師とともにクリスマス会を盛り上げていた。

モルモットに触れられる子

入園当初は不安感から、他の子のあそびにも加わらなかった。園近くの自然公園に行ったとき、モルモットに触れる催しで他の子が怖がっていたのに、本児は平気で触るのを見て、みんなに驚かれた。父親の知り合いが飼育していて、以前に触れたことがあるらしい。これ以降、親しい友だちができ元気に遊ぶ姿が見られた。

絵本に興味を示さない子

体を動かすあそびは大好きなのに、絵本には全く興味を示さない。友だちの見ている絵本を「おもしろそうだね」と誘ったり、読み聞かせでは主人公が冒険をするお話を多く選んだり、絵本を手に届くところに置くなどするうちに、徐々に読み聞かせを楽しめるようになった。

> 園生活の楽しさを思い出せるように子どもの気持ちに寄り添った様子がよく表現できています。

夏休み明け幼稚園嫌いになった子

本児は長かった夏休み明けに、登園するのを嫌がって2日間欠席。ずっと家族と一緒にいたいという本児の思いを受け止めつつ、休み前に楽しんでいた玩具や絵本を出しておいたり、好きなあそびに教師が誘うなどした。母親には不安はないことを説明し、本児に働きかけるうちに徐々に幼稚園生活のリズムを取り戻し、登園できるようになった。

進んであと片付けをやる

あと片づけが面倒で、歩き回ったり知らんぷりをする。遊んだあとを見せて、遊具がなくなると明日も遊べないことを伝えると、自分から進んで片づけるようになり、きれいになったことを教師に報告に来るようになった。

> 話を聞いていないのなら、どの場面なら聞いているかなど、子どもの生活を基本に考えてみましょう。

読み聞かせに口をはさんでしまう子

絵本や紙芝居の読み聞かせのとき、「ぼく、知ってる…」などと口をはさみ、その場の雰囲気を壊してしまうことがあった。本児が普段遊んでいる姿から友だちとの関わりを整理したり、読み聞かせの環境を見直すなどをした。次に同じような内容に偏っていないかチェックし、なぞなぞ絵本や仕かけ絵本を取り入れて、他の子どもと一緒に楽しめるように工夫したところ、本児も夢中になって楽しむ姿が見られるようになった。

3歳になった自分を見てほしい

3歳になったことを自慢して「せっちゃん3歳だよ」と、みんなに言って回っていた。「お姉ちゃんだね」とほめると、うれしそうに「重くなったよ」と教師に負ぶさるなどして、自分を認めてもらいたい素振りを見せた。

自分の物と他人の物を知る

本児は友だちの道具を勝手に使い、使ったあとも放置したままのことがあった。保護者と相談して、名前を書いたシールを園の道具とともに、家庭の家具や持ち物にも貼ってもらった。自分の物だという愛着がわくとともに、他人の持ち物の認識も生まれ、勝手に使うこともなくなっていった。

第3章 指導要録文例集　2歳児「環境」

2歳児 「言葉」 文例集

「ニャンニャン、来た」など、2つの言葉をつないだ2語文が出始めるころです。「やったー」、「やーだ」など、喜びや怒りなどの感情が表情とともに言葉に出るようになります。

挨拶を通して
子どもが成長していく姿が
伝わります。

挨拶の言葉を楽しむ

入園当初は母親との別れが嫌だと泣いて過ごし、午前中は教師と手をつないでいることが多かった。教師が根気よく話しかけることで徐々に表情が和らいでいき、2学期になると「おはよう」の朝の挨拶にうなずいてくれるようになった。3学期になると「おはよう」の挨拶を楽しんで、何人もの教師と挨拶を交わすようになった。

奇声を上げて喜ぶ

奇声を上げてはしゃぐことをおもしろがって、教師が「やめようね」と言っても聞かない。伝えるべき言葉を奇声で済ませてしまうことがあった。ある日近くにいた女児の耳元で奇声を上げて、女児を泣かせてしまった。教師が叱り、一緒に「ごめんなさい」を言おうねと謝ったが、子ども自身も泣いてしまった。それから奇声を発することは少なくなり、言葉で伝えるようになった。

ヤダヤダが多い

自分の思い通りにならないと、へそを曲げてふてくされてしまうことがあった。気分を変えるために別のあそびに誘ったり、話しかけてみるが、何に対しても「やだ」と言って聞かない。「やだったね」と気持ちをわかってやり、しばらく抱きしめてあげると、落ち着いた。

汚い言葉を繰り返して喜ぶ

「うんち」や「おしっこ」など汚い言葉を言うと友だちが笑うので、喜んで連発することがあった。「おもしろい？　先生は全然おもしろくないけどなぁ。もっといろんな言葉知ってるよね？」と別の言葉に気持ちを向かせるようにすると、友だちと競い合って言葉探しを始めた。

教師にほめてもらい
喜ぶ子どもの姿が
伝わります。

友だちに「どうぞ」が言えた

友だちとのおもちゃの貸し借りなどがスムーズにいかず、たびたび取り合いになってお互いに泣いてしまうことがあった。「みんなで順番に使おうね」と声かけをしたところ、「どうぞ」という言葉とともにおもちゃを貸してあげることができた。「えらいね」とほめて頭をなでるとうれしそうにしていた。

子どもがリラックスして
園で過ごせるように、
教師が接している
様子がうかがえます。

話をしようとしない

入園当初、自分から積極的に友だちや教師に話しかけることがほとんどなかった。笑顔もあまり見られないので、教師が膝に座らせて「みんな○くんが大好きだよ」と安心できるような言葉を語りかけ心を開いていけるような環境づくりを心がけた。

> ごまかさず、筋の通った
> 説明をする
> 教師の姿がうかがえます。

自分の主張を曲げない

すべり台の順番待ちをしていて、横入りをしたので注意したところ、「○くんもやった」と言って、自分がいけないことを認めなかった。「横入りはみんないやな気持ちになるからだめだよ」と伝え、「○くんもやったなら、それもいけないことだよ」と筋道立てて伝えた。

泣いている理由を伝える

入園当初は、友だちとおもちゃなどをめぐってケンカになると泣くだけで、気持ちを言葉にできなかった。「どんな風に思ったのか、言ってみて」と声をかけ、時間をかけて向き合うようにしたところ、2学期の半ばくらいからぽつぽつと言葉が出てくるようになった。

泣きまねをする

自分の思い通りにいかないことがあると、泣きまねをして教師の様子をうかがうことがあった。自分に注目してもらいたいという気持ちの表れと思い、まねとわかっていても「どうしたの？」と声をかけてあげると、すぐに自分の気持ちを話し始めた。

> 言葉がまだうまく使えない
> 子どもを温かい目で
> 見守る教師の姿が伝わります。

癇癪をたびたび起こす

自分の思い通りにならないことがあると、癇癪を起こすことがたびたびあった。暴れたり大声を上げても事は変らないことを知るように、なるべく普段と変わらない態度で見守り、ひとしきり騒いで落ち着いたあとに、「何が嫌だったか、お話ししてごらん」とさとすようにした。

言葉が出ずに手が出てしまう

友だちが自分のイスに間違って座っていたところ、何も言わずに、その子を押し倒してしまった。「押す前に、ここはぼくの席だよと伝えるようにしようね」と伝え、「○ちゃんに謝ろうね」と言ったところ、小さい声だったが「ごめんなさい」と言えた。

> 子どもが一つひとつ、
> 成長していく姿
> が伝わります。

トイレを教師に伝える

トイレトレーニングでは、「おしっこ、したくなったら教えてね」と伝えていたが、入園当初は言葉が出ず、教師が様子をうかがってトイレに連れていき、排せつしていた。10月ごろから「おしっこしたい」と声に出して言えるようになった。時々間に合わず、失敗することもあったが、自分から言えたことを「よく言えたね」とほめ、「次は間に合うよ」と励ました。

言葉の数がなかなか増えない

言葉の数がなかなか増えず、友だちと遊んでいても自分の気持ちをうまく伝えられず、話がよくできる子の言いなりになることがあった。しりとりや絵本の読み聞かせなどを積極的に取り入れ、さまざまな言葉があることをあそびの中で会得するように心がけた。

第3章 指導要録文例集 2歳児「言葉」

2歳児「表現」文例集

身の回りの物への興味が高まり、見たことや感じたことを言葉で表現しようとします。紙に物を描くという抽象作業もできるようになるため、さまざまな表現を楽しめます。

● 園庭で見つけたアリさん

入園当初から繊細なところがあり、園庭でうずくまって何かを見ていた。教師へ真剣な目で「アリさんのごはん」と言ってきたので確かめると、アリが列を作ってエサを運んでいた。周りを園児たちが走り回る中で、アリをそっと観察できる優しい感受性が光った。

● 左利きハサミで作る

本児は左利きで、園のハサミが使いづらそうにしていたため、左利き用ハサミを用意した。空き箱と色紙で、怪獣やヒーローなど想像力豊かな作品を作り、友だちと見せ合ってごっこあそびを楽しんでいる。

> 子どもの気持ちに寄り添いながら、思いやりの気持ちを育む様子がわかります。

● 自分のイメージが強過ぎる子

自分のやりたいあそびや製作に対するイメージが強く、他の子が加わろうとすると何度か「入っちゃダメ」ときつい口調で拒絶する。その都度、教師は本児の思いを聞きつつ、もし自分が言われたら、どう感じるかを考えられるように話してきた。本児には、ちゃんと伝えようとする意識ができてきたので、今後も引き続き指導を続けてもらいたい。

● あそびをアレンジして楽しむ

ヒーローごっこやブロックあそびが好きで、友だちと一緒に楽しんでいる。線路を長くつなげ新幹線あそびをするなど、自らの創意であそびをアレンジする力がある。また、友だちとのコミュニケーションもよくできている。

> ダンスが好きになって人見知りを克服できた様子がよく表現できています。

● 絵を描くことが得意な子

絵を描くと、驚くほど豊かな発想力を見せる。だが他者との関わりが苦手で、あまり会話をしなかった。絵から他の子との仲を深められるように、みんなの前で発表するなどすると、絵が好きな友だちができて、一緒に怪獣などを描いて楽しむ姿が見られるようになった。

● ダンス好きになった人見知りな子

入園当初は、人見知りが激しくよく泣いていた。教師がアニメ体操のCDを流して踊ってみせると、本児も緊張しながらも踊っていた。何度も行ううちに、ダンスが好きになり自分から「ダンスしたい」と言い出すようになり友だちとも積極的に遊ぶようになった。

不器用だけど一生懸命な子

製作は苦手で、特に指先を使う紙切りは嫌いだった。しかし、負けず嫌いな面があり、友だちが作るのを見て発奮し、教師に一つひとつ手順を聞き、みごとに仕上げた。一つのことに集中する力を伸ばす指導をしてほしい。

> 大好きなイヌに関することが
> きっかけで、園生活に慣れて
> いった様子がよくわかります。

大好きなイヌのお面で自己表現

入園当初は自己表現が苦手で、クラスの隅でぼんやりとみんなのあそびを見ていた。製作でイヌのお面を作った日に、あそびの時間になってもお面をかぶって遊んでいた。以後、毎日のようにお面をかぶって遊ぶため、母親に聞くと隣家のイヌがお気に入りで、家でもお面を作って遊んでいるという。11月ごろには幼稚園生活にも慣れて、自己表現も徐々にできるようになった。

表現あそびを楽しむ子

絵を描くのは嫌がるが、スタンプあそびは大好きで、ペタペタと何にでも押したがる。ある日、色とりどりのスタンプが花のように押された紙を持ってきて見せた。教師にほめられ、友だちにも得意そうに見せていた。以後、製作にも意欲的になっていった。

> 自分の満足できるまで、
> 夢中で作った子の喜びと
> 育ちが伝わってきます。

だんご屋さんになった

年中児から教えてもらい、砂場で泥だんごを作っていた本児が次の活動に移らない。教師が最後に呼びにいくと「だんご屋さんだよ」と笑顔で迎えた。砂場の縁には無数の泥だんごが整然とならんでおり、「すごいね」とほめると喜んで教室に走っていった。本児の中に、一生懸命に努力する力が育ってきている。

イメージをもって描ける子

絵を描くことが大好きで、クレヨンを伸び伸びと動かしている。初めは何を描いたのか聞くと、「空」というように答えていたが、3学期になると「ママとお買い物に行ったの」などと、具体的なイメージをもって描くことができるようになった。

ダンスは自己投影した姿

入園当初は幼稚園生活に慣れず、引っ込み思案だった。9月の発表会では、ダンスの練習にも参加しなかったが、次第に友だちも増え12月のクリスマス会では堂々とダンスを踊り、保護者らに拍手されうれしそうな姿があった。

> 表現の指導で大切なのは、
> 子どもの中で生成される
> 「楽しさ」に共感できる
> かということです。

バスごっこでの出来事

教室で本児が段ボール箱に入り、友だちとバスごっこを始めた。友だちが乗客役になり、バス停を巡っているうちに、言い争いになった。友だちに降りろと言ったらしく、その子が困惑しているので理由を聞くと、「座る席が違うよ」と言う。詳しく尋ねると、シルバーシートだから老人客になってほしいとのことだった。本児の観察眼をほめながら、相手にちゃんと伝えて遊ぶことを提案した。この細やかな感性を、今後も大事にしていきたい。

才能豊かなクラスの人気者

想像力が豊かで、ブロックあそびや積み木では独特の作品を作り、ごっこあそびでは日常の言葉や行動をそのまままねして、クラスの人気者になっている。本児の個性に惹かれて友だちの輪が広がり、クラスのまとまりもできつつある。この個性を磨いていけるように、引き続き指導をお願いしたい。

第3章 指導要録文例集 2歳児「表現」

3歳児の5領域別文例

3歳児は関心が外へ外へと向かい、探索活動が展開されます。自分でできるという自信がわくとともに、自分と他者への信頼感が築かれていく時期です。

「学年の重点」文例集

- 園生活に慣れ親しみ、教師や友だちと関わりながら遊ぶ

- 園生活での決まりや習慣を理解して生活できる

- 戸外で明るく伸び伸びと体を使って遊ぶことを喜ぶ

- 基本的生活習慣について、自分のことは自分でしようとする

- 教師との信頼関係を築き、安心して自分を出せる

- 友だちとのあそびに必要な言葉を伝えることができる

- 自分の思っていることや困っていることを相手に伝えようとする

- 自分のしたいことや感じたことを表現しようとする

- 喜んで登園し、自分のしたいことを見つけて思う存分遊ぶ

- 友だちのいる楽しさを知り、好きなあそびで思う存分遊ぶ

- 安全に生活するためのルールを知り、それに沿って生活する

3歳児「個人の重点」文例集

自我が目覚め、自己主張が強くなっていくころです。自分のあそびに集中できる場所を保持しながらも友だちの様子に目が行き、互いの関わりが始まる時期でもあります。

- 登園時、保護者とスムーズに別れて園生活に入ることができる。

- 園生活に慣れ、友だちと親しみながら遊ぶ楽しさを知る

- 自分の気持ちを相手に伝えようとする

- 問題が起こったときに、解決の方法を自分で考える

- 教師を信頼し安心して自分を出し、自分の思いを教師に伝える

- 教師から離れ、自分から積極的に友だちに声をかけて遊ぶ

- 自分の気持ちを相手に言葉で伝えながら遊べる

- 園生活での驚きや感動を素直に表現することができる

- 友だちの気持ちを考えながら、一緒に遊ぶ楽しさを味わう

- 友だちの気持ちに気づき、自分の思いを伝えて遊べる

- 遊具の順番を守るなど、あそびのルールや約束を守る

- 基本的な生活習慣を身につけ、園の決まり事や約束を守る

- 遊具や道具の正しい使い方を学び、安全に遊べる

- 自分の身の回りのことは自分でできるようになる
- 排尿や排便、手洗いなどはほぼ自分で行える
- 着替えなど教師の手を借りずに自分で行う
- 食欲があり、友だちと一緒に食事を楽しむ
- 食べ物をこぼさずに食べられるようになる
- 食事の準備やあと片づけを自分で行えるようになる
- 自分の持ち物の片づけなどを進んで行うことができる
- いろいろな素材に親しみ、作る楽しみを知る
- 遊んだあとの片づけを友だちと一緒に行う

- 物事に興味をもち、集中して取り組むことができる
- 水あそびや砂あそび、自然と触れ合うなど戸外でのあそびを楽しむ
- 気の合う友だちを見つけ、好きなあそびをして楽しむ
- 身近な動物や植物などに興味をもち、自然に触れることを楽しむ
- イメージ豊かに自由に発想し、友だちと伸び伸びと遊ぶ
- 困っている友だちに関心をもち、教師に伝えるなどの方法を考える
- 安定した友だちとの関係の中で、自分を出しながら遊び続ける
- 新しいことに自ら進んでやろうとする気持ちがある

3歳児「健康」文例集

3歳児は体のバランス感覚が目覚め、運動範囲が一気に広がる時期です。状況や場面にかかわらず自己主張しますが、友だちとの関わりの中で社会のルールを学んでいきます。

コミュニケーションをしっかりとることで、園への不安がなくなった様子がわかります。

ジャンプをほめられて積極的に

園生活への不安がかなり強く、園に着いてから泣き止むまで時間がかかった。安心して登園できるようにしっかりとコミュニケーションをとり、活動前に何をするのか事前に伝えた。次第に活動に参加できるようになり、3か月後には笑顔で登園できるようになった。

友だちができて積極的に

登園すると教師にべったりと甘えて離れない。遊びの時間にも教師と手をつないでいないと不安がっていたが、気の合う友だちができたことで、あそびにも積極的に入っていけるようになった。

教師に対する緊張や照れがある

友だちとはすぐに仲よくなれるのだが、教師とはなかなか打ち解けない。教師に対する緊張や照れがある様子だったため、教師のほうから声をかけ関わりをもつようにしている。

生活の区切りがあいまい

生活の区切りがあいまいで、登園すると教室に入らずすぐに遊び始める。食事中に食べることを中断して遊びほうけることも多かった。区切りに声かけをして行動を促すことで、次第に規律ある行動ができるようになった。

リーダーシップを発揮

入園当初から園生活に慣れ親しむことができ、楽しく友だちと遊ぶことができた。元気で体格もりっぱで、園庭での運動あそびやゲームではいつもリーダーシップを発揮している。

方法を教えながらできたらほめることで、できることが増えた様子がわかります。

身の回りのことができない

両親共働きで祖母が子どもの世話を行っていた。園生活には慣れ親しむが、身の回りのことは全てやってもらっていたため自分一人ではできず、援助が必要となる。やり方を教えながらできたときにほめるようにすると、できることが少しずつ増えてきた。

片づけが嫌い

片づけが嫌いで指示を守らず逃げてしまう。ゲーム感覚で楽しめるような片づけ箱を作ると、楽しんで行うようになった。

ほめられることで自信がつき他者との関わりが増えた様子がわかります。

自信がつき仲間と遊ぶようになる

登園時、母親と離れるのが嫌で毎日のように泣く。2か月ほどで落ち着くが、自分から進んであそびの輪に加わることはなかった。ボールあそびのうまさをほめると自信がつき、次第に仲間と遊ぶようになった。

第3章 指導要録文例集

3歳児「健康」

見守ることでスピードアップ
衣類のたたみや片づけなど、何でも自分でやりたがるが、マイペースで時間がかかり過ぎる。手伝うと怒るほどにがんばるので、中断させたり手を貸したりせずに、ゆっくりと見守り励ますことで徐々にスピードアップしつつある。

ルールを学び思いやりが育つ
順番を無視するなど園庭でのあそびのルールを守らず、自由気ままに振る舞うことが多かった。子どもの気持ちを受け止めつつ「困る友だちがいるね」と集団行動に必要なルールを話して聞かせた。次第に思いやりの気持ちが芽生え、穏やかに遊べるようになった。

急いで雑になる
積極的だが、一つひとつの活動を早く終えようと急ぎ過ぎて活動が雑になる。時間があること、ていねいに取り組むこと、最後に確認作業をすることを声がけして取り組んできた。2学期ごろから少しずつていねいに取り組む姿が見られるようになってきた。

ばい菌の話で手洗い上手に
手洗いの意味がわからず、すぐに水あそびを始めてしまう。手につくばい菌をキャラクター化してお芝居を見せたところ、きちんと手洗いができるようになった。手洗いができないお友だちにはばい菌の話をしてくれている。

片づけが苦手だった子どもに自信がつき「友だちと一緒に」の思いが芽生えた様子がわかります。

片づけは友だちと一緒にする
片づけや準備が苦手で自分で行おうとしない。手を貸しながらほめることで少しずつやる気が出てきた。3学期からは「友だちと一緒に」という思いが芽生えて自分でやるようになった。

教えられたことを素直に守りリーダーとして成長していった様子がよく表現できています。

リーダーとしてルールを教える
我の強さから物の取り合いを起こし、相手をぶつなど手が出てしまうこともあった。順番に使うこと、ケンカしたら謝ることなどをていねいに教えると、生活のルールを守れるようになり、リーダーとして大勢の友だちと関われるようになった。今では「順番に使うんだよ」と友だちに教える頼もしさも出てきた。

トイレが怖くおもらしをしてしまう
トイレが怖いと、尿意を感じても我慢しておもらしをしてしまうことが多かった。一緒に入り、明るいイメージを与えるような話をしたところ、徐々に尿意を伝えられるようになった。

食べ物をこぼして遊ぶ
食事を一定量食べると、食器に手を入れて食べ物を混ぜ、テーブルや床にもわざとこぼして遊ぶことがあった。箸の使い方が上手になって担任からほめられてからは、食べ物で遊ぶこともなくなり、落ち着いて食事できるようになった。

教師が手伝っていた着替えも友だちをまねすることでできるようになった様子がわかります。

友だちをまねて着替え上手に
着替えが苦手で教師の介助をひたすら待つ。少しずつ手を貸していたが、できるようにならなかった。着替えの上手な子どものそばにしたところ、まねてできるようになった。

3歳児「人間関係」文例集

3歳児は、人の役に立つことに喜びを感じ、お手伝いを喜んでします。友だちとの関わりの中で自分の気持ちを説明して遊ぶ役割を決めたり、順番を守ったりします。

自分の得意な分野がきっかけで、友だちと接するきっかけが生まれた様子がわかります。

一人っ子で大人びた性格

一人っ子で大人ばかりの家庭で過ごしたせいか、知識が豊富で大人びたところがある。教師とは対等に話をするが、同年齢の子どもたちとの接し方がわからない様子だった。得意とするパズルやカルタなどの知的あそびがきっかけで、友だちとの交流が進展しつつある。

共有方法を考えられる

ままごとあそびが大好きでよく遊んでいる。入園当初は道具の取り合いでもめることが多かったが、教師が間に入って事を収めるのを繰り返し見る中で、2学期には順番を決めるなど、自分で共有する方法を考えられるようになった。

仲よしと常に行動する

仲のよい友だちと常に2人で行動し、手洗いやトイレまで何をするにも一緒にいた。教師が間に入って交流を広げるようにしたところ、次第に友だちの輪が広がり、多人数の友だちと遊べるようになった。

年下の子どもに優しい

笑顔で登園し、友だちに積極的に声をかけてあそびを楽しむ姿が見られた。家族に弟がいるせいか、園内の年下の子どもに積極的に声をかけて遊んだり手伝ってあげるなど、年下の友だちに優しくする姿が見られる。

自己主張するが相手の話も聞く

友だちや教師と慣れ親しみ、園生活を楽しむ。何にでも積極的で自分の考えを主張するが、友だちの意見もきちんと聞くことができる。ゲームやあそびでもリーダー的存在である。

園と家庭が協力して子どもを導き、解決につながった様子がわかります。

頬をつねる行動を繰り返す

友だちの頬をつねる行動が見られ、注意するとその場は謝るがまた繰り返す。家では弟の頬をつねって泣かせる。家庭と園でスキンシップを心がけ、友だちとの接し方を教えながら、好ましい行動をほめるよう心がけた。次第に自己肯定感が芽生え、問題行動は減っていった。

好きなあそびがきっかけになる

友だちのあそびに興味があっても加わらず、誘われると逃げていた。3学期になるとけん玉に興味を示し、そこで友だちとの関わりができ、けん玉以外の遊びも一緒に楽しめるようになった。

ほめられて自信がつき思いを話せるようになった様子がわかります。

自信がついて思いを話せるように

ごっこあそびではリーダーの言われるままの役になり、自己主張することがない。思いを伝えるよう声かけし、お手伝いのときには役割を与えて他児の前でほめるようにした。次第に自信をもって自分の思いを話すようになった。

第3章 指導要録文例集

3歳児「人間関係」

夢中になると命令口調になる

ヒーローごっこが大好きで友だちと楽しむ姿が見られるが、あそびに夢中になって気分が高揚すると、強い命令口調で相手を泣かせてしまうことがある。相手の思いに気がつけるよう声かけし続けたところ、少しずつ態度が変わってきた。

> 教師の励ましにより克服しつつあるが、これからも見守りが必要であることがわかります。

失敗するのが嫌

間違いや失敗を気にして、友だちに指摘されると怒ったり泣いたりする。製作活動に失敗すると途中で終わりにしてしまうことがある。間違いや失敗は誰にでもあり、やり直せばいいと教師が励ますと、素直に取り組む姿が見られるようになったが、人から失敗を指摘されると嫌な表情をしていることが多い。

ルール違反に対して厳しい

正義感が強く、ルール違反に対して強い口調で責める。子どもの思いを認めつつ、友だちの気持ちになって伝えるよう話した。徐々に意識して話ができるようになっていったが、他の子どもと一緒になって責めてしまうことがあるので、引き続き見守りが必要である。

男の子が怖くて泣いてしまう

元気のいい男の子に髪の毛を引っ張られたことで、朝は涙が出るようになった。ダンスが好きなことを母親から聞き、保育に取り入れるようにしたところ、笑顔が戻ってきた。男の子にも教えてほしいと依頼すると張り切り、怖さは克服しつつある。

思い通りでないと癇癪を起こす

自分の思い通りにいかないと、癇癪を起こして泣いたり、手を出してしまうことがある。子どもの気持ちに寄り添いながら、泣いたり手を出したりするのではなく、言葉で伝えるように話をしてきた。少しずつ言葉で伝えるような姿が見られるようになってきた。

> 子どもの性格を認め、そばで見守ることで、子どもが安心して成長する様子がわかります。

相手に合わせてしまう

優しい性格で、友だちと意見が合わなかったときに我慢して相手に合わせてしまう。「優しいね、でも我慢しなくていいんだよ」と子どもを認めながら、自分の思いを伝えるよう促した。教師が一緒に話したりそばで見守ることで、少しずつ伝えられるようになってきている。

自分独自の世界観を楽しむ

自分の世界観があり、友だちとイメージを共有して遊ぶ機会が少ない。友だちのあそびに加わって遊べるような配慮をしてきた。時にはごっこあそびに加わる姿も見られるようになった。

> 改善されても声かけが必要な場面もあり、引き続き見守りが必要なことがわかります。

周りの意見を聞かない

自分の意思を押し通し、友だちに指摘されて泣くことが多い。友だちの意見を聞いて相手の思いを理解することの大切さを伝えてきた。教師が声かけすると、周りの意見を聞く態度に改める。

自分の思いを伝えられない

伝えたいことを自分から言わず、気づいてもらえるのを待っていることが多い。仲のよい友だちに頼んで伝えてもらう姿も見られた。自分の思いは自分で伝えるよう励まし、一緒に言うなどして改善しつつあるが、配慮は必要である。

3歳児 「環境」 文例集

3歳児は、関心の的が玩具から周囲の友だちへと広がっていきます。戸外でのあそびの時間が増えるにつれ、車や自然、動植物などさまざまな物に興味が向かい始める時期です。

子どもを理解しつつ善悪を教え、家族との話し合いがもたれている様子がわかります。

習い事が忙しい

園終了後に毎日習い事に通い、保育時間中に「忙しい」とよく言う。園生活では友だちをぶつなどの乱暴行為も見られた。子どもの気持ちを受け止めつつ、良いことと悪いことの区別を話すようにした。また習い事を減らすのはどうかと家族に提言している。

物怖じせず年長に仲間入り

物怖じすることなく年中・年長児のクラスに遊びに行き、楽しそうなことを見つけては仲間入りをしている。クラス内にあそびをもち帰っては友だちを誘って遊んでいる。環境から取り込む力にすぐれている。

何にでも興味を示して楽しむ

何にでも興味を示し、それらを使ってみようとする姿勢が見られる。園庭に落ちている葉っぱや枝、それにひもなどを使ってユニークなあそびを考え出し、友だちを誘って楽しむことが得意である。

自然の変化を観察して楽しむ

自然の変化をよく観察し、触れ合うことが大好きである。花の育つ様子や落ち葉の色の変化、水たまりや霜柱など季節ごとの変化を興味深く観察して、教師に報告してくれるなど、自由に楽しんでいる。

家族の就寝が遅く遅刻が多い

母親の仕事の都合で就寝時間が遅く、起床時間も遅くなりがちである。遅刻して午前中は不機嫌で過ごすことが多い。家庭と連絡をとり、早めの就寝をお願いしたが、調整は難しい。

教師が繰り返し声かけすることで改善しつつある状況がわかります。

集中力が続かない

活動中に友だちに話しかけられたり、別のことが気になってしまうと集中が途切れる。やっていたことを放り出して、最後まで取り組むことができなくなる。繰り返し声かけをして最後まで集中するように促すことで、活動に戻れるようになってきた。

トイレや手洗いに行けない

園のトイレや手洗いなどになかなか行けず、泣いてしまうことが多かった。教師と一緒に行くことを繰り返すことで、徐々に怖がらずに行けるようになった。

ウサギがきっかけとなり交流が始まった様子がよく表現されています。

ウサギがきっかけで仲よしに

友だちと馴染めず一人で過ごすことが多かった。園のウサギを通して友だちと共感し合い、一緒にエサの草花を探して与えて喜んでいた。次第に気の合う友だちのあそびに参加するようになり、声を上げて遊ぶようになった。

第3章 指導要録文例集

3歳児 「環境」

61

昆虫が大好き

自然に関心があり、特に昆虫が大好きでよく捕まえては見せにくる。アリやだんご虫がお気に入りで、興味深く観察してはそれらの絵を上手に描いている。友だちの中でも昆虫に関しては一目置かれている。

教師の声かけが効果をなして話を聞く意識がもてるようになった様子がわかります。

好奇心旺盛で集中力に欠ける

何事にも積極的で、さまざまなことに興味・関心がある。好奇心旺盛なため、活動に集中することができず、わからないまま慌てて進めてしまうところがあった。教師が話をする直前に声をかけて、集中できるようにしてきた。3学期には声かけをしなくても、話を聞く意識がもてるようになってきた。

動物や昆虫が苦手

動物や昆虫が苦手で、園のウサギを怖がって触ろうとせず、虫を見ると泣き出してしまった。虫や身近な動物が登場する絵本を一緒に読んで、怖いイメージを変えるようにした。次第に距離が縮まって親しむようになり、2学期にはエサやりができるようになった。

きれい好きで外あそびを嫌う

きれい好きで、汚れを気にし過ぎる傾向が強い。外でのあそびが嫌いで、特に水あそびや砂あそびには近づきもしなかった。教師も一緒になって砂場で遊び、汚れても着替えをすれば大丈夫、と何度か一緒に行動することで、外でのあそびを楽しむようになった。

プールを克服し自信が出た

プールに抵抗があり、水の中に入っても壁際から離れられず遊ぼうとしなかった。教師がそばで話しかけながら何度かプールを経験していくことで、徐々に壁際から離れて、プールの中央まで行くことができた。それが自信となり楽しめるようになった。

モルモットを通して子どもの気持ちがほぐれていった様子がわかります。

周囲に関心が向かない

入園当初は周囲にあまり関心がない様子で、無表情に過ごすことが多かった。教師が園で飼うモルモットを見せて一緒にエサやりを行い気持ちをほぐしていった。次第に園庭の自然に関心をもつようになり、花の水やりを進んで行うようになった。

避難訓練に怯える

避難訓練にとても怯え、そのときだけではなく、その後何日も登園を嫌がる理由となってしまっていた。3学期に入り泣かずに取り組めるようになり、そのことが大きな自信につながった。

昆虫が好きなことで図鑑の文字に興味が広がった様子がわかります。

昆虫好きで文字に興味をもつ

虫が大好きで知識が豊富である。園庭や公園で虫を捕まえては虫眼鏡でよく観察している。昆虫図鑑に書かれている文字を読もうと教師に質問することも多い。

空や雲を眺めるのが好き

空や雲を眺めるのが好きで、おもしろい形の雲を見つけては、友だちや教師に知らせて楽しんでいる。風が強いと雲の動きが速い、時間によって太陽の位置が違うなどを、教師に楽しそうに説明してくれる。

3歳児「言葉」文例集

3歳児は、言葉を急速に覚え始め、内容のある会話ができるようになります。言葉の響きやリズムを楽しみ、絵本や紙芝居の世界と日常生活がリンクしていきます。

> できなかったことが少しずつできるようになったが、まだ伝えることが苦手だとわかります。

困っていることを伝えられない

できないことや困ったことがあると、自分でやろうとせず泣いて訴える。すぐにあきらめずに練習してみる、できなくて頼みたいときは言葉で伝えることの大切さを話し、励まし続けた。少しずつできることが増えたが、困っていることを伝えるのは苦手である。

誘導してうまく話せるように

話をしようとするとあせってしまい、うまく話ができない。ゆっくり話ができるように誘導し、きっかけを作ってあげると、伝えたいことが話せるようになってきた。次第に友だちとの会話も増えてきている。

汚い言葉を使ってしまう

兄の影響で汚い言葉を口にすることがある。周りもおもしろがるため、注意してもなかなか止めようとしない。「先生はその言葉嫌いだなー」と何度も繰り返し言うことで、少し自制するような表情も見られるようになった。

相手を強い口調で責める

自分の思い通りにならなかったり、相手が間違ったことをすると、強い口調で「違うよ」「いけないんだよ」と言う。教師がそのつど相手の気持ちを伝えて優しく話そうと声をかけたことで、少しずつなくなってきている。

話し好きで好奇心旺盛

言葉をたくさん覚えており表現力が豊かである。思ったことを上手に話し、絵本の感想や友だちの作品について話すのが好き。好奇心旺盛で、上のクラスの活動にも興味をもって見ている。

> 教師との信頼関係ができ、助言に従えるようになった様子がわかります。

照れて言葉が出ない

友だちとはスムーズに関わって遊べるが、謝らなくてはいけないときやお礼を言うべきときに照れてしまい、言葉が出てこない。時には代弁して、黙っているだけではいけないことを助言してきた。教師との信頼関係ができてくると、助言に従って相手に言えるようになった。

言葉が出ず配慮が必要

言葉を発することはほとんどないが、相手の手を引っ張って意思を伝えようとする。声かけがあれば片づけなども進んで行えるが、環境の変化に戸惑うことがあるので配慮が必要である。

> 言葉を覚えたことで交友関係が広がった様子がよく表現されています。

言葉を覚えて交流が広がる

友だちと遊ぶよりもさまざまな玩具に関心をもち、一人で遊ぶ姿が見られた。園生活で言葉を獲得していく中で、2学期には友だちとコミュニケーションをとりながら遊ぶようになった。言葉が増えたことで交友関係が急速に広がった。

第3章 指導要録文例集

3歳児「言葉」

● おしゃべりが大好き

おしゃべりが大好きで、教師や友だちを捕まえては楽しそうに話す。読み聞かせのときに、教師より先に内容を話してしまうことがあるので、お話ししてもいいときとダメなときがある、と話して聞かせるとすぐに理解してくれた。

● 優しい性格で嫌と言えない

優しい性格で、困っている友だちには声をかけて助けてあげることができるが、嫌なことがあったときに、自分の思いを言葉で伝えることができない。子どもの思いを受け止め、言葉で表現することの大切さを繰り返し伝えた。少しずつ伝えられるようになってきた。

思いを表現できなかったが家庭と園の連携で、子どもが成長できた様子がわかります。

● 他児との関わりが苦手

他児との関わりが苦手で、自分の思いを表現できない。教師が援助する中で信頼関係を育んでいった。家庭と連携して子どもの発言をしっかりと認めるようにしたところ、3学期には子どもの表情も和らぎ、他児に対して自分の思いを伝えることができるようになった。

言葉がわからなくても園生活を理解して慣れていった様子がよくわかります。

● 日本語を理解できない

両親ともに外国人で日本語が理解できない。身振り手振りを交えた英語で話を伝え、子どもの気持ちを聞いていった。言葉がわからないぶん周囲をよく観察して動き、1か月ほどで園生活の流れを理解し、身支度もできるようになった。挨拶や簡単な日本語を覚え、友だちとの関わりも順調に増えてきている。

● 認めることで発言できるように

おとなしく友だちに遊具をとられても困った顔で黙っている。子どもを認める言葉を繰り返して発言を促したところ、教師と話す表情が和らいでいき、友だちにも話せるようになってきた。

● 園生活のルールが守れない

遊具を独占したり、教師や友だちが作った作品を壊すなどの姿が見られた。集団生活での約束事を伝え、「貸して」「いいよ」「ごめんね」「ありがとう」などの言葉を使う様子を見せて指導してきた。徐々に約束を思い出しながら、友だちと関わっていけるようになってきた。

教師のまねをしたことで友だちとの交流が発展した様子がよくわかります。

● 教師のまねで成長する

友だちと関わりたいが思いを言葉でうまく表現できず、手を出してしまう。そのつど仲介しながら援助すると、次第に教師の言葉をまねして、自分から声をかけられるようになってきた。

● 信頼関係ができて成長

身の回りのことはできるが、気分が乗らないことには取り組めない。教師が積極的に話しかけて信頼関係を築き、ルールを守り一緒に活動していくことの大切さを伝え続けた。周りとの信頼関係ができるにつれ、話を受け止められるようになってきた。

● 謝るという意味がわからない

教室の中を走る、友だちから玩具を奪うなどトラブルが多かった。教師に言われて謝るが、意味を理解して謝っている様子ではなかった。子どもが理解できるようていねいに説明をしていったところ、理解できるようになり、改善されてきている。

3歳児 「表現」 文例集

ごっごあそびを通してさまざまなイメージが広がります。ハサミなどの道具を器用に使えるようになり、自分のイメージを具体的に表現できるようになります。

教師とのスキンシップで信頼関係が築かれ、自信がついた様子がわかります。

気分が安定し、発表もこなす

園生活のルールは守れるが気分が不安定になることがあり、自分らしく活動することができない。安心感を得られるように教師がスキンシップを増やし、子どもとの信頼関係を築いていった。2学期になると気分も安定し、3学期には人前での発表もこなせるようになった。

あそびを考え出して楽しむ

集団生活や園内のルールをよく理解している。友だちと関わって遊ぶことが好きで、友だちを誘ってあそびの中心となり楽しむことができる。表現力豊かで自分でさまざまなあそびを考え出しては、園内でのあそびの流行を作っている。

活動が好きで全力で取り組む

皆で一つのことに取り組む活動が大好きで、積極的に参加しては張り切る。特に歌やダンスには全力で取り組み、顔を真っ赤にして繰り返し歌ったり踊ったりしていた。その姿に誘われて大きな声で歌う友だちが増えた。

手先が器用で製作が得意

物の製作や絵を描くことがとても好きで、活動の際には楽しんで参加する様子が見られた。指先が器用で、ハサミを使うことや折り紙を折ることもていねいにできる。できない友だちに手を貸してあげることもできる。

友だちと思いを共有したい

絵本を見たあとに感想を述べ、印象に残った一つの場面について、身振り手振りを交えて友だちに楽しそうに話している。友だちと思いを共有したいという気持ちが感じられる。

物を作ることがきっかけで友だちとの協力関係が築かれた様子がわかります。

みんなでの製作を楽しむ

砂場でのあそびが大好きで、砂で大きな山を作りトンネルを掘るなどして遊ぶ。一人で遊ぶことが多かったが、崩れた山を直すのに友だちが参加したのをきっかけに、数人でより複雑な物を作るようになった。みんなで話し合って楽しそうにしている。

想像力豊かで個性的

想像力が豊かで、ブロックや積木で独特な作品を作ったり、個性的な発言をしたりする。子どものユニークな特徴に惹かれ、友だちの輪が広がり、さらに活発に遊ぶようになった。

恥ずかしかったダンスも教師の話に素直に従い、楽しめるようになったことがわかります。

恥ずかしさを乗り越えて

初めてやることや人前でやることには失敗を恐れて構えてしまう。特にダンスは遠くから見るだけだったので、みんなでやることの大切さを伝えた。恥ずかしそうにしながらも参加するようになり、自信をもって取り組めるようになった。

第3章 指導要録文例集 3歳児 「表現」

きれいな色の物が大好き

きれいな色の物が大好きで、小石や葉っぱ、紙切れなど好みの物を見つけては、教師や仲よしの友だちにあげてうれしそうにしている。3学期になると、単体ではなく、きれいな物を貼り合わせて作品を作って楽しむようになった。

> 苦手だった絵の具も教師を手伝うことで親しみがわき慣れていった様子がわかります。

きれい好きで絵の具が苦手

きれい好きで、水あそびや砂あそびのときは参加せずに見ていることが多かった。絵の具にも手が汚れるからと拒否反応を示し、製作に加わるのを嫌がった。教師が「お手伝いをしてね」と水くみや絵の具を薄める作業を手伝ってもらうようにしたところ、徐々に絵の具製作を楽しめるようになっていった。

できない友だちにスキップを教える

体格に恵まれ、運動能力がすぐれている。ボール投げやかけっこが得意で、遊具なども器用に使いこなしている。自分中心でやることが多かったが、スキップが一番最初にできるようになり、ほめると喜んで、できない友だちに教えるようになった。

失敗すると泣いて悔しがる

製作することが大好きで、自分で作った作品をよく家から持ってくる。得意で自信があるため、少しでも失敗してしまうと涙を流して悔しがり落ち込んだりする。失敗してもほめるようにすることで、落ち込むことは少なくなってきた。

お絵描きが苦手

絵を描くことが嫌いで、お絵描きの時間が始まると戸外に出ていってしまう。子どもの気持ちに寄り添いながら、お絵描きの楽しさを伝えていった。友だちのそばで眺めていることが多かったが、好きなキャラクターの絵をほめると喜んで何枚も描いていた。

> 子どもの長所をほめて周囲とのわだかまりを解消した様子がよくわかります。

周りの好意を伝える

友だちがそばに来たり、作っている物をまねようとすると怒って関わりを拒んだ。子どもの器用な面をほめて、周りは好意をもって近づいていることを伝えた。2学期後半には自分の思いを抑えて友だちに合わせたり、自分から声をかけて楽しく遊べるようになった。

好きなウサギで表現力アップ

園のウサギが気に入って、率先してエサやりをするなどしてかわいがっている。花びらや草木の葉っぱでウサギを製作したり、絵の具で表情豊かなウサギを描いて楽しむ姿が見られた。

> 年長児に対するあこがれの気持ちから、真剣さが伝わってくる様子がわかります。

年長児のまねで成長する

年長児のヒーローごっこを興味しんしんと眺めていたが、ブロックで武器を作り友だちと遊ぶようになった。年長児が声をかけて一緒に遊ぶようになったが、真剣な顔で遊びに参加している。

ごっこあそびが大好き

ごっこあそびが好きで、お店屋さん、床屋さん、お医者さん、運転手さんなど、次々と提案しては友だちを集めて楽しんでいる。葉っぱや折り紙などを小道具に使って、イメージ豊かに遊んでいる。

4歳児の5領域別文例

4歳児は、心も体も伸び盛りです。5領域に関連づけて観察し、表現するようにしましょう。文例を参考に伝えたいことを具体的に書くようにします。

「学年の重点」文例集

- 友だちと親しみながら、安定した園生活を送る
- あそびを通して友だちと触れ合い、一緒に遊ぶ楽しさを味わう
- 友だちの気持ちを考え、思いやりをもって接する
- 集団の中でそれぞれが認め合い、協力し合う
- 園生活の流れを把握し、次にやることを自分から考える
- 体を十分に動かし、友だちと楽しく遊ぶ
- 自分の思っていること、感じたことを表現する
- あそびを通して、自然に親しみをもち、興味を高める
- 人の話を聞き、理解し、互いに気持ちを伝え合う
- 身近な生き物をいつくしみ、大切に思う気持ちをもつ
- いろいろな物に興味をもち、積極的に関わる

第3章 指導要録文例集 4歳児「学年の重点」

4歳児「個人の重点」文例集

4歳児はさまざまな言葉を使えるようになり、記憶力も高まります。相手の立場に立って考えることができるようになるのも、このころからです。

- 自分の思ったこと、感じたことを言葉にして相手に伝える

- 教師に信頼を置きながら、安心して園での生活を送る

- 園生活を送る上でのルールや決まり事を守って行動できる

- 教師や友だちの発言を理解して行動できるようになる

- 自分から進んであそびに参加し、友だちとの交流を楽しむ

- あそびを通して、友だちとゆずり合いができるようになる

- 落ち着いて自分の意見を伝え、友だちとの関わりを楽しむ

- 教師から安心して離れ、友だちと遊ぶ楽しさを知る

- 自分の意見を友だちに伝え、相手の意見も受け入れる

- 明るく伸び伸びと行動し、充実感を味わう

- 基本的な生活習慣を身につけ、自分から進んで行うようにする

- 自信をもって行動し、友だちとのつながりを深める

- 自分でできることを積極的に行い、達成感を味わう

- 教師や友だちと楽しく食事をすることができる
- 気の合う友だちを見つけ、会話を楽しむ
- 仲よしの友だちにもされたら嫌なことをはっきり伝える
- 自分でやったことを素直に認め、謝る
- 友だちに自分から声をかけ、一緒に遊ぶ
- いろいろな友だちに興味をもち、関わり合いながら遊ぶ
- 喜んで登園し、先生や友だちと安心して生活する
- 自分の好きなあそびを見つけ、友だちと一緒に楽しむ
- 相手の気持ちに気づき、思いやりをもって行動する

- 友だちと一緒に十分に体を動かしてあそびを楽しめる
- 優しい口調で友だちに自分の気持ちを伝える
- 教師にしてほしいこと、困っていることを伝える
- 自分の力で考え、次の行動につなげる
- 友だちの気持ちを考えながら楽しく遊ぶ
- 友だちと物を分け合ったり、声をかけ合って遊ぶ
- 友だちとの生活を楽しみ、苦手なことにも挑戦する
- いろいろなあそびに興味をもち、進んで参加する

第3章 指導要録文例集

4歳児「個人の重点」

4歳児 「健康」 文例集

4歳児は体のバランス感覚が発達し、あそびにもさまざまなバリエーションが出てきます。また、自分以外の人にも気持ちや感情があることに気づき、意識するようになります。

> 失敗がきっかけで、自分でどうすればいいかを考えるようになった姿が伝わります。

ケガがきっかけで考えるように

負けず嫌いで運動能力が高く、男の子と一緒に跳び箱や鉄棒を楽しむ姿がよく見られたが、恐れを知らず、少々無鉄砲なところがあった。鉄棒をしている途中で一度背中から落ちてしまったことがあり、幸い大事には至らなかったが、本人も安全な動きを自分なりに考えて行動するようになった。

汗かきで自分から着替えを

動きが活発で友だちとよく遊ぶが、汗かきで、少しの運動量でも汗で衣服がぬれてしまうことがあった。教師が声をかけると自分でタオルで汗をふき、着替えるようになった。

自分のことを自分でできるように

入園当初は身の回りのことを自分からする姿は見られなかったが、徐々に友だちから刺激を受けながら、基本的な生活習慣が身につき、自分のことは何でも自分でしたいという意欲が感じられるようになった。

いろいろなことに積極的に取り組む

ダンスや水泳が得意で、運動面での興味や関心の幅が広い。できたという喜びを得ることで、さらにいろいろなことに積極的に取り組もうとしていた。

プールあそびを通して自信をもつ

夏のプールあそびでは、始まった当初、水に顔をつけられなかったが、友だちの支えがある中で、顔を水で洗う練習から始め、少しずつ顔をつけられるようになり、最終日にはついに水に顔をつけることができた。それがきっかけで、自信をもってさまざまなことに挑戦するようになった。

> アレルギーにどのように対処したかがわかり、役立ちます。

食物アレルギーがある

卵、乳製品、小麦に関する食物アレルギーがあり、お弁当やおやつには細心の注意が必要である。最初の1か月は保護者に付き添ってもらい準備を整えた。エピペンを預かり、いざという場合に備えた。

> 児童の極端なきれい好きを、少しでも改善するための教師の関わりがわかります。

汚れを極端に嫌う

大変なきれい好きで、砂あそびなどで手が汚れたり、靴に砂が入ったりすることを極端に嫌う姿が見られた。「終わったあとに、ちゃんと洗えばもとに戻るから大丈夫だよ」と伝え、教師も一緒に汚れた手をせっけんで洗い、きれいになることを一緒に体験するようにしたところ、徐々に汚れても洗えばいいんだという気持ちで遊べるようになった。

近所の年長児と遊ぶのが好き

年度の始めころは、近所に住む年長児の男の子と園庭で遊ぶのが好きで、その子が見当たらないと他の子のあそびの中に入っていけず、さびしそうにしていた。「最初はみんな恥ずかしいのは一緒だよ」と輪の中に入ることを促すと、次第に勇気を出して、自分から輪の中に入っていくようになった。夏休み前ころにはクラスに仲のよい友だちができた。

> 繊細な気持ちに寄り添い、無理強いせずに気持ちを引き出そうとする教師の姿がわかります。

気持ちが繊細でよく泣く

とても気持ちが繊細で、不安になると目に涙をためて過ごすことが多かった。「どうしたの？」と話しかけると、進級当初は何も言ってくれなかったが、「泣きたい気持ちのときは、先生にそのままの自分の気持ちをお話ししてみて」と優しく伝えると、少しずつだが、不安な気持ちを打ち明けてくれるようになった。

初めてのことに慎重

初めて取り組むことにはとても慎重で、1学期のころは、傍観していることが多かった。仲のよい友だちが自分から進んでチャレンジする姿に刺激を受け、友だちと一緒なら自分もやってみたい、と進んで新しいことにチャレンジするようになった。

取りかかるまで時間がかかる

さまざまなことに興味をもち、やってみたいと手をあげるが、いざ取り組もうとすると、スタートするまでに時間がかかる。自分なりに方法を考えたり、友だちの様子を観察するなどして、実際の行動の前にじっくり考えてから始める。時間はかかるが、マイペースで、物事にじっくり取り組む。

いつも眠たそうにしている

1学期は、午前中、いつも眠たそうにしていた。時には横になって寝てしまうこともあり、保護者に相談したところ、夜両親ともに自営の仕事が遅くまであり、寝るのが遅くなってしまうとのことだった。園でいつも眠たそうにしていることを告げ、同居し面倒をみてくれている祖母に早寝の習慣づけをお願いしたところ、2学期から徐々に改善された。

食事中に落ち着きがない

食事の時間、じっと座って食べることができず、途中で立って歩いたり、ひじをついて食べるなど、落ち着きがなかった。そばについて、好きな電車について話しかけるなどしながら、給食の中身についても話題を作りながら食べることで、食事にあきずに座っていられることが多くなった。

> 子どもの几帳面な気質が伝わってきます。

整理整頓が得意

基本的な生活習慣はほぼ身についており、特に整理整頓が得意で、友だちの分まで手伝ってあげることもあった。物を分類するのが好きで、形の同じものをそろえ、うれしそうに並べて整頓を楽しんでいる。

第3章 指導要録文例集 4歳児「健康」

4歳児「人間関係」文例集

4歳児は、相手に対する思いやりを少しずつもてるようになり、年下の子のお世話が大好きな世話好きな子や、自己主張の激しい子など、さまざまな個性が見られる時期です。

少しずつ積極的になっていった姿とそのプロセスが伝わります。

人前に出るのが苦手

話をよく聞き、友だちに思いやりをもって接することができるが、おとなしく、人前に出ることが苦手だった。小さなグループで一緒に発表する機会を作り、少しずつ、個人ごとの発表の機会も増やし、内容をほめるようにしたところ、次第に自信をつけていき、年度末には進んで発表するようになった。

自己主張が強い

自己主張が強い面があり、友だちと言い合いになると、自分の主張をゆずらないところがある。話の筋は通っているので、相手を攻撃せずに自分の気持ちを話すように伝えた。

優しく、困っている子に気づく

周囲の状況を把握するのがうまく、困っている子がいると、積極的に働きかけ、一緒に考えてあげられる優しい性格。気の強い子に対して自分の気持ちを伝えることができず、我慢しがちなので、注意して見守った。

落ち着きがない

進級当初から元気はあるが、教師の話をじっと聞くことができず、周囲にちょっかいをかけるなど落ち着きがない面がある。幼さや甘えを受け止め、安心感がもてるように援助してきた。

友だちのまねが好き

友だちのあそびについていくことが多く、悪ふざけも友だちに合わせて行い、自分の考えが表に出てこない。「自分の思った通りにやってごらん」と自分で行動を決めることを促してみたところ、最初は戸惑っていたが、少しずつ、友だちのあとを追うばかりでなく、自分で行動を決めるようになっていった。

集団に馴染めなかった子が何をきっかけに変わったのかが伝わります。

徐々に集団に馴染む

進級当初は新しいクラスに馴染めず、遊びでも友だちの中に入っていけないことがあった。七夕のかざりつけをグループで一緒に行うことがきっかけとなり、仲よしの友だちができ、安心して園生活を送れるようになった。

児童の様子と関わり方について、次年度の担任へ伝えたいことがわかります。

大人に人見知りする

大人の女性に人見知りが強く、担任に話しかけられると固まってしまうことがあった。徐々に信頼関係ができ、少しずつ話ができるようになったが、注意されると理由があっても主張できなくなることもあった。時間を置いたり、じっくり話をする場を設けると話すことができるので、普段と違う様子になったときは、本児が気持ちを話せるように時間をかけて関わり、援助してほしい。

72

約束を理解し意識する

本児は園生活の中で、友だちや教師との約束を理解し、意識することができる。本人が約束をきちんと守る反面、友だちが約束を守れず、順番を守れなかったり、室内で走り回ったりすると、教師に言いにくることがあった。
先生を介してではなく本児の言葉で相手に優しく教えたり、気持ちを伝えられるように声をかけていった。

> 子どもの正義感を評価する一方で、注意すべき点についても書かれています。

ヒーローになりたがる

正義感が強く、まじめな性格なので、よくないことをしている友だちを見ると諭している姿が見られた。しかし、テレビの影響でヒーローごっこを好むようになると、ヒーローになりたがり、友だちに対して危険な行動も見られるようになった。教師が声をかけると気がついて止められるが、夢中になると危険な行動が見られることがあるので、引き続き注意して見守る必要がある。

教師のそばから離れない

進級時、友だちよりも、教師と一緒にいようとする傾向があった。自由時間にも教師のそばにいることが多く、「ちゃんと見ているから、安心して行っておいで」と友だちとの交流を促すと、短い時間、離れて遊ぶようになり、徐々に友だちと遊べるようになった。

友だちを従えたがる

リーダーシップが強く、自由時間も中心になってあそびを提案したり、友だちを誘ったりする。頭の回転が速く、マイペースの子まで自分のペースに引き込もうとすることがあるため、ペースはそれぞれ違っていて当たり前であることを伝えた。

友だちと積極的に関わる

進級当初から新しいクラスに期待をもち、笑顔で登園することができた。新しい担任や友だちにも進んで声をかけ、すぐに打ち解けることができる。また、自分から声をかけることが得意でないおとなしい子には、無理強いすることなく、一緒に絵を描いたり、水あそびをするなど、相手のペースに合わせて楽しむことができる。

自分の思い通りにしたがる

思い通りにしたい気持ちが強く、ごっこあそびのときに相手の気持ちを聞かずに役を決めたり、玩具を独りじめして使うなどがたびたび見られた。教師はそのつど相手の身になって考えるように伝えたが、教師の見ていないところで思い通りにしたがる行動がまだ見られるので、今後も声かけを続けていってほしい。

> 子どもが友だちと共感し合う姿が伝わります。

友だちと喜びを共感し合う

縄跳びが得意で、友だちと一緒に一生懸命練習する姿が見られた。友だちが縄跳びをつまづかずに続けて跳べるようになると、自分のことのように喜び、友だちのがんばりを讃えていた。

第3章 指導要録文例集 4歳児「人間関係」

4歳児「環境」文例集

4歳児は、身近な動植物にも自分と同じ命があることを意識し、命を大切に思う心が芽生えるころです。記憶力、集中力も高まり、周囲の危険などに対する注意力も高まります。

野菜や花に詳しい

> 子どもの得意なところと努力をほめ、クラスで認め合う姿が伝わります。

園庭で育てている野菜や花などの植物が好きで、その名前をみんなに教えたり、水やりを欠かさず積極的に行う姿をほめ、植物博士としてクラスの中に位置づけていった。

本を大切に扱う

園の本棚にある絵本をきれいに並べたり、本でやぶれたところを見つけると、教師のところに持ってきて、セロテープで補修してくれと頼む姿が見られた。「本を大切にしてえらいね、本も喜んでいるよ」と伝えると、「本大好きなんだ」と言っていた。

葉っぱの色分けを楽しむ

> 「環境」と「表現」の2つの領域にまたがる記述となっています。

11月の園外散歩の際、近くの公園で紅葉を拾い集めて持ち帰り、形や色で分けたり、数を数えたりして楽しんだ。また、葉とどんぐりを画用紙に貼って思い思いの貼り絵を楽しんだところ、葉の形の違いを上手に使っていろいろな動物の絵を描き、楽しんでいた。

標識が好き

道路標識が好きで、園にある標識の一覧表をいつもうれしそうに見ている。「どの標識が一番好きなの？」と問いかけると、「黄色くて動物の絵のが好き」とのこと、祖父母の家に遊びにいったとき、初めて実物を見て、うれしかったという話をしてくれた。

ヒヤシンス栽培を楽しむ

> 生き物に興味をもつと同時に、科学の目も養われていることがわかります。

クラスでヒヤシンス栽培をしたことがきっかけとなり、ヒヤシンスについて本で調べたり、絵を描いたりすることで、植物に興味をもつようになった。特に、植物が水だけで大きくなることに驚いていた。

オタマジャクシの飼育を通して

> 小さな生き物を最後まで飼育することで、命の大切さを感じたことが伝わります。

1学期、近くの田んぼでオタマジャクシをとらせてもらい、園で飼育を試みた。えさやりと水かえは当番を決めたが、自分の当番でないときも、熱心に様子をながめ、成長を楽しんでいる様子だった。途中で死んでしまうものが出ると、真っ先に教師に知らせ、悲しそうにしていた。一緒に土に埋め、石でお墓を作った。何匹かめでたくカエルになり、田んぼに戻しに行ったときはうれしそうだった。

子どもとのコミュニケーションが具体的に書かれています。

雲の形に興味を抱く

雲の形をいろいろなものにたとえるのが好きで、園庭でおもしろい形の雲を見つけると教えに来てくれる。いわし雲の名前を教えたところ、「いわし？」と不思議そうに言うので、名の由来を伝えたところ、その後、いわし雲を見つけるたびに喜んで知らせにきた。

時計を読むのが得意

家で子どもでも読める腕時計を買ってもらったとのことで、時計を読むことに興味をもち、友だちにも教えていた。数字にも興味があり、1分間に秒が60個あることなどを、父親から聞いて秒針を見ながら数を数えるなどして楽しんでいる。

ミニトマトの栽培で食べられるようになる

園でミニトマトを栽培したところ、それまで苦手だったトマトを食べられるようになった。また、ミニトマトの生長に興味をもち、咲いた花の数や赤くなった実の数を数えて楽しんでいた。

発見の喜びと自然のしくみを知る喜びが伝わります。

アリの観察を楽しむ

アリがみんなで協力してエサを巣に運ぶところを発見し、友だちに知らせてみんなで観察して喜んでいた。それをきっかけに、アリの巣がどこにあるかを園庭で探すことがクラスではやり、見つけた人はみんなに知らせることになった。小さな生き物もエサを探して一生懸命生きていることを伝えた。

衣服を汚さないようになる

進級当初は、砂場で遊ぶときに手の汚れを自分の服でふいてしまい、衣服が汚れることがたびたびあったが、服でふかないで、砂をパンパンと落としてからお水で手を洗うことを伝え、何度かの失敗を重ねた後、衣服を汚さずに砂あそびができるようになった。

自然と数への関心を引き出す姿が伝わります。

タンポポの種を数える

遠足の際に、タンポポがたくさん咲いている広場に行き、綿毛をいくつか見つけた。小さな綿毛を1個とり、虫眼鏡で見ることで、先に種がついていて、綿毛で遠くまで飛ぶことを伝えたところ、「パラシュートみたい！」と喜んでいた。1個のタンポポに何個の種があるかをみんなで数えてみた。

巣箱作りに取り組む

教師がついて、野鳥の巣箱作りに取り組んだ。初めての釘と金づちを使った工作にとても興味をもち、できあがった巣箱に自分の名前を書いてもらうと、うれしそうにしていた。巣箱をシジュウカラが子育てに使用したときは、大喜びだった。

第3章 指導要録文例集 4歳児「環境」

4歳児「言葉」文例集

4歳児は、言葉によるコミュニケーション能力が高まり、日常的な会話もできるようになります。一方で、不適切な言葉や悪い言葉を喜んで使う時期でもあります。

子どものよいところをほめ、伸ばそうとする教師の姿が伝わります。

自分の意見をはっきり言える

自分の意見をはきはきと言うことができ、大勢の中でも元気よく話す。おゆうぎ会では自分から手をあげて最初の言葉を言う係をした。自分から進んで行うことは、すばらしいことであることを伝えた。

友だちに対する口調が強い

正義感が強く間違ったことが嫌いで、友だちがよくない行動をとると、厳しい口調でとがめることが多かった。相手の気持ちを考えて優しく伝えられるように声かけすると、徐々に改善は見られたが、まだ強い口調になることもあるので、今後も指導が必要である。

苦手なことを克服するために教師が援助した姿が伝わります。

気持ちを言葉にするのが苦手

自分のしたいことや気持ちを伝えようとすると緊張してしまい、なかなか言い出せないことがあった。嫌なことや困ったことがあると教師のそばに来て泣き、言葉をかけられるのを待つ姿が見られる。自分の言葉で気持ちを伝えることの大切さを伝え、時間をかけて本児が言い出せるように援助した。言えたときには、がんばりを認める声かけをしたところ、次第に伝えられるようになってきている。

言葉が不明瞭

さ・ざ行の一部がた・だ行音になることがあり、6月から小学校の言葉の教室に通っている。早口で話すこともあり、聞き取れないこともあったが、教師がゆったりとした気持ちで最後まで話を聞くことで、落ち着いて話すようになった。2学期のクリスマス会では人前で挨拶の言葉を堂々と発表し、自信をもったようである。

コミュニケーションの術を身につけていった子どもの姿が伝わります。

相手の話を最後まで聞けない

朝の会などで、教師の話を最後まで聞く前に、自分の伝えたいことを話し始める姿がよく見られた。そのつど声をかけ、相手の話を聞くことの大切さを知らせた。今ではあいづちをうちながら、聞けるようになった。

子どもが自分からできるようになるまで、根気強く援助した姿が伝わります。

挨拶ができるように

進学当初は園に馴染めず、朝、教師が「おはよう」と声をかけても、返事が返ってこなかった。園児の目を見ながら、優しく「おはよう」と挨拶を繰り返しているうちに、目が合わないながらも、自分から「おはよう」と言えるようになった。

> 子どもの好奇心を
> そがないような教師の配慮が
> うかがえます。

質問するのが好き

好奇心が旺盛で、わからないことがあると、よく質問してくる。できるだけ対応しているが、忙しいときには対応しきれないこともあった。そんなときは「何でかな？ ○くんはどう思う？」と返し、自分で考えてみることも必要であることを伝えるようにした。

汚い言葉を使う

年上のきょうだいからの影響で、「バカ」「うざい」などの言葉を使うことがある。人を傷つける悪い言葉なので、やめるように指導した。その後は、言う回数が減り、言ってしまったあとに謝るようになった。

友だちや教師のまねが好き

友だちや教師の話した言葉をオウム返しに繰り返して遊ぶのが好きでクラスの中で毎日のように行っていた。一時的な言葉あそびのようなものなので、教師は特に気にしないでいたが、友だちが嫌がっていたので、人が嫌なことはやめようね、と指導した。

> よい行いが子どもたちに
> 広がった様子がうかがえます。

ありがとうの言葉が出る

高齢者との触れ合いの際に、お手玉のあそび方を教えてくれた高齢者に、自分から「ありがとう」を言うことができた。「自分から言えて、えらいね」とみんなの前でほめたところ、ほかの子どもたちも率先してお礼の言葉を言うようになった。帰りにはみんなで大きな声で「さようなら」も言えた。

発見を自分の言葉で伝える

自分のことを自分から教師に話をすることは少ないが、登園の途中に、きれいな色のトカゲが石の上でじっとしていたことを発見し、うれしかったのか、教師に真っ先に話してくれた。朝の会でエピソードをみんなに紹介したところ、うれしそうにしていた。

> 人間関係と言葉の
> 2つの領域に関係する
> 内容です。

友だちに気持ちを伝える

本児は誰にでも優しく穏やかな性格で、誰とでも仲よく遊ぶことができる。2学期ごろから気の合う女児と2人で遊ぶことが多くなり、その女児が他の子を仲間に入れずに排除しようとする姿が見受けられた。本児は一緒に遊びたいが言えない様子だったので、自分の気持ちを女児に優しく言ってみることをすすめたところ、勇気を出して伝え、女児も受け入れて他の子どもとも遊ぶようになった。

食事中のおしゃべりが多い

楽しく会話をしながら食事の時間を過ごすようにしているが、本児は話に夢中になり、食事が進まないことがよく見られた。食事のマナーとして口の中に物を入れたまましゃべらないことを伝え、適度に会話しながら楽しく食事をするように指導した。

第3章 指導要録文例集　4歳児「言葉」

4歳児「表現」文例集

4歳児は、見た物や感じたことからさまざまな想像を発展させ、ときには大人も驚くような表現をします。大人にはない4歳児ならではの感性を楽しみましょう。

想像する力と工夫する力という大切な力が子どもに備わっていることがうかがえます。

新しいあそびを考えるのが得意

発想力が豊かで、おもしろいあそびを考えて友だちに提案し、みんなで楽しみながらさらにあそびを発展させ楽しむ姿が見られる。自分の思うような物がないと代用品で工夫する姿も見られ、考えが柔軟である。

絵本の世界にひたる

絵本を読んでもらうのが大好きで、特に「白雪姫」を気に入り、台詞を暗唱できるようにまでなった。ごっこあそびでも、友だちと役を交代しながら白雪姫ごっこを行っていた。

子どもに無理強いをせず、教師がじっくり援助した姿が伝わります。

暗いところを怖がる

1学期は暗いところを極端に怖がり、園内でもトイレなどやや暗い場所に一人で行くことができなかった。どうして怖いのかを聞いてみると、おばけが出るからとのことだった。教師がついて見ているようにし、ときどき声をかけながら一人でトイレに入る練習を何度か行ったところ、トイレにおばけはいないことを理解し、一人で行けるようになった。

工作に意欲的に取り組む

夏のプールの時期に合わせて、牛乳パックやトレイなどを使って船作りを行った。思い思いの色で自分のマークを描いたり、好きな色に塗るなどしたところ、熱心に取り組み、鮮やかな色の船を作ることができた。はさみも器用に使うことができ、片づけも最後まできちんと行った。

おとなしい子どもと表現を通してコミュニケーションをとった姿がわかります。

ピアノに合わせてものまね

教師のピアノに合わせ、さまざま生き物のまねをするあそびをしたところ、カメのものまねがとてもうまかった。特に足の上げ方が似ており、本人に聞いたところ、テレビで見たとのことだった。普段口数が少なく、おとなしいので、話をするきっかけになった。

歌を披露し、友だちにほめられたことで自信をつけた姿がわかります。

遠足のバスのマイクで歌う

人前での発表が苦手だったが、遠足のバスの中で自分からマイクを持ち、テレビのアニメソングなど好きな歌を何曲も上手に歌った。みんなに拍手され、うれしそうにしていた。その後は少しずつ人前での発表に意欲的になっていった。

> 子どもが自分の好きな
> 物を表現する姿
> が伝わります。

粘土あそびが好き
工作の時間が好きで、特に粘土でさまざまな物を作るのが得意である。特に、自分の好きな電車や飛行機など、乗り物を作るのが好きで、タイヤやパンタグラフなどの部品を作り、上手に組み立てて完成させた。

自分で作ったお話を披露
自分で作ったお話で絵本を作るのが好きで、ストーリーを考え、同じ大きさの紙に何枚か絵を描いて持ってくる。順番にホチキスでとめて絵本が完成すると、絵本をめくりながら、考えたお話を教師に話してくれた。

楽器演奏を一生懸命練習
クリスマス会で園全員で合奏を行うことになり、タンバリンを担当した。本当は木琴をやりたかったようで、選ばれずに最初は悲しそうにしていたが、リズム感がよく、タンバリンをほめられるとうれしそうに一生懸命練習するようになった。

> 子どもの想像の世界を一緒に体験する教師の姿がわかります。

タンポポの気持ちになる
本児は物静かで、園庭で草花や昆虫をじっとながめている姿がよく見られた。「何してるの？」と声かけをすると、「タンポポに話しかけているの」とのことだった。「タンポポさんお話するの？」と言うと、じっと見ていると気持ちがわかるの、とのことで、タンポポの気持ちを話してくれた。

サンマの絵を描く
秋のサンマの旬の時期に、園庭でサンマを焼いてみんなで食べる会を行った。焼く前に絵の具でサンマの絵を描いたが、本児は銀色に輝く背中を、白と青と灰色を使って巧みに表現していた。友だちにもうまいとほめられ、うれしそうにしていた。

> 子どもがイキイキと遊び、想像をふくらませている姿が伝わります。

シャボン玉で楽しく遊ぶ
シャボン玉が好きで、園庭でシャボン玉あそびを楽しんだ。ゆっくり吹いたり、いきおいよく吹いたりして、どうすれば大きなシャボン玉が作れるかをためしていた。飛んでいくシャボン玉を見ながら、「シャボン玉の中に虹みたいなのが見えるよ」「シャボン玉の中に入って空を飛んでみたいな」と想像を広げていた。本当に入れそうなくらいの大きなシャボン玉を作ったら大喜びしていた。

魔法使い役を演じる
普段口数が少なくおとなしいが、クリスマス会の劇では、シンデレラに自分から立候補するなど積極的な面が見られた。立候補者が多く、残念ながらシンデレラになれなかったが、魔法使いのおばあさん役を堂々と演じることができ、自信につながった。

第3章 指導要録文例集　4歳児「表現」

5歳児の5領域別文例

最終学年の5歳児については、5領域に加えて「幼児期の終わりまでに育ってほしい姿（幼稚園教育要領第1章総則）」を活用して書きます。

「学年の重点」文例集

- 自分の力を十分発揮することで、自信をもつようにする

- いろいろな活動に取り組み、みんなで考えたり工夫したりする
- 園生活の中で、それぞれの役割に責任をもって取り組む
- 友だちと、相談しながらあそびを進めていく楽しさを味わう
- いろいろな経験や活動を通して、行動力、思考力、表現力をえる
- 自分でできることの範囲を広げながら、意欲的に生活する
- 園のなかまと相談し合い、新しい活動を作り出す
- 友だちへの思いやりを深めながら、楽しい園生活を送る
- 身近な自然に親しみ、植物や動物を大切に感じる
- 身近な人たちやものに、感謝の気持ちや思いやりの心をもつ
- 自分たちの生活を楽しくするために、いろいろな工夫をする

5歳児「個人の重点」文例集

5歳児になると、相手の立場や気持ちにも気遣いができるようになります。子どもの成長を促すような働きかけを、たえず続けていくといいでしょう。

- 友だちとの交流の中で、協調性や思いやりの心をもつ

- 友だちとのつながりを深め、思いを伝え合いながらあそびを進める

- 年長児、年少児を交えて遊ぶ中で、思いやりの心を身につける

- 自分の思いや感じたことを、豊かに表現し伝える

- 友だちと楽しく生活する中で、ルールの大切さに気づく

- 友だちと一緒に、あそびや生活を送る楽しさを知る

- 友だちとの関わりの中で、相手の気持ちに気づくことができる

- 自分から進んであそびに参加し、あそびの楽しさを味わう

- 基本的な生活習慣を理解し、きちんと行うことができる

- 戸外で体を十分動かし、友だちと一緒に活動する楽しさを味わう

- 自己を十分表現しながら、友だちとあそびを作り出す充実感を知る

- 自主的に活動に取り組みながら、自己の力を十分に発揮する

- 自分のしたいことにじっくり取り組むと同時に、相手を思いやる

- 今までできなかったことや、苦手なことに挑戦しようとする
- 自分も集団の中の一員であることを、自覚し行動する
- 友だちとともにあそびを作り出し、充実感を味わう
- 友だちとのあそびの中で、約束の意味を考え守れるようにする
- 友だちと協力して、あそびを発展させていく楽しさを知る
- 友だちとのつながりを深め、共通の目的をもって遊ぶ楽しさを知る
- 自分に自信をもって、いろいろな活動に意欲的に取り組む
- 苦手意識に負けることなく、積極的に体を動かす
- 失敗を恐れず、伸び伸びと自分を表現できるようになる

- 園内の飼育動物や植物に関心をもち、愛情をかけて面倒をみる
- 最後まであきらめずにやりとげ、達成感を味わう
- やってよいことと悪いことを自分で判断し、けじめをもち行動する
- 人前でも、自信をもって発表する
- 周囲の状況を受け止めながら、落ち着いて行動する
- 相手の話を、最後まで聞いてから行動できる
- 自分の思いを、相手に理解してもらう大切さに気づく
- 年長としての自覚をもち、意欲的に生活する

5歳児「健康」文例集

5歳児になると、運動神経などさまざまな能力が発達してきます。規則的な園の生活にも慣れ、健康な生活をするための習慣や態度を身につけることが重要です。

運動を友だちに教えたことをほめられて、さらに積極的に

教師にほめられたことがきっかけとなり、次々と新たな目標にいどむ様子がわかります。

鉄棒の逆上がりや跳び箱を繰り返し練習して上手になると、できない友だちに自分から教えた。その点を教師にほめられると、自信をもち、さらにほかの種目にも積極的にチャレンジするようになった。

【該当する10の姿－(1)健康な心と体、(2)自立心】

がんばり屋で一生懸命

がんばり屋さんで運動神経もよく、鉄棒や縄跳びの練習を一生懸命行い、それができるようになると、喜んで見せてくれる。

【該当する10の姿－(1)健康な心と体、(2)自立心】

気持ちを伝えられるようになる

2学期に入ると、基本的な生活習慣が身について、園生活のペースがつかめてきた。それまでのように、困ったときなどに泣き叫ぶことがなくなり、言葉で助けを依頼することができるようになった。教師に言葉で伝えられたことをほめられてから、相手の話を注意深く聞くようになった。

【該当する10の姿－(1)健康な心と体、(9)言葉による伝え合い】

得意のサッカーで成長

好きなスポーツをもつことで団体生活にとけこんだ様子が伝わります。

テレビゲームの話が好きで、ほとんど外で遊ぶことがなかった。あるとき、戸外のあそびに誘ったところ、ドッジボールに夢中になり、サッカーなどほかの運動も好きになった。Jリーグの試合を見てからはサッカーに夢中になり、ルールを友だちに教えるなど、積極的にチームにとけこめるようになった。

【該当する10の姿－(1)健康な心と体、(3)協同性、(5)社会生活との関わり】

マイペースが変わった

友だちができたことでよい生活習慣も身についた様子がよくわかります。

園生活には慣れて、繰り返しの生活習慣は身についているのだが、とてもマイペースで、周りに合わせて急いだりする姿が見られなかった。仲のよい友だちができたことで、競い合うようになり、着替えも早くできるようになった。時間のかかっていた食事も、終わりの時間を意識することができ、時間内に食べられることが多くなった。

【該当する10の姿－(1)健康な心と体、(4)道徳性・規範意識の芽生え】

好き嫌いせず健康

好き嫌いがなく何でも食べ、ほとんどカゼをひいた様子も見られず健康。2年間、無欠席だった。

【該当する10の姿－(1)健康な心と体】

不安がなくなり積極的に

しっかりして見えるが気の弱い繊細さもあり、初めて取り組むことにはとても緊張して不安が大きかった。初めてのあそびを一緒にやり、声をかけたり上手な点をほめたところ、自分から友だちをあそびに誘うようになった。2学期に入って鉄棒の前回りができたことで、より自信をもつようになった。体を動かすことに積極的になり、縄跳びや跳び箱も、進んで挑戦するようになった。

【該当する10の姿―⑴健康な心と体、⑵自立心、⑶協同性】

> 自分のくわしいことを友だちの前でほめられることで、自信をもった様子がわかります。

あそびのリーダーになるようになった

引っ込み思案な性格だったが、昆虫にくわしいことをみんなの前でほめたところ、友だちと遊ぶようになった。自分の意見をはっきりと相手に伝えることができ、ときにはあそびの中でリーダー的な役割もするようになった。

【該当する10の姿―⑴健康な心と体、⑶協同性、⑼言葉による伝え合い】

友だちと協力して遊ぶことが好き

体を動かすことが好きで、友だちと協力していろいろなあそびをすることが得意。縄跳びでは友だちと2人跳びをしたり、長なわ跳びなどを楽しむ。自分の意見をはっきりと主張するが、友だちの意見もよく聞き、あそびの中心になることが多い。おとなしい子や困っている子に進んで声をかけたり、気持ちを聞く優しさもあり、人間関係をスムーズに築くことができる。

【該当する10の姿―⑴健康な心と体、⑶協同性、⑼言葉による伝え合い】

あそびを通じて友だちができた

進級当初は仲のよい友だちとしか遊ばなかったが、みんなで遊ぶことを促したところ、徐々に友だちが増え、1学期の終わりには自分から友だちを誘って遊ぶようになった。

【該当する10の姿―⑴健康な心と体、⑶協同性】

ルールに対する理解力が高い

元気な挨拶が目立ち、お礼の言葉もはっきりと言うことができる。遊んだあとの片づけや、教師のお手伝いも積極的にやってくれるしっかりもの。ブロックあそびが好きで、部屋の中で遊ぶことが多かった。外でも遊ぼうと声をかけたところ、鬼ごっこなどのルールのあるあそびを、友だちと話し合いながらできるようになった。

【該当する10の姿―⑴健康な心と体、⑶協同性、⑹思考力の芽生え】

> ふとしたことがきっかけで子どもは自由な表現を楽しみ始めます。

自分の絵のよい点を知ることが自信になる

絵を描くことに興味はあるのだが、自信がなく、なかなか描けないことが多かった。今まで描いた絵を出し、どこがよいと思うかの教師の感想を細かくていねいに説明することで、自信をもち描けるようになった。

【該当する10の姿―⑴健康な心と体、⑽豊かな感性と表現】

> 子どもにはいろいろな個性や才能があります。それを引き出すのも保育者の役目です。

好きな歌で友だちができた

運動があまり得意ではなく、なかなか友だちの輪に入れなかった。アニメの歌が好きで歌詞の覚えも早いのでほめたところ、合唱コンクールの歌にも興味や関心をもち、積極的に練習にも参加して活躍した。それからクラスのみんなに認められ、友だちも増えた。

【該当する10の姿―⑴健康な心と体、⑽豊かな感性と表現】

5歳児「人間関係」文例集

子どもが友だちと関わることで、社会生活に必要な習慣や態度が身につくようにする。集団生活では、自分を主張でき、友だちのよいところを見つけられるようにする。

> 自分の意見を抑えてしまい主張できなかった子どもの成長の様子がわかります。

優し過ぎる性格から自分が主張できない

優しい性格で、泣いている子に話しかけたり親切にすることはいいのだが、相手の気持ちを尊重し過ぎて、自分の意見を抑えて我慢してしまう。教師から相手にも自分の気持ちを伝えるようにと声をかけたところ、はじめはなかなか言い出せなかったが、徐々に自分の気持ちを伝えられるようになった。

【該当する10の姿—(1)健康な心と体、(9)言葉による伝え合い】

> 泣いて自分のからにこもる子どもが話を聞いてもらえたことで自分を伝えられた様子がわかります。

泣きながらも最後まで話をするように

失敗をしたりけがをしたりすると、泣いて自分の状況や気持ちを伝えることができなくなる。落ち着くよう声をかけ、時間をかけ最後まで話を聞くようにしたところ、泣きながらでも自分の気持ちを伝えられるようになった。

【該当する10の姿—(1)健康な心と体、(9)言葉による伝え合い】

席替えで新しい友だちができる

進級後しばらくは、年中組からの友だちだけでの行動が目立ったので、集団でのゲームや席替えなどを行ったところ、新しい友だちと遊ぶ姿が見られるようになった。

【該当する10の姿—(1)健康な心と体、(3)協同性】

運動会に向かい連帯感が生まれる

進級当初は、仲のよい友だちとクラスが分かれてしまったため、不安な様子が見られた。しかし、新しいクラスに慣れ、だんだん友だちができてくると、ごっこあそびを楽しむようになっていった。運動会では、みんなで一つの目標に取り組むことに夢中になり、勝つ喜びや負ける悔しさも味わった。

【該当する10の姿—(1)健康な心と体、(3)協同性】

> 恥ずかしさを乗り越えて謝れるようになった様子がわかります。

謝ることは恥ずかしくない

玩具を独り占めしたり、横入りして並ばないことなどがあった。また、あそびの中で友だちに嫌なことをしたとき、すぐ謝ることができず知らないふりをしてしまう。友だちの気持ちをよく考えられるように教師が声かけをし、悪いことをしたときに謝ることは恥ずかしいことではないと理解することで、謝れるようになった。

【該当する10の姿—(4)道徳性・規範意識の芽生え】

友だち関係の深まりからたくましく

人から強く言われると、言い返せず我慢する姿が見られたが、友だちが増えるとともにきちんと話したりケンカの仲裁をするようになった。

【該当する10の姿—(9)言葉による伝え合い】

第3章 指導要録文例集　5歳児「人間関係」

> 友だちとのコミュニケーションが
> どんどん進み、活動的になって
> いく様子がわかります。

● 友だちとの関わりから活動的に

パズルやこまなどの一人あそびが好きで、友だちの中に入ろうとしなかった。教師が一緒に遊ぶように働きかけるとともに、ほかの子どもたちにも声をかけてもらったところ、一人あそびから、少しずつ友だちとの関わりが見られるようになった。会話を楽しんだり、イメージを伝え合ったり、ケンカや仲直りなどを経験するようになった。いろいろな友だちと関わるようになってから、何事にも挑戦するようになり、行動範囲を広げていった。

【該当する10の姿─(1)健康な心と体、(2)自立心、(3)協同性】

● 声をかけることで自発的に

大人に対して警戒心をもち、自分から甘えることができない。気づいてほしいため、ロッカーに手を出し入れする行動が見られた。できるだけ声かけを心がけるうち、自分から教師に話しかけるようになった。

【該当する10の姿─(1)健康な心と体、(9)言葉による伝え合い】

● 集団生活を楽しめない

みんなで何かしようとすると、抵抗し、物を投げたり泣き叫んだりと、集団生活を楽しめない幼さが見られた。教師がそばについていると、安心できる様子だった。

【該当する10の姿─(1)健康な心と体】

> 自分の意見を言えない子どもに
> 教師の援助がいかに大切か
> よくわかります。

● 自分の意見をもち言葉で伝える

優しく穏やかな性格だが、自分の意見をもたず友だちに従うことが多かった。活動やあそびの中で、友だちに本児の意見を聞くよう声をかけていくと、次第に自分からも意見を言えるようになってきた。現在はまだ一人では伝えられないので、引き続き援助が必要である。

【該当する10の姿─(2)自立心、(9)言葉による伝え合い】

● 多人数でのあそびができるようになった

1学期の間は、仲のよい男の子3人で遊ぶことが多く、自分の意見を押し通すことがあった。2学期になると、女の子も一緒に、多人数でのあそびを楽しむ姿が見られた。

【該当する10の姿─(3)協同性】

● 友だちの気持ちがわかるように

あそびの中で、意見を述べてあそびを発展させることができる反面、自分の意見に固執し、友だちの意見を否定したり遊ぶのをやめてしまったりした。言われた友だちの気持ちをよく考えるよう伝え、友だちの意見を取り入れることでさらにあそびが広がることを話したところ、上記の態度は減り、次第に友だちと仲よく遊ぶ姿が見られるようになった。

【該当する10の姿─(3)協同性、(4)道徳性・規範意識の芽生え】

● 正直に話すことの大切さ

あそびの中でのトラブルに自分が関わってしまったとき、その場を逃げてしまったり、状況を聞かれて黙ってしまったりした。正直に話すことの大切さを伝えたところ、次第に、トラブルの際、自分の有利・不利に関係なく、正直に話すようになった。さらに、どうしたら解決できるか、意見を言うようになった。

【該当する10の姿─(4)道徳性・規範意識の芽生え】

● 自分から友だちに声をかける

進級当初、新しい環境に慣れず泣きながら登園することもあった。一人で遊ぶことが多かったので、友だちと一緒だと、いろいろなあそびが増えること、多人数でしか味わえないあそびがあることなどを伝えたところ、次第に自分から友だちに声をかけるようになった。

【該当する10の姿─(1)健康な心と体、(3)協同性】

5歳児「環境」文例集

身近な環境に親しみ、自分から関わって自然と触れ合う中で、さまざまなことに興味や関心をもち、それを生活に取り入れていきます。好奇心のおもむくままに行動していきます。

> 生き物に興味があり、わからないことを、自分から進んで調べる様子がわかります。

生き物の観察・世話が好きで手作りで図鑑を作る

自然に興味があり、クラスで飼っている虫や生き物を喜んで観察したり、エサやりなど世話をする中で、発見したことを教師や友だちに知らせていた。夏になると戸外で虫さがしに熱中し、捕らえた虫をクラスの図鑑で調べ、また自分で絵も描き、友だちと一緒に手作り図鑑を作って見せ合う。わからないことは、図鑑やビデオで調べ、興味・関心が広がっていった。

【該当する10の姿―(3)協同性、(6)思考力の芽生え、(7)自然との関わり・生命尊重、(10)豊かな感性と表現】

文字や数字を書くことに熱中

文字や数字を書くことへの関心が高まり、就学を意識するようになった。3学期は、じっくりと本などを見ながら、ていねいに書いていた。

【該当する10の姿―(8)数量や図形、標識や文字などへの関心・感覚】

集団活動の楽しさを理解する

みんなで決めた当番活動の、ウサギ、小鳥の世話を嫌がる時期があった。2学期後半ぐらいから、みんなで取り組むことが楽しくなり、自覚をもって張り切るようになった。

【該当する10の姿―(3)協同性、(4)道徳性・規範意識の芽生え】

ザリガニから生き物に関心をもつ

いろいろな生き物に関心があり、家で飼っているネコの話をしてくれる。クラスでザリガニを育てはじめたことで、ザリガニについて関心をもち、ザリガニの絵本をよく借りるようになった。

【該当する10の姿―(7)自然との関わり・生命尊重】

豊富な知識で自信をつけた

知識が豊富で、宇宙のこと、国旗のことなどよく知っており、知的な面での活躍が見られた。その知識をみんなにほめられたことで自信をつけ、さらに張り切って調べるようになった。

【該当する10の姿―(8)数量や図形、標識や文字などへの関心・感覚】

リンゴもぎで感動する

園外保育でリンゴもぎをしたとき、リンゴのにおいをかいで両手でかかえ「このリンゴずっと触っていたいなー」と感動していた。

【該当する10の姿―(7)自然との関わり・生命尊重】

> はじめはきれいな花への関心から、次第に植物にくわしくなっていく様子がわかります。

植物に関心をもちくわしくなる

草や木の花の名前に関心をもつようになり、植物図鑑で調べるようになった。難しい植物は調べ方を教え、家庭では父親が協力的で、インターネットで調べるようになり、かなりくわしくなり、質問がどんどん専門的になる。

【該当する10の姿―(5)社会生活との関わり、(6)思考力の芽生え、(7)自然との関わり・生命尊重】

チョウの飼育から虫が好きになった

クラスで飼育したアゲハチョウの幼虫をきっかけに、生き物に対する接し方が変わった。今までは嫌いだった虫が好きになり、かわいがったり、喜んだり、悲しんだり、不思議に思ったりと、いろいろな体験ができた。

【該当する10の姿─(7)自然との関わり・生命尊重】

身近なスズメの巣に驚き関心をもつ

コンクリートの電柱の穴に巣を見つけたことからスズメに興味をもち、図鑑や絵本などを読むようになった。もともとスズメは木の洞に巣を作ることなど、調べて教えてくれた。

【該当する10の姿─(6)思考力の芽生え、(7)自然との関わり・生命尊重】

> 自分の得意な絵をほめられることで、自信をもち、周囲に合わせられるようになった様子がわかります。

絵をほめられることで活動できた

明るい性格で何事も楽しんで活動できるが、一つひとつの活動に時間がかかり過ぎてしまう。周りと同じように活動できるよう声をかけるとともに、得意な絵のできを大いにほめたところ、周りとペースを合わせられるようになった。

【該当する10の姿─(3)協同性、(10)豊かな感性と表現】

駅の名前を記憶して人気者に

電車が好きで、全国のさまざまな路線の駅の名前を覚えはじめた。山手線内の駅の順番からはじまり、東海道線、中央本線などと、次々に全国へ展開して記憶し、みんなの前でよどみなく順番に話すのにびっくりされ、人気者になった。

【該当する10の姿─(8)数量や図形、標識や文字などへの関心・感覚】

父子で昆虫図鑑を作る

園内のチョウの幼虫の絵本を見ることで、昆虫に関心をもつようになる。父親のデジタルカメラを借りてチョウやガの幼虫の写真をとるようになり、幼虫の図鑑を買ってもらい、父親の協力のもと、自分で幼虫の図鑑を作りはじめた。

【該当する10の姿─(5)社会生活との関わり、(7)自然との関わり・生命尊重、(10)豊かな感性と表現】

> 泥だんご作りを友だちと熱中することで、物の性質を調べる感覚が身につく様子がわかります。

泥だんご作りに熱中する

夏は泥あそびに夢中になり、友だちと一緒にさまざまな泥を混ぜ合わせて、硬く、つやのある泥だんご作りに精を出す。灰色の泥と黒い泥の配合など、研究熱心に作って楽しんでいる。

【該当する10の姿─(3)協同性、(6)思考力の芽生え】

> 星座を知ることで、子どもの感性はどんどん広がり、宇宙へと向かっていく様子がわかります。

好きな歌で友だちができた

夏、星座の観察会に参加して、北斗七星やカシオペア座などの主な星座がわかるようになり、天体への関心が深まった。さらに、宇宙に関する本を調べたりして、星座だけでなく、宇宙全体のことが知りたくなったようだ。将来の目標は宇宙飛行士になることだと語ってくれる。

【該当する10の姿─(6)思考力の芽生え、(7)自然との関わり・生命尊重】

ヒキガエルから自然の不思議さを感じカエルに興味をもつ

幼稚園のビオトープで、ヒキガエルのひも状の卵の塊を見つけびっくりしていた。さらに、大きなヒキガエルのおたまじゃくしがあまりに小さいことに驚き興味をもった。それから、ヒキガエルだけでなくカエル全体を知りたくなり、日本のカエルの図鑑を調べるようになった。

【該当する10の姿─(6)思考力の芽生え、(7)自然との関わり・生命尊重】

5歳児「言葉」文例集

5歳児になると、自分の気持ちや経験したことを言葉で表現できるようになります。自分だけでなく、先生や友だちの話もよく聞き、絵本や物語に親しむことも大切です。

嫌な思いをしたとき、自分の気持ちを素直に友だちに伝えられるよう教師が援助した例です。

● 自分の気持ちを言葉で伝えられる

優しい子で、嫌なことがあっても相手に気持ちが伝えられず、教師にこっそり打ち明けることが多かった。教師が間に入って、相手に直接言う機会を設けたところ、2学期からは、仲のよい友だちには自分で伝えられるようになり、3学期からは身近ではない相手にも、自分の気持ちを伝えようとするようになった。

【該当する10の姿—(2)自立心、(9)言葉による伝え合い】

● 調べたことを説明できる

姉の影響で星座や鉱物に興味を示し、自分でも図鑑や絵本で調べるようになった。自分で調べてわかったことを、想像力を働かせて表現豊かに話してくれる。教師や友だちの質問にも、わかりやすく説明してくれる。

【該当する10の姿—(9)言葉による伝え合い、(10)豊かな感性と表現】

● 発言の機会で集中できるようになる

クラスでの話し合いでは、集中できず友だちとふざけることが多かった。その都度発言を促してきたところ、少しずつ話し合いの内容を理解し、発言できるようになった。

【該当する10の姿—(4)道徳性・規範意識の芽生え】

● ふとした発言から積極的に

照れ屋で自分から積極的に話すほうではないが、話しかけるとうれしそうに答えていた。みんなの前で話をする機会があり、アイデア豊富な面や想像力の豊かな面を発揮した発言ができた。それから、みんなと一緒に目標をもって遊ぶことや、生活を進めることを楽しめるようになった。

【該当する10の姿—(3)協同性、(9)言葉による伝え合い】

どうしたらより相手に伝わるかを、理解できたことがわかります。

● きつい口調が優しくなった

友だちや教師への挨拶の声が大きく、言葉もはっきりしている。いつもにこやかで、友だちが困っていると話しかける姿をよく見かける。しかし、友だちに注意するとき、きつい口調になることが時々あった。正しいことでも、優しい口調で話さないと気持ちが伝わりにくいことを説明したところ、少しずつ言い方が変わってきた。

【該当する10の姿—(4)道徳性・規範意識の芽生え、(6)思考力の芽生え】

子どもはいろいろなものに影響を受けやすいが、教師の接し方で素直に変わっていく例です。

● 乱暴な口調が穏やかに

テレビドラマの影響から、友だちと遊ぶときはわざと乱暴な口調をまねて話すことが多かった。一斉活動のときや教師には、正しい言葉づかいができるので、ほめたところ、だんだんと乱暴な口調が減ってきた。

【該当する10の姿—(4)道徳性・規範意識の芽生え】

第3章 指導要録文例集　5歳児「言葉」

話上手で自分の考えを伝えられる
話がとても上手で、自分の考えや理由などもきちんと言えるため、幼稚園の生活の中で、困ったことやトラブルなどの説明も安心して聞ける。両親とお兄さんとで高尾山へハイキングに行ったことがうれしかったようで、ケーブルカーに乗ったことや、スミレやイチリンソウなどのたくさんの花を見たことを、上手に話してくれた。植物の名前をたくさん覚えたようだ。
【該当する10の姿―⑼言葉による伝え合い、⑽豊かな感性と表現】

動物の絵を描くのが得意
ライオンやトラなど、大きな哺乳動物の絵本や図鑑が好きで、いろいろな動物の話をしてくれる。友だちに絵本から得た知識をひろうして人気者になっている。
【該当する10の姿―⑽豊かな感性と表現】

> みんなの前で話がうまくできたことから、自信をつけてきた様子がわかります。

話の経験から自信をつける
困ったことがあると、自分からはなかなか言い出せず、母親や友だちに代弁してもらおうと頼ってしまう。みんなの前で話をする経験を増やしたところ、だんだんと自信をつけて、自分から話せるようになってきた。
【該当する10の姿―⑵自立心、⑼言葉による伝え合い】

言い訳が多かったが素直に
話がうまく、注意されたことに対して、言い訳をしてしまうことが多い。言い分を聞きながら、間違っているときには指摘してきたところ、だんだんと素直になった。
【該当する10の姿―⑹思考力の芽生え、⑼言葉による伝え合い】

あせらないでゆっくり話そう
話をするとき緊張してしまい、相手にわかってもらえずあわててしまう姿が見られた。自分の考えを相手に伝えるとき、筋道をたててからゆっくり話すよう促したところ、わかりやすい話し方ができるようになってきた。
【該当する10の姿―⑹思考力の芽生え、⑼言葉による伝え合い】

好きな絵本で共感を得た
一人で絵本を読んでいるのが好きで、友だちとあまり遊ばなかった。みんなの前で、好きな「星の銀貨」のお話を上手に話したところ共感を得て、友だちから誘われるようになった。
【該当する10の姿―⑼言葉による伝え合い】

言いたいことが多過ぎる
言いたいことがたくさんあって処理しきれず、うまく話せないままイラつくことがあった。自分の言いたいことを、一つひとつ区切って話すよう促したところ、だんだんと話せるようになった。
【該当する10の姿―⑼言葉による伝え合い】

> いろいろな境遇の友だちがいることで、自分の恵まれた状況を理解したことがよくわかります。

母親への感謝の気持ちを素直に表せた
お父さんと2人ぐらしの友だちの発言から、お母さんがいて、毎日お弁当や送り迎えをしてもらえることが、とても恵まれたことだと理解した。母親への感謝の気持ちを、クリスマスカードの絵と言葉で素直に表現したところ、お母さんも喜び本人もうれしそうだった。
【該当する10の姿―⑼言葉による伝え合い、⑽豊かな感性と表現】

早のみ込みしないで話をよく聞く
自分の思ったことは話せるが、教師や友だちの話を理解できず、間違って解釈したりカン違いすることが多かった。思い込みが激しいので、人の話を最後までよく聞くよう促したところ、少しずつ早合点しないようになった。
【該当する10の姿―⑼言葉による伝え合い】

5歳児「表現」文例集

5歳児は、身の回りや自然の美しさをどんどん見つけることができるようになります。さらに感じたことや考えなどを自分で表現でき楽しめるようになります。

> せっかく上手にできるのに表現にこだわり過ぎてうまくいかない様子がわかります。

製作や絵を描くのがうまいだけに悩み過ぎてしまう

製作や絵を描くのが得意だが、うまく作ろうと悩んでしまい、最初の1歩が踏み出せないで困ってしまうことがある。失敗しても大丈夫だからとアドバイスし、安心させるとできるようになった。

【該当する10の姿ー(2)自立心、(10)豊かな感性と表現】

あそびの道具をイメージ通りに作る

製作が得意で、はさみやセロハンテープなどの文具を器用に使って、あそびに使う双眼鏡やロケットなどをイメージ通りに作ることができる。絵の具を使った製作では、さまざまな色を作り出しては満足そうに塗り、一つひとつていねいに仕上げる。時間内では塗り切れず、空いている時間を見つけては、楽しそうに塗り続けていた。

【該当する10の姿ー(10)豊かな感性と表現】

落ち葉でコラージュを作る

紅葉のモミジを拾い、紅葉した落葉樹の美しさや形のおもしろさに気づいた。友だちと赤や黄色の落ち葉を集め、紙に貼ってはコラージュを作り楽しんでいる。

【該当する10の姿ー(10)豊かな感性と表現】

イメージ豊かにごっこあそびができる

ごっこあそびが好きで、イメージ豊かにあそびを広げていくことができる。劇ごっこでは役になり切り、進んでセリフを考えることができ、言葉もスムーズで、みんなの前で堂々と発表できる。

【該当する10の姿ー(9)言葉による伝え合い、(10)豊かな感性と表現】

アニメの絵をプレゼント

テレビのアニメキャラクターが好きになり、主人公や登場人物などの絵を上手に描いて、教師にあげたり、友だちにプレゼントし合うなどして楽しむ。ごっこあそびをしたりしている。

【該当する10の姿ー(10)豊かな感性と表現】

> 友だちのまねをすることよりも、自分の表現が大事だと気づいた様子がわかります。

自分なりの表現になる

手先が器用だが、自分で好きなように絵を描くことに自信がもてず、友だちのまねをして描くことが多い。うまく描くことより、自分なりに表現することが大切だとアドバイスしたところ、自分なりの表現で描くようになった。作品をほめると、とても満足気でうれしそうだった。

【該当する10の姿ー(2)自立心、(10)豊かな感性と表現】

身の回りの赤い色を楽しむ

赤い色が好きで、身の回りにあるポストや信号の赤、自動販売機、赤い花など、友だち同士で絵を描いて見せ合い、楽しんでいる。

【該当する10の姿ー(3)協同性、(10)豊かな感性と表現】

製作でもあそびでもアイデア豊富

いろいろなものを製作するのが得意で、いらなくなった箱や厚紙などを使って、動物やロボットを作って楽しんでいる。作品をかざると喜んで、新しい作品を見せてくれる。あそびの中でもいろいろなことを考え、豊富なアイデアをみんなの前で伝えている。友だちの意見を取り入れて遊ぶこともよくあり、みんなで互いに協力し合って遊びを進めている姿がよく見られた。

【該当する10の姿ー⑶協同性、⑼思考力の芽生え、⑽豊かな感性と表現】

タンポポの花の構造に興味をもってわかりやすく解説する様子がよく表現できています。

タンポポの構造を紙で解説する

タンポポの花の構造に興味をもち、絵本や写真の本、図鑑を調べてさらにくわしくなった。タンポポが小さな花の集合だとわかるように、花をばらばらにして大きな紙に貼り、みんなに見せてくれた。

【該当する10の姿ー⑺自然との関わり・生命尊重、⑽豊かな感性と表現】

歌やダンスのアイデアが豊富

歌やダンスなどの音楽的なあそびが好きで、いつも表現豊かにリズムをとっている。いろいろなことを創作するのが得意で、「こんなのはどう？」と歌に合わせたダンスのアイデアを発表することができる。

【該当する10の姿ー⑽豊かな感性と表現】

失敗を恐れる子どもが、みんなの信頼を得ることで自信をつける様子がよくわかります。

組体操をがんばることで自信を

初めて行うことには失敗をとても恐れ、やる前から「できません」と言うことが多かった。運動神経がいいので、運動会の組体操の中心をやってもらったところ、がんばって活躍でき、みんなの信頼を得た。それに自信をつけたようで、自分から新しいことに挑戦するようになった。

【該当する10の姿ー⑵自立心】

新聞服のファッションショー

新聞を使った製作で、洋服を作ることが気に入り夢中になった。いろいろなアイデア出して友だちとさまざまな服を作っていると、ついにファッションショーをしようと言い出し、みんなで行うことになった。

【該当する10の姿ー⑶協同性、⑽豊かな感性と表現】

絵をほめられて自信がつき集中できるようになった様子がわかります。

製作におもしろさを感じはじめた

進級当初、製作では折り紙以外には消極的で、「できない」と言うことがほとんどだった。教師の励ましにより、嫌々でもいろいろな製作をしているうちに、だんだんとおもしろさを見出すようになったようで、自分からやってみようという思いが出てきた。絵を描くことにも苦手意識があり、なげやりな態度が目立った。絵に個性的な部分があったので、ほめたり貼り出したりしたところ、自信をつけたようで、集中できるようになり絵も変化した。

【該当する10の姿ー⑵自立心、⑽豊かな感性と表現】

すみついたコウモリに興味をもつ

幼稚園で行われたコウモリ観察会に参加し、多いに興味をもった様子だった。両親に協力してもらって自宅を調べると、家にコウモリがすみついていることに気づいた。さっそくコウモリの観察記録をつけはじめ、6月に子どもが生まれてから、8月に巣立つまでを絵日記にして発表した。

【該当する10の姿ー⑺自然との関わり・生命尊重、⑽豊かな感性と表現】

第4章

指導要録実例集

記入例 1 気にいらないと暴れる子

満3歳（2歳）

■モデル（ヒカリ）のデータ
母親（30歳）、父親（28歳）。3か月の弟がいる。

ふりがな	○□ひかり		○○年度
氏名	○□ヒカリ	指導の重点等	（学年の重点）幼稚園生活に慣れ、教師や友だちと好きなあそびを楽しむ。
	年 月 日生		
性別	女		（個人の重点）教師や友だちの話を、最後までしっかり聞くことができる。
ねらい（発達を捉える視点）			
健康	明るく伸び伸びと行動し、充実感を味わう。	指導上参考となる事項	・他の満3歳児に比べて、身長体重ともに発育がよく大柄で活発。活動的で体を動かすあそびを好む。初めての集団あそびでは周囲の様子を見ていたが、教師の声かけであそびに入るようになった。❶
	自分の体を十分に動かし、進んで運動しようとする。		
	健康、安全な生活に必要な習慣や態度を身に付け、見通しをもって行動する。		
人間関係	幼稚園生活を楽しみ、自分の力で行動することの充実感を味わう。		・入園当初は、母親と離れる不安から教師と手をつないで、そばを離れると泣いてぐずる。安心して園に慣れるまで、気長に様子を見ていることで解決した。❷
	身近な人と親しみ、関わりを深め、工夫したり、協力したりして一緒に活動する楽しさを味わい愛情や信頼感をもつ。		
	社会生活における望ましい習慣や態度を身に付ける。		
環境	身近な環境に親しみ、自然と触れ合う中で様々な事象に興味や関心をもつ。		・ブロックあそびが大好きだが、気にいらないことがあると、乱暴な振る舞いをすることがある。独り占めすることもあり、教師が注意すると他の子どもにも使わせるようになった。❸
	身近な環境に自分から関わり、発見を楽しんだり、考えたり、それを生活に取り入れようとする。		
	身近な事象を見たり、考えたり、扱ったりする中で、物の性質や数量、文字などに対する感覚を豊かにする。		
言葉	自分の気持ちを言葉で表現する楽しさを味わう。		・小麦粉粘土や布製のぬいぐるみなど、手ざわりや抱き心地のよい物を好む。ぺたぺたと叩いたり、肌を押しつけて感触を楽しんでいる。
	人の言葉や話をよく聞き、自分の経験したことや考えたことを話し、伝え合う喜びを味わう。		
	日常生活に必要な言葉が分かるようになるとともに、絵本や物語などに親しみ、言葉に対する感覚を豊かにし、先生や友達と心を通わせる。		・排尿を我慢して、もらすことがあるので、今後も気がついたときに言葉がけをして、トイレを促すようにしたい。
表現	いろいろなものの美しさなどに対する豊かな感性をもつ。		
	感じたことや考えたことを自分なりに表現して楽しむ。		
	生活の中でイメージを豊かにし、様々な表現を楽しむ。		

❶ 具体的な言葉かけを示す

「教師の声かけで…」と書かれていますが、実際にどのように言葉をかけたのかを明記しましょう。具体例がポイントです。

例
「…周囲の様子を見ていたので、『みんながおいでよ、って待ってるよ』と声かけをすると、恥ずかしそうにしながらも、あそびに加わった。」

❷ 時間の経過が伝わるように

「気長に様子を見ていることで…」ではなく、できれば時系列で、援助による子どもの成長が伝えられればよいでしょう。

例
「子どもに母親はちゃんと帰ってくることを伝え、複数の教師で子どもの名前を呼びかけることで、ほどなくまとわりつきも治まり落ち着きが見られた。」

Point! ❸ 乱暴する原因を知る

「教師が注意すると使わせる…」というのはあくまで結果です。子どもがなぜ乱暴するのかを観察し、指導したかが大事です。

例
「…乱暴になることがあった。相手の子も遊びたかったことを話し、してはいけないことを伝えることで、少しずつセーブできるようになった。」

担任が伝えたいこと

ヒカリちゃんは、ブロックあそびが楽しく、思い入れが強くなっています。自他との境界が未熟な時期なので、こんなトラブルも多いようです。弟の誕生による母親への欲求など、ヒカリちゃんの心の成長を見守りたいと思います。

総合評価 ★★★☆

記入例 2 満3歳（2歳）

人見知りで偏食ぎみな子

■モデル（悠宇太）のデータ
母親（26歳）、父親（32歳）、祖母との4人家族。

ふりがな	○□ ゆうた		○○年度
氏名	○□ 悠宇太 年　月　日生	指導の重点等	（学年の重点） 教師と関わりながら、安定した園生活を過ごす。 （個人の重点） 教師や友だちと遊びながら、いろいろな楽しみを見つける。
性別	男		
ねらい（発達を捉える視点）			
健康	明るく伸び伸びと行動し、充実感を味わう。 自分の体を十分に動かし、進んで運動しようとする。 健康、安全な生活に必要な習慣や態度を身に付け、見通しをもって行動する。	指導上参考となる事項	・入園時は母親から離れないで、園生活に慣れるまで時間がかかった。新しいことには不安をもち、納得するまではみんなと一緒に行動できなかった。❶ ・1月ころには園内に一人で入れるようになり、自信をもって行動できるようになった。友だちとの関わりも深まった。❷ ・トランポリンやかけっこ、ボールあそびが大好きで、活動的であるが、やや体の線が細くカゼをひきやすい。 ・給食は嫌いな野菜が少しでも入っていると食べないので、ほかの物と混ぜたり小さく刻むなど工夫してきた。❸ ・左利きだが、右用ハサミを使い空き箱でいろいろな工作を作る。あそびや製作の中で、特に不便はなかったが、進級にあたり、左用ハサミを準備した。❹ ・3学期になると、体重も増え偏食も少し改善されてきた。今後も食の指導を続けていきたい。
人間関係	幼稚園生活を楽しみ、自分の力で行動することの充実感を味わう。 身近な人と親しみ、関わりを深め、工夫したり、協力したりして一緒に活動する楽しさを味わい、愛情や信頼感をもつ。 社会生活における望ましい習慣や態度を身に付ける。		
環境	身近な環境に親しみ、自然と触れ合う中で様々な事象に興味や関心をもつ。 身近な環境に自分から関わり、発見を楽しんだり、考えたり、それを生活に取り入れようとする。 身近な事象を見たり、考えたり、扱ったりする中で、物の性質や数量、文字などに対する感覚を豊かにする。		
言葉	自分の気持ちを言葉で表現する楽しさを味わう。 人の言葉や話などをよく聞き、自分の経験したことや考えたことを話し、伝え合う喜びを味わう。 日常生活に必要な言葉が分かるようになるとともに、絵本や物語などに親しみ、言葉に対する感覚を豊かにし、先生や友達と心を通わせる。		
表現	いろいろなものの美しさなどに対する豊かな感性をもつ。 感じたことや考えたことを自分なりに表現して楽しむ。 生活の中でイメージを豊かにし、様々な表現を楽しむ。		

❶ 教師の指導と成長を書く

現在の文章では、子どもの実態は伝わりますが、進展がわかりません。余裕があれば、指導の実際と成長を追加しましょう。

例
「教師の言葉かけや保護者の愛情に守られながら、少しずつ慣れていった。」

❷ どのように変わったかを

友だちとの関わりを具体的に述べることで、成長がわかります。

例
「…自信をもち、一人でできることが増えるとともに、友だちの行動を気にかけたり、世話をするようになった。」

Point! ❸ 支援の結果を書く

偏食の改善は進級する際にも、大切な情報です。改善例を具体的に書きましょう。

例
「…してきた。8月後半には気が向くとひと口ほど食べるようになってきた。」

❹ 対応が具体的に伝わる

左利きへの対応など、小学校にとって大切な情報です。学籍簿には書かれないものを伝えることが必要なのです。

担任が伝えたいこと
悠宇太くんの偏食は、保護者の理解と協力のもと、少しずつ改善されています。進級にあたり少しでも悠宇太くんのために役立つことを意識して観察、支援しました。人見知りは心の育ちとともに変わっていくので、気長にみています。

総合評価 ★★★☆

第4章　指導要録実例集　記入例1・2（満3歳（2歳））

記入例 3

満3歳（2歳）

パンツがはけたがんばり屋

■モデル（莉々香）のデータ
母親（33歳）、兄（7歳）と祖父母との5人家族。

ふりがな	○□りりか		○○年度
氏名	○□莉々香	指導の重点等	（学年の重点） 生活やあそびを通して、身近な事柄や友だちに関心を深める。
	年　月　日生		
性別	女		（個人の重点） 自分でできることは、できるだけ自分でがんばるようにする。
ねらい （発達を捉える視点）			
健康	明るく伸び伸びと行動し、充実感を味わう。	指導上参考となる事項	・入園時は園の玄関から入る一歩が、なかなか踏み出せず泣いて母親にすがりつき、引きずられるように登園していた。 ・6月ごろには年上の子どもたちに誘われ、次第に一人でも園内に入れるようになった。❶ ・8月におむつが取れパンツ使用になり、本児もおむつを嫌がっていたので喜んでいた。❷ ・物事に興味をもち好奇心にあふれ、植物や昆虫など周りの変化に、ほかの子よりいち早く気づくことが多い。 ・何事にも挑戦しようとするがんばり屋である。❸ 誰とでも仲よく遊び、体を動かすことが大好きである。 ・気が強い面もあるが、自分なりに相手の思いを考えられる優しさも併せ持つ。 ・給食は好き嫌いなくよく食べるが、口中にたくさん詰め込みがちになるので、よく噛んで食べるように言葉がけをしてきた。❹
	自分の体を十分に動かし、進んで運動しようとする。		
	健康、安全な生活に必要な習慣や態度を身に付け、見通しをもって行動する。		
人間関係	幼稚園生活を楽しみ、自分の力で行動することの充実感を味わう。		
	身近な人と親しみ、関わりを深め、工夫したり、協力したりして一緒に活動する楽しさを味わい、愛情や信頼感をもつ。		
	社会生活における望ましい習慣や態度を身に付ける。		
環境	身近な環境に親しみ、自然と触れ合う中で様々な事象に興味や関心をもつ。		
	身近な環境に自分から関わり、発見を楽しんだり、考えたり、それを生活に取り入れようとする。		
	身近な事象を見たり、考えたり、扱ったりする中で、物の性質や数量、文字などに対する感覚を豊かにする。		
言葉	自分の気持ちを言葉で表現する楽しさを味わう。		
	人の言葉や話などをよく聞き、自分の経験したことや考えたことを話し、伝え合う喜びを味わう。		
	日常生活に必要な言葉が分かるようになるとともに、絵本や物語などに親しみ、言葉に対する感覚を豊かにし、先生や友達と心を通わせる。		
表現	いろいろなものの美しさなどに対する豊かな感性をもつ。		
	感じたことや考えたことを自分なりに表現して楽しむ。		
	生活の中でイメージを豊かにし、様々な表現を楽しむ。		

❶ 説明不足では伝わらない

園に慣れるまでの経過がわかるのはいいのですが、ちょっと説明不足です。例をあげると、ぐっと子どもの姿が見えてきます。

例
「…明るくおしゃべり好きな性格が好まれ、年長の子どもたちから遊びに誘われるようになると、次第に一人で園内に入ってこられるようになった。」

Point! ❷ がんばりを的確に伝えよう

パンツ使用ができたがんばりを記してあげましょう。本児の長所が明確になります。

例
「…本来の明るい性格に笑顔が増え、一層活発になり周りの子と打ち解けている。」

❸ 長所は強調して書く

がんばり屋で明るい性格を、よりはっきりと書きましょう。今後の指導にも役立つ、大切なデータです。

例
「がんばり屋で、鉄棒のぶら下がりができなかったが、ずっと練習を続けて一人でできるようになった。」

❹ 元気な姿が伝わる好例

口いっぱいにほお張る可愛い姿が浮かんできます。教師の温かな指導も伝わります。

担任が伝えたいこと
莉々香ちゃんは満3歳といっても、まだまだ自立と依存の間にいる2歳児です。明るく元気ながんばり屋さんの女の子の姿が伝わるように、できるだけたくさんのことを記しました。

総合評価 ★★★★☆

記入例 4 （3歳）

集中できず勝手に話す子

■モデル（明輝）のデータ
母親（28歳）、父親（42歳）、4歳兄の4人家族。

ふりがな	○□あきら		○○年度
氏名	○□明輝 年　月　日生	指導の重点等	（学年の重点） 幼稚園生活に慣れ親しみ、基本的生活習慣を身につける。
性別	男		（個人の重点） 落ち着いて話を聞き、友だちの輪に入って楽しく遊ぶ。
ねらい （発達を捉える視点）			
健康	明るく伸び伸びと行動し、充実感を味わう。 自分の体を十分に動かし、進んで運動しようとする。 健康・安全な生活に必要な習慣や態度を身に付け、見通しをもって行動する。	指導上参考となる事項	・入園当初から幼稚園に通うのが大好きで、泣いたり嫌がったりしたことがない。 ・一つのあそびに集中せず、ころころとあそびが変わることが多かった。友だちとあそびを転々とするため、特定の友だちを作らず、幅広く誰とでも仲よくできるのはよいのだが、途中から遊びに入っていくためあそびの内容がよくわからないまま遊んでいる様子が見られた。❶ ・友だちの話の途中から会話に入ってきたり、勝手に自分の話したいことを話し始めることがあった。教師は積極的に指導し、改善を図った。❷ ・3学期には、人の話をちゃんと聞く大切さがわかり、少しずつ話を聞こうという意識が芽生え始めた。 ・一つのあそびも飽きずに続くようになった。集中力は未熟だが、明るく物怖じしない性格なので、今後も様子を見守りながら配慮していくことが望ましい。❸
人間関係	幼稚園生活を楽しみ、自分の力で行動することの充実感を味わう。 身近な人と親しみ、関わりを深め、工夫したり、協力したりして一緒に活動する楽しさを味わい、愛情や信頼感をもつ。 社会生活における望ましい習慣や態度を身に付ける。		
環境	身近な環境に親しみ、自然と触れ合う中で様々な事象に興味や関心をもつ。 身近な環境に自分から関わり、発見を楽しんだり、考えたり、それを生活に取り入れようとする。 身近な事象を見たり、考えたり、扱ったりする中で、物の性質や数量、文字などに対する感覚を豊かにする。		
言葉	自分の気持ちを言葉で表現する楽しさを味わう。 人の言葉や話などをよく聞き、自分の経験したことや考えたことを話し、伝え合う喜びを味わう。 日常生活に必要な言葉が分かるようになるとともに、絵本や物語などに親しみ、言葉に対する感覚を豊かにし、先生や友達と心を通わせる。		
表現	いろいろなものの美しさなどに対する豊かな感性をもつ。 感じたことや考えたことを自分なりに表現して楽しむ。 生活の中でイメージを豊かにし、様々な表現を楽しむ。		

❶ 文を整理して読みやすく

「特定の友だちがいない」と「誰とでも仲よくできる」という2つの内容が、一文で記されており伝わりにくくなっています。

> 例
> 「…そのため特定の友だちは少ないが、誰とでもすぐ打ち解けられる。また、途中からあそびに加わるため、あそびを正しく理解していないときも見られた。」

Point! ❷ 抽象的な表現は避ける

教師がどのような援助を行ったかを正確に伝え、次の年度の担任へ引き継げるようにすることも、指導要録の大きな役割です。

> 例
> 「本児がじっくりあそびが楽しめるように、一緒にあそびに入るなどして関わり、夢中になれる状況作りを心がけた。」

❸ 一年の育ちをまとめる

一年間の子どもの成長をまとめることで、次年度の援助に生かすことができます。主観を排し、要点を簡潔にまとめます。

> 例
> 「まだ集中を続けることは完全ではないが、人の話を聞けるようになった。明るく、物怖じしない性格を伸ばせるように、今後も指導の継続を願っている。」

第4章　指導要録実例集　記入例3／満3歳（2歳）・記入例4／3歳

担任が伝えたいこと

明輝くんは人見知りしない積極性が、集中力の弱さと、落ち着きのなさとなって表れています。しかし、教師や友だちの話を聞けるようになると、ぐっと大人びてきました。そんな成長の過程を、しっかり伝えたいと思います。

総合評価 ★★★☆

記入例 5 持病があり虚弱な子

3歳

■モデル（咲花）のデータ
母親（31歳）、父親（38歳）、7歳姉の4人家族。

ふりがな	○□さくら		○○年度
氏名	○□咲花 年 月 日生	指導の重点等	（学年の重点） 喜んで登園し、教師や友だちと幼稚園の生活を楽しむ。 （個人の重点） 体を十分に使って、毎日、友だちと一緒に楽しく遊ぶ。
性別	女		
	ねらい（発達を捉える視点）		
健康	明るく伸び伸びと行動し、充実感を味わう。 自分の体を十分に動かし、進んで運動しようとする。 健康、安全な生活に必要な習慣や態度を身に付け、見通しをもって行動する。	指導上参考となる事項	・持病（○○○）のために、同年齢の子に比べ体がやや小さく、定期的にこども病院に通院しながら、朝晩に薬を服用している。❶健康状態に気づかいながら、少しずつ園生活に慣れるよう、他の教師ともども配慮してきた。 ・入園当初は泣くことがあったが、友だちとの関わりはとても喜び、自由に動ける屋外あそびも楽しんでいた。 ・感染症予防では、母親との連携を❷密にしてきた。その結果、本児はインフルエンザ以外に感染することがなく、体力面においても驚くほど丈夫になった。 ・気の合う友だちができ、ままごとに夢中になっていたが、2学期後半から、自分の思いが通らないと相手を叩いたり、物を投げるなどの行動が見られるようになった。見守りながら助言してきた。❸ ・体力がつき、集団あそびや共同製作なども楽しめるようになった。だが、集まりで騒いだり、食事や身支度が遅れる自己中心さも目立つようになったので、本児が意識できるように声をかけてきた。
人間関係	幼稚園生活を楽しみ、自分の力で行動することの充実感を味わう。 身近な人と親しみ、関わりを深め、工夫したり、協力したりして一緒に活動する楽しさを味わい、愛情や信頼感をもつ。 社会生活における望ましい習慣や態度を身に付ける。		
環境	身近な環境に親しみ、自然と触れ合う中で様々な事象に興味や関心をもつ。 身近な環境に自分から関わり、発見を楽しんだり、考えたり、それを生活に取り入れようとする。 身近な事象を見たり、考えたり、扱ったりする中で、物の性質や数量、文字などに対する感覚を豊かにする。		
言葉	自分の気持ちを言葉で表現する楽しさを味わう。 人の言葉や話などをよく聞き、自分の経験したことや考えたことを話し、伝え合う喜びを味わう。 日常生活に必要な言葉が分かるようになるとともに、絵本や物語などに親しみ、言葉に対する感覚を豊かにし、先生や友だちと心を通わせる。		
表現	いろいろなものの美しさなどに対する豊かな感性をもつ。 感じたことや考えたことを自分なりに表現して楽しむ。 生活の中でイメージを豊かにし、様々な表現を楽しむ。		

Point!

❶ 健康上のことは詳しく

指導要録の書式の欄外下段に記入に関する注意があります。本児のように、指導上重要な伝達事項は、詳しく書いて正確に次年度に引き継ぐようにします。また、どのように対処してきたかなど、その経緯なども記しておくと、なおよいでしょう。

❷ 詳しい対応を述べる

虚弱な本児に、感染症が危険であるという認識を、次年度でも再確認する意味でももう少し詳しい記述がよいでしょう。

例
「健康な幼児なら心配の少ない伝染病でも、本児が感染すると、長引いたり持病が悪化する恐れがあったため、特に母親との連携を…」

❸ スペースがあればていねいに

今のままでもよいのですが、本児の問題点ばかり強調されているので、その点に留意できればベストでしょう。

例
「お互いに言い合うが、仲直りも早く、2人とも素直に謝ることができるため、経過を見守りながら、必要に応じて助言してきた。」

担任が伝えたいこと

咲花ちゃんは持病と闘いながら、一所懸命に幼稚園生活を送っています。もちろん幼児期のわがままな面や心の成長の違いなどはありますが、私たち教師は温かな目で見守り、彼女に豊かで実りある毎日を届けたいと思います。

総合評価 ★★★★

記入例 ⑥ 大人を怖がり顔を見ない子

3歳

■モデル(陽日未)のデータ
父親(45歳)、双子の姉との3人家族。

ふりがな	○□あすみ		○○年度
氏名	○□陽日未	指導の重点等	(学年の重点) 幼稚園生活を楽しみ、身近な自然にみんなで親しむ。
	年 月 日生		
性別	女		(個人の重点) 毎日を安心して、楽しく遊び生活する。
	ねらい (発達を捉える視点)		
健康	明るく伸び伸びと行動し、充実感を味わう。	指導上参考となる事項	・本児は、近所に住む父親の祖父母に育てられた一卵性双生児の妹❶である。姉と同様に、体が小さくあまり丈夫でない。 ・姉ともども虚弱で、大人に対して警戒心が強く❷、教師に慣れるまで、長い時間がかかった。 ・入園当初は、姉と2人でくっついていたが、静かに話しかけると僅かだが目を向けたり、うなずいたりはできていたため、少しずつ声をかけて配慮してきた。❸ ・身の回りのことはひと通りできるが、思うようにできないと大泣きする。その理由を解明できずに、戸惑うことがあったが、園の中で素直な感情を出せるようになったと、前向きに捉え見守ってきた。 ・姉よりも初めてのことに、一歩踏み出すのが早い。姉も同様に踏み出せるきっかけをつかめるようになるためにも、本人たちのペースに合わせた援助を、今後も引き続きお願いしたい。❹
	自分の体を十分に動かし、進んで運動しようとする。		
	健康、安全な生活に必要な習慣や態度を身に付け、見通しをもって行動する。		
人間関係	幼稚園生活を楽しみ、自分の力で行動することの充実感を味わう。		
	身近な人と親しみ、関わりを深め、工夫したり協力したりして一緒に活動する楽しさを味わい愛情や信頼感をもつ。		
	社会生活における望ましい習慣や態度を身に付ける。		
環境	身近な環境に親しみ、自然と触れ合う中で様々な事象に興味や関心をもつ。		
	身近な環境に自分から関わり、発見を楽しんだり、考えたり、し、それを生活に取り入れようとする。		
	身近な事象を見たり、考えたり、扱ったりする中で、物の性質や数量、文字などに対する感覚を豊かにする。		
言葉	自分の気持ちを言葉で表現する楽しさを味わう。		
	人の言葉や話などをよく聞き、自分の経験したことや考えたことを話し、伝え合う喜びを味わう。		
	日常生活に必要な言葉が分かるようになるとともに、絵本や物語などに親しみ、言葉に対する感覚を豊かにし、先生や友達と心を通わせる。		
表現	いろいろなものの美しさなどに対する豊かな感性をもつ。		
	感じたことや考えたことを自分なりに表現して楽しむ。		
	生活の中でイメージを豊かにし、様々な表現を楽しむ。		

❶ 特別な事情を伝える

病気や健康状態とともに、本児のような特別な事情がある場合は、今後の指導の参考として引き継ぐ必要があります。できるだけプライバシーに配慮して伝えましょう。

Point! ❷ 育った環境を理解する

本児が心を開かなかった理由は、その生育環境を理解しなければわかりません。❶と同様、注意して伝える必要があります。

> 例
> 「…乳児期のほとんどを家の中で過ごしたため、人見知りが激しく、大人に対して警戒心が強く…」

❸ 具体的な配慮を記す

このままでも伝わりますが、余裕があれば次年度の担任のためにも具体例があると、より本児への理解が深まります。

> 例
> 「歌やダンスにはうれしそうに参加しており、本児が楽しめることを取り入れるようにして、不安を取り除くように努めた。」

❹ 次年度へのメッセージ

双子で通う例は珍しいが、教師の思いやりが伝わるメッセージに心が温まります。

担任が伝えたいこと

双子の姉妹が同じクラスにいますが、性格は対照的です。複雑な家庭環境が、2人の生育にも影響しています。大人に対する恐怖心を取り除くことが第一でした。今後は伸び伸びと園生活を楽しみ、丈夫に育ってほしいと思います。

総合評価 ★★★☆

第4章 指導要録実例集 記入例5・6／3歳

記入例 7 言葉の習得が遅かった子

4歳

■モデル（祐弦）のデータ
母親（33歳）、父親（47歳）の3人家族。自営業。

ふりがな	○□ゆづる		○○年度
氏名	○□祐弦	指導の重点等	（学年の重点）自分でできることは自分で行い、友だちと触れ合い、一緒に遊ぶ楽しさを知る。
	年 月 日生		
性別	男		（個人の重点）集団生活における望ましい生活習慣と態度を身につける。
ねらい（発達を捉える視点）			

健康	明るく伸び伸びと行動し、充実感を味わう。	指導上参考となる事項
	自分の体を十分に動かし、進んで運動しようとする。	・進級当初、環境の変化と新しいクラスに戸惑い、緊張した表情で登園していた。
	健康、安全な生活に必要な習慣や態度を身に付け、見通しをもって行動する。	・当初、言葉の獲得が遅かった❶ことから、自分がいる状況を把握することが難しく、善悪の判断がよくできなかった。
人間関係	幼稚園生活を楽しみ、自分の力で行動することの充実感を味わう。	・ブロックあそびなどで遊んでいるときも、他児とのコミュニケーションがとれず、トラブルを起こすことがあった。
	身近な人と親しみ、関わりを深め、工夫したり、協力したりして一緒に活動する楽しさを味わい、愛情や信頼感をもつ。	・教師を介して伝えたり、周囲のやりとりを見て模倣するうちに2学期半ばごろから、少しずつ言葉を覚えていった。❷
	社会生活における望ましい習慣や態度を身に付ける。	・生活面では依頼心が強く、自分でやろうとする姿勢がなかった。一対一で援助し、「やって」でなく、「手伝って」に言葉を変えて❸自分でやることを増やした。
環境	身近な環境に親しみ、自然と触れ合う中で様々な事象に興味や関心をもつ。	・3学期には、園生活にはルールを守る大切さや、順番があるということも理解できるようになってきた。❹進級しても本児を見守り、支援を続けてほしい。
	身近な環境に自分から関わり、発見を楽しんだり、考えたり、それを生活に取り入れようとする。	
	身近な事象を見たり、考えたり、扱ったりする中で、物の性質や数量、文字などに対する感覚を豊かにする。	
言葉	自分の気持ちを言葉で表現する楽しさを味わう。	
	人の言葉や話などをよく聞き、自分の経験したことや考えたことを話し、伝え合う喜びを味わう。	
	日常生活に必要な言葉が分かるようになるとともに、絵本や物語などに親しみ、言葉に対する感覚を豊かにし、先生や友達と心を通わせる。	
表現	いろいろなものの美しさなどに対する豊かな感性をもつ。	
	感じたことや考えたことを自分なりに表現して楽しむ。	
	生活の中でイメージを豊かにし、様々な表現を楽しむ。	

❶ もっと詳しい説明を

本児の健康に関わる大事なことなので、スペースがあれば、もう少し遅れの状況や原因を説明するとよいでしょう。

例
「自営業の両親との会話が少なく、一人あそびとテレビで3歳まで過ごした。質問期が少なく、言葉の獲得も遅れた…」

Point! ❷ 育ちを加えるとよい

余裕があれば、教師の支援と子どものがんばりがわかる成長を書きましょう。今後の教師の励みにもなります。

例
「…他児に対して、『入れて』や『貸して』『いいよ』など、本児の言葉で意思が伝えられるようになった。」

❸ 援助の実際が大切

進級した担任が、自分の指導に重ね合わせることができるよいデータです。子一人ひとりに合わせた指導を伝えてください。

❹ 時系列がわかりやすい

この例のように、入園当初から3学期までの時系列でまとめると、子どもの育ちが立体的に伝わってきます。

担任が伝えたいこと
本児は多くの質問を発することで言葉を獲得する「第1質問期」が短く、会話への発展が遅れています。聴力の問題ではないのでプレッシャーを与えず、相手の話を聞きゆっくり会話することから、徐々に言葉を増やしていきました。

総合評価 ★★★☆

100

記入例 8 　4歳　育児放棄が疑われる子

■モデル（摩美）のデータ
母親（24歳）、父親（25歳）、0歳弟の4人家族。

ふりがな	○□まみ		○○年度
氏名	○□摩美 年 月 日生	指導の重点等	（学年の重点） 身近な人や物を大切にして、自分の考えをしっかりともつ。
性別	女		（個人の重点） 喜んで登園し、安心して友だちと遊び幼稚園生活を楽しむ。
ねらい （発達を捉える視点）			
健康	明るく伸び伸びと行動し、充実感を味わう。	指導上参考となる事項	・本園に入園前は保育所に通っていたこともあり、教師やクラスの子どもとも積極的に関わり、すぐに仲よくなった。 ・着替えの際にあざの痕を見つけ、母親に問い合わせた。家庭でのしつけの方針として、叱る際ときに叩いたりつねったりするという。❶新しい傷ができていたことがあったため、さらに事情を聞いたところ、再婚した継父が体罰を行い、手をあげたとのこと。それを踏まえ、教師は細かく観察し様子を見てきた。❷ ・生活面では自分のことは自分でできるが、着衣の乱れや汚れ、洗顔した様子がないなどが目立ち、家庭での生活習慣の改善にも力を入れ見守ってきた。 ・友だちとは仲よくでき、トラブルが起きても決して手を出さない優しさと寛容さを大切にし、認めていってほしい。❸ ・情緒面で不安定で、トイレの回数が非常に多い。突然大泣きをしたり、「死んじゃいたい」など泣き叫んだこともある。本児の心の中の寂しさを受け止め、両親とともに成長していける指導を願う。❹
	自分の体を十分に動かし、進んで運動しようとする。		
	健康、安全な生活に必要な習慣や態度を身に付け、見通しをもって行動する。		
人間関係	幼稚園生活を楽しみ、自分の力で行動することの充実感を味わう。		
	身近な人と親しみ、関わりを深め、工夫したり、協力したりして一緒に活動する楽しさを味わい、愛情や信頼感をもつ。		
	社会生活における望ましい習慣や態度を身に付ける。		
環境	身近な環境に親しみ、自然と触れ合う中で様々な事象に興味や関心をもつ。		
	身近な環境に自分から関わり、発見を楽しんだり、考えたり、それを生活に取り入れようとする。		
	身近な事象を見たり、考えたり、扱ったりする中で、物の性質や数量、文字などに対する感覚を豊かにする。		
言葉	自分の気持ちを言葉で表現する楽しさを味わう。		
	人の言葉や話などをよく聞き、自分の経験したことや考えたことを話し、伝え合う喜びを味わう。		
	日常生活に必要な言葉が分かるようになるとともに、絵本や物語などに親しみ、言葉に対する感覚を豊かにし、先生や友達と心を通わせる。		
表現	いろいろなものの美しさなどに対する豊かな感性をもつ。		
	感じたことや考えたことを自分なりに表現して楽しむ。		
	生活の中でイメージを豊かにし、様々な表現を楽しむ。		

第4章 指導要録実例集　記入例7・8／4歳

Point!

❶ 複数の古い傷は要注意

虐待が疑われるときは国民全てに通告する義務があります（児童福祉法第25条）。その場合、児童相談所や福祉事務所に知らせます。保育園や幼稚園の教職員は、日常的に子どもと接する機会が多く、変化に気づきやすい立場にあります。虐待は多様なケースがあり、子どもの状況に応じた指導と、関係機関との連携が大切になります。

❷ 対応を記す必要がある

具体的な対応を記し、経過を明記することが大切です。特に親との交流には、プライバシーの保護など十分な配慮が必要です。

例
「両親ともにまだ若く、愛情の注ぎ方を間違えている面も見られ、できるだけ親と交流をとり、子どもの様子を常に把握するように努めてきた。」

❸ よい点は伸ばすように

被虐待児でも、その面のみにとらわれてはいけません。子どもを全方向から見て、よい点を伸ばす指導を記しましょう。

❹ 次の担任へのアドバイスに

教師全員で対応を話し合い、進級する担任へ引き継ぎます。本例では、子どもの心を思いやる教師の温かな気持ちが強く伝わってきます。

担任が伝えたいこと

園の方針により違いますが、私の園では毎年、家庭訪問を行っています。本児の場合では、今以上に育児放棄と虐待が進むと大変危険です。園長や専門家と相談し、本児の見守りと両親との交流を深めました。次年度も引き続き、見守りをお願いいたします。

総合評価 ★★★☆

記入例 9　マイペースで身勝手な子

4歳

■モデル（爽太）のデータ
母親（29歳）父親（32歳）、祖母の4人家族。

❶ 論旨が矛盾しないように

最初の「教師や人の話をよく聞き…」は、以降の途中で話し出す子どもの姿と矛盾しているようにもとられるので、注意が必要。

例
「教師や友だちとも分け隔てなく接することができ、自分の意見や意思をしっかりともって、それを述べることができる。」

Point! ❷ どのような指導が適切か

適切な指導を記すことで、引き継ぐ教師への最良のテキストとなります。ここはできるだけスペースを割いてください。

例
「思いを伝えるときや、話を始めるときは、相手がどんな気持ちなのか心の中で考えること。そして、周りの様子を見て、みんなと一緒に行うことの大切さを、伝えるようにした。」

❸ 子どもの特性も伝える

際立って目立つよい点や問題点ばかりでなく、必ずその子の特性を書きましょう。全ての姿を伝えるのは困難ですが、できるだけ多角的に見て判断することが肝心です。

担任が伝えたいこと

爽太くんは大人だけの環境で育ったせいか、大人びた反面、少し自己主張が強く勝手なところが見えます。でも、快活な性格はみんなに好かれて、独創的なアイデアもみんなを驚かせます。そんな長所を伸ばしていきたいと思います。

総合評価 ★★★☆

ふりがな	○□そうた		○○年度
氏名	○□爽太 年　月　日生	指導の重点等	（学年の重点） 園生活を知り、友だちと一緒に仲よく遊び、興味・関心を広げて毎日を楽しむ。
性別	男		（個人の重点） 友だちの気持ちや状況に気づいたら、仲よく行動する。
	ねらい （発達を捉える視点）		

健康	明るく伸び伸びと行動し、充実感を味わう。	指導上参考となる事項	・本児は、毎朝元気よく挨拶することができる。楽しいことを発見すると、喜んで教師や友だちにすすめる姿が見られた。
	自分の体を十分に動かし、進んで運動しようとする。		
	健康、安全な生活に必要な習慣や態度を身に付け、見通しをもって行動する。		・製作などの活動には積極的に取り組み、ていねいに作ることができる。教師や人の話をよく聞き、自分の意見もしっかりと発言できる。❶
人間関係	幼稚園生活を楽しみ、自分の力で行動することの充実感を味わう。		
	身近な人と親しみ、関わりを深め、工夫したり、協力したりして一緒に活動する楽しさを味わい、愛情や信頼感をもつ。		・反面、周りの状況を見ることができず、話の途中でも自分の意見を勝手に言ったり、自分のペースで活動を進めてしまうところがある。本児に話して聞かせると、徐々に直ってきた。❷
	社会生活における望ましい習慣や態度を身に付ける。		
環境	身近な環境に親しみ、自然と触れ合う中で様々な事象に興味や関心をもつ。		・2学期末には周りの様子をよく見て、周囲にペースを合わせて活動できるようになった。しかし、まだ相手が話していても、自分の思いが高まると勝手に感情のまま話し出すときがある。
	身近な環境に自分から関わり、発見を楽しんだり、考えたり、それを生活に取り入れようとする。		
	身近な事象を見たり、考えたり、扱ったりする中で、物の性質や数量、文字などに対する感覚を豊かにする。		・本児の快活で豊かな発想ができる特性を、状況を見る力を身につけて、伸ばしていけるよう❸引き続き指導していただきたい。
言葉	自分の気持ちを言葉で表現する楽しさを味わう。		
	人の言葉や話などをよく聞き、自分の経験したことや考えたことを話し、伝え合う喜びを味わう。		
	日常生活に必要な言葉が分かるようになるとともに絵本や物語などに親しみ、言葉に対する感覚を豊かにし、先生や友だちと心を通わせる。		
表現	いろいろなものの美しさなどに対する豊かな感性をもつ。		
	感じたことや考えたことを自分なりに表現して楽しむ。		
	生活の中でイメージを豊かにし、様々な表現を楽しむ。		

102

記入例 10 5歳 いじめっ子にみられる子

■モデル（杏樹）のデータ
母親（40歳）、父親（42歳）、祖父母の5人家族。

ふりがな	○□あき		○○年度		幼児期の終わりまでに育ってほしい姿（10の姿）	
氏名	○□杏樹 年 月 日生	指導の重点等	（学年の重点）自分でできることの範囲を広げながら、人への思いやりを深め、園生活を楽しむ。		心と体	(1)健康な
性別	女		（個人の重点）友だちの思いを受け入れながら、一緒に考え協力して楽しむ。			(2)自立心
	ねらい（発達を捉える視点）					(3)協同性
健康	明るく伸び伸びと行動し、充実感を味わう。	指導上参考となる事項	・満3歳児からの園生活も3年目に入る。最年長クラスになったことを大喜びし、本来のしっかりした活発で明朗な面を発揮しながら、自信にあふれた毎日を送ってきた。❶

・年少・年中時から引き続き、自己主張が強過ぎてしまうところの指導を続けてきたが、教師の目の届かないところでは、自我を通すあまり、友だちを脅すようなトラブルを起こしていた。❷優しさを誰に対しても出せるように、教えてあげることと命令することの違いなどを、繰り返し話して聞かせた。本児は、考える力は十分にあるため、よい面を認めていくことに努力した。一方、他の子どもには怖がっているだけでなく、自分の意志を主張し本児ともども、お互いにプラスになるように考えた。❸

・素直な心と感受性豊かな表現や思いをもち、世話好きで好奇心も旺盛な本児❹の存在を認めながら、小学校という新しい世界で、その個性を十分に伸ばしてくださることを願っている。 | | 芽生え・規範意識の | (4)道徳性・ |
	自分の体を十分に動かし、進んで運動しようとする。				との関わり	(5)社会生活
	健康、安全な生活に必要な習慣や態度を身に付け、見通しをもって行動する。				の芽生え	(6)思考力
人間関係	幼稚園生活を楽しみ、自分の力で行動することの充実感を味わう。				関わり・生命尊重	(7)自然との
	身近な人と親しみ、関わりを深め、工夫したり、協力したりして一緒に活動する楽しさを味わい、愛情や信頼感をもつ。				などへの関心・感覚	(8)数量や図形、標識や文字
	社会生活における望ましい習慣や態度を身に付ける。				による伝え合い	(9)言葉に
環境	身近な環境に親しみ、自然と触れ合う中で様々な事象に興味や関心をもつ。				豊かな感性と表現	(10)
	身近な環境に自分から関わり、発見を楽しんだり、考えたり、それを生活に取り入れようとする。					
	身近な事象を見たり、考えたり、扱ったりする中で、物の性質や数量、文字などに対する感覚を豊かにする。					
言葉	自分の気持ちを言葉で表現する楽しさを味わう。					
	人の言葉や話などをよく聞き、自分の経験したことや考えたことを話し、伝え合う喜びを味わう。					
	日常生活に必要な言葉が分かるようになるとともに、絵本や物語などに親しみ、言葉に対する感覚を豊かにし、先生や友達と心を通わせる。					
表現	いろいろなものの美しさなどに対する豊かな感性をもつ。					
	感じたことや考えたことを自分なりに表現して楽しむ。					
	生活の中でイメージを豊かにし、様々な表現を楽しむ。					

❶ よい点も見逃さないこと

いじめっ子の面だけ強調するのは、指導要録としては大減点。この例のように、その子のよさを知らせることから入ります。
【該当する10の姿ー(1)、(2)】

Point! ❷ いじめている原因を探る

このままではやや説明不足なため、本児が、なぜいじめととられる行動をしたのか伝わりません。その経緯を説明しましょう。
【該当する10の姿ー(3)、(4)】

例
「…教師の目の届かないところで、自分の思いだけで命令し、従わない子を『仲間はずれにする』などと言い怖がらせていた。悪いことはその都度注意して、我の強さを抑えるように指導し、しっかり者で明朗な長所を伸ばすようにした。」

❸ 他の子どもへの対応を記す

スペースに余裕があれば、詳しい指導の説明をするとより深く伝わります。
【該当する10の姿ー(5)、(9)】

例
「…本児に対して自分の意見をしっかりと主張し、本児ともどもプラスに転換できるように、クラスの問題としてみんなで考えてきた。」

❹ 長所を伸ばす期待を述べる

小学校の担任教師に、園生活の総決算として、子どもへの期待を伝えましょう。
【該当する10の姿ー(3)、(5)、(10)】

担任が伝えたいこと

幼稚園や保育所でも、いじめは深刻な問題です。杏樹ちゃんは、幼さゆえの我の強さを押し通して、いじめっ子になる寸前でした。本来の豊かな感受性や人見知りしない性格を伸ばせれば、きっと素晴らしい小学生になることでしょう。

総合評価 ★★★☆

第4章 指導要録実例集　記入例9／4歳・記入例10／5歳

103

記入例 11

5歳

日本語が苦手な外国籍の子

■モデル（アンディ）のデータ
母親（24歳）、父親（30歳）。
来日1年の家族。

ふりがな	○□あんでぃ		○○年度	幼児期の終わりまでに育ってほしい姿（10の姿）	
氏名	○□アンディ	指導の重点等	（学年の重点）感謝の気持ちと思いやりの心をもって、みんなと行動する大切さを知る。（個人の重点）友だちや教師と一緒に園生活を楽しみ、基本的な生活習慣を身につける。	(1)	心と体健康な
	年　月　日生			(2)	自立心
性別	男			(3)	協同性
ねらい（発達を捉える視点）				(4)	道徳性・規範意識の芽生え
健康	明るく伸び伸びと行動し、充実感を味わう。	指導上参考となる事項	・6月中旬からの入園で、仕事で来日した両親とも○○国籍で、日本語は全く話せない。寂しさと母国への恋しさからか、入園当初は大泣きしていた。❶ ・本児が安心できるようにスキンシップを多くとり、常に教師が手をつないで、一緒に過ごすようにしてきた。面倒みのよい子に頼んで、あそびの輪に積極的に入れてもらうようにしたり、絵本やお話などを通して、本児の国や地域のことを、他の園児に理解を深められるように努めた。保護者ともできるだけ連絡をとるようにした。❷ ・観察力があり、周りの様子をよく見ているので、身の回りのことや片づけなどは、すぐにまねして身につけた。11月ころには会話も上達し、「幼稚園は楽しい」と家で話すようになった。2学期末の発表会では、歌や劇を披露し観客を驚かせた。 ・3学期にはすっかり園生活に馴染み、友だちと悪ふざけが過ぎて注意されるほどになった。健康面でも大きく成長した。❸	(5)	社会生活との関わり
	自分の体を十分に動かし、進んで運動しようとする。			(6)	思考力の芽生え
	健康、安全な生活に必要な習慣や態度を身に付け、見通しをもって行動する。			(7)	自然との関わり・生命尊重
人間関係	幼稚園生活を楽しみ、自分の力で行動することの充実感を味わう。			(8)	数量や図形、標識や文字などへの関心・感覚
	身近な人と親しみ、関わりを深め、工夫したり、協力したりして一緒に活動する楽しさを味わい、愛情や信頼感をもつ。			(9)	言葉による伝え合い
	社会生活における望ましい習慣や態度を身に付ける。			(10)	豊かな感性と表現
環境	身近な環境に親しみ、自然と触れ合う中で様々な事象に興味や関心をもつ。				
	身近な環境に自分から関わり、発見を楽しんだり、考えたり、それを生活に取り入れようとする。				
	身近な事象を見たり、考えたり、扱ったりする中で、物の性質や数量、文字などに対する感覚を豊かにする。				
言葉	自分の気持ちを言葉で表現する楽しさを味わう。				
	人の言葉や話などをよく聞き、自分の経験したことや考えたことを話し、伝え合う喜びを味わう。				
	日常生活に必要な言葉が分かるようになるとともに、絵本や物語などに親しみ、言葉に対する感覚を豊かにし、先生や友達と心を通わせる。				
表現	いろいろなものの美しさなどに対する豊かな感性をもつ。				
	感じたことや考えたことを自分なりに表現して楽しむ。				
	生活の中でイメージを豊かにし、様々な表現を楽しむ。				

❶ 状況を憶測で書かないこと

子どもの状況は、例文では憶測でしかありません。寂しいのは本当でしょうが、あくまで現実と観察に基づいて書きましょう。

例　【該当する10の姿—(1)】

「…本児も言葉がわからず、また環境の変化にも不安がつのり、毎日のように大泣きしていた。」

Point! ❷ 保護者との関係が大事

保護者の思いを理解し、ていねいなコミュニケーションをとることで、保護者が安心して子育てできることが大事です。その対応や過程も述べるとよいでしょう。

例　【該当する10の姿—(9)】

「安心して子育ての相談ができる場所を設け、園だよりは読み方やローマ字を使うなどし、保護者をフォローした。」

❸ 健康面での変化も触れる

体の成長がややもの足りません。できればもう少し詳しく書ければベストです。

例　【該当する10の姿—(1)】

「入園前は国の生活様式の違いからか、ベビーカーでの移動が多く、脚力が弱く歩行や走りがぎこちなかったが、3学期には他の児童と遜色がなくなった。」

担任が伝えたいこと

国際化が進んで多文化に触れることが多くなってきました。他にも本児のように日本語が話せない子がいます。言語や宗教、生活習慣の違いなどを他の子どもたちに教え、分け隔てのない園生活を楽しんでもらいたいと思います。

総合評価 ★★★☆

104

記入例 12　5歳

特定の子としか遊ばない子

■モデル（希深）のデータ
母親（31歳）父親（37歳）、1歳妹の4人家族。

ふりがな	○□のぞみ		○○年度		幼児期の終わりまでに育ってほしい姿（10の姿）
氏名	○□希深　年　月　日生	指導の重点等	（学年の重点） 自己の力を十分発揮しながら、いろいろな活動に興味をもち、意欲的に取り組む。 （個人の重点） たくさんの友だちと関わりをもち、楽しい園生活を送る。		(1)心と体　健康な
性別	女				(2)自立心
ねらい（発達を捉える視点）					(3)協同性
健康	明るく伸び伸びと行動し、充実感を味わう。	指導上参考となる事項	・転入園当初の本児は、新しい環境に緊張し口数も少なかった。教師はスキンシップを多くとり、他の子どもたちにも本児に目が向くように、声かけをした。6月ころからは、笑顔で登園し他の子たちとも打ち解けていった。 ・本児はリーダーシップがあり、みんなとのあそびを展開させていくことができる。反面、一人の特定の子と遊ぶことが多く、その子が他のあそびへ移ったり、本児の誘いに乗らないと、怒ることがあったため、教師が声かけ指導を行った。❶教師による指導で、本児は友だちと新たな交友関係を広げていった。❷2学期末には、自分からいろいろな友だちに声をかけ、持ち前のリーダーシップを発揮し、楽しく遊ぶ姿が見られた。 ・本児は進学による環境の変化で、また独善的な人間関係に陥る恐れもある❸ので、十分な援助をしていってほしい。		(4)道徳性・規範意識の芽生え
	自分の体を十分動かし、進んで運動しようとする。				(5)社会生活との関わり
	健康、安全な生活に必要な習慣や態度を身に付け、見通しをもって行動する。				(6)思考力の芽生え
人間関係	幼稚園生活を楽しみ、自分の力で行動することの充実感を味わう。				(7)自然との関わり・生命尊重
	身近な人と親しみ、関わりを深め、工夫したり、協力したりして一緒に活動する楽しさを味わい、愛情や信頼感をもつ。				(8)数量や図形、標識や文字などへの関心・感覚
	社会生活における望ましい習慣や態度を身に付ける。				(9)言葉による伝え合い
環境	身近な環境に親しみ、自然と触れ合う中で様々な事象に興味や関心をもつ。				(10)豊かな感性と表現
	身近な環境に自分から関わり、発見を楽しんだり、考えたり、それを生活に取り入れようとする。				
	身近な事象を見たり、考えたり、扱ったりする中で、物の性質や数量、文字に対する感覚を豊かにする。				
言葉	自分の気持ちを言葉で表現する楽しさを味わう。				
	人の言葉や話などをよく聞き、自分の経験したことや考えたことを話し、伝え合う喜びを味わう。				
	日常生活に必要な言葉が分かるようになるとともに、絵本や物語などに親しみ、言葉に対する感覚を豊かにし、先生や友達と心を通わせる。				
表現	いろいろなものの美しさなどに対する豊かな感性をもつ。				
	感じたことや考えたことを自分なりに表現して楽しむ。				
	生活の中でイメージを豊かにし、様々な表現を楽しむ。				

❶ 教師は何を理解したのか

このままでは、本児の問題点について、教師が何を思いどう対応したのか伝わりません。しっかりと思いを示す必要があります。

【該当する10の姿―(3)、(4)、(9)】

例
「教師は、本児のその友だちと遊びたい気持ちを受け止めつつ、相手の子の気持ちも考えてみるように声をかけていった。本児は何が悪かったのかを理解し、友だちに素直に謝った。」

Point! ❷ 指導は今後の参考に記すこと

教師の対処は個人によりいろいろですが、子どもの心に入る理解と洞察が大切です。ここも、スペースが許す限り、実際の指導を書いてほしいところです。

【該当する10の姿―(3)、(4)、(9)】

例
「特定の子だけでなく、他の子どもにも本児が興味、関心をもち交流できるように、教師と一緒にあそびに誘ったり、みんなで活動する機会を増やすなどした。その結果新たな交友関係を広げることができた。」

❸ 次への引き継ぎが大切

本児の陥りやすい心の動きを、あらかじめ明記しておくことが大切です。お願いとともに教師の思いが伝わります。

【該当する10の姿―(1)、(5)】

担任が伝えたいこと
希深ちゃんは、本来は利発で明るい子なのですが、転入園による不安から、このような行動をとってしまいました。現在は自分から進んで友だちに声をかけ遊んでいます。この快活でリーダーシップあふれる姿を伸ばしていきたいです。

総合評価 ★★★☆

第4章　指導要録実例集　記入例11・12／5歳

記入例 13 特別な配慮が必要な子

4～5歳（2年保育）

モデル（圭輔）のデータ：母親（27歳）、父親（37歳）と誕生したばかりの0歳妹の4人家族。発育の遅れがわかり悩んでいる。

ふりがな	○□けいすけ	指導の重点等	○○年度	○○年度	幼児期の終わりまでに育ってほしい姿（10の姿）
氏名	○□圭輔 年 月 日生		（学年の重点） 友だちとのあそびの中で、友だちの行動の思いと心の動きに気づく。	（学年の重点） さまざまな経験や活動を通して、思考力、行動力、表現力を身につける。	(1)心と体 健康な
性別	男		（個人の重点） 簡単な身の回りのことは、自分でやる。	（個人の重点） 自分の思ったことを言葉で伝え、みんなの行動に合わせて活動する。	(2)自立心
ねらい（発達を捉える視点）					
健康	明るく伸び伸びと行動し、充実感を味わう。 自分の体を十分に動かし、進んで運動しようとする。 健康、安全な生活に必要な習慣や態度を身に付け、見通しをもって行動する。	指導上参考となる事項	・6月から転入園する。先天性の障害のため、発育に遅れが見られる。❶言語や運動の能力は決して低くはないが、小柄で体力がなく病気にかかりやすい。 ・着脱や片づけは補助が必要。楽に着替えができるため、教師に頼りがちになる。❷ ・担任以外に、本児専任の補助教師をつけている。できるだけ自分でできることは、多少時間がかかっても行わせるように園で決め、教師が気をつけて見守った。 ・言葉に出して、自分の意志を伝えようとすることが少ない。 ・飲み込む力が弱く、完食まで時間がかかり補助も必要だった。❸ ・個人的な援助はたくさん必要だが、優しい性格で、教師や友だちにも決して怒らない。その面を理解し、伸ばせるようにしていきたい。	・進級でのクラス替えにより、部屋や担任が変わったことはすぐに理解し、自分のマークも覚えた。年中時同様に依頼心が強く、自分だけでできることも教師や友だちが手助けしてくれるのを待っていた。その後、できることはするように促した。❹ ・本児は人懐っこい性格で、初対面の子どもにも笑顔を見せる。友だちのことは大好きである。❺説明を聞いて行動したり、一斉活動で長時間みんなと一緒に行動することは難しいが、自分でやりたいあそびは見つけられる。ただし、一つのあそびの集中時間は短い。歌や運動は苦手だが、音楽を聞いたり、絵本を見たりするのを好む。 ・学年の後半❻には、自分で行う環境を整えると大きく成長し、難しいことだけ補助を依頼するようになり、お礼もしっかりと言えるようになった。本児なりに急ぎ、周りのペースに合わせようと努める。今後も引き続き配慮をお願いしたい。	(3)協同性 (4)道徳性・規範意識の芽生え (5)社会生活との関わり (6)思考力の芽生え (7)自然との関わり・生命尊重 (8)数量や図形、標識や文字などへの関心・感覚 (9)言葉による伝え合い (10)豊かな感性と表現
人間関係	幼稚園生活を楽しみ、自分の力で行動することの充実感を味わう。 身近な人と親しみ、関わりを深め、工夫したり、協力したりして一緒に活動する楽しさを味わい、愛情や信頼感をもつ。 社会生活における望ましい習慣や態度を身に付ける。				
環境	身近な環境に親しみ、自然と触れ合う中で様々な事象に興味や関心をもつ。 身近な環境に自分から関わり、発見を楽しんだり、考えたり、それを生活に取り入れようとする。 身近な事象を見たり、考えたり、扱ったりする中で、物の性質や数量、文字などに対する感覚を豊かにする。				
言葉	自分の気持ちを言葉で表現する楽しさを味わう。 人の言葉や話などをよく聞き、自分の経験したことや考えたことを話し、伝え合う喜びを味わう。 日常生活に必要な言葉が分かるようになるとともに、絵本や物語などに親しみ、言葉に対する感覚を豊かにし、先生や友だちと心を通わせる。				
表現	いろいろなものの美しさなどに対する豊かな感性をもつ。 感じたことや考えたことを自分なりに表現して楽しむ。 生活の中でイメージを豊かにし、様々な表現を楽しむ。				

【4歳】　　　【5歳】

1 発育の状況は詳しく

できるだけ、発育の遅れに関することは詳しく書くようにします。病名や医学的なことも書かれていれば、引き継ぎ時に重要な情報となります。

2 補助より対応を書くこと

このままでは、一面の事実のみです。本児にどのように接したかがポイントです。

例
「自分でできないことも多いが、できることもなかなか取り組もうとしないので、繰り返し声をかけて励まし、少しの成功でもたくさんほめるように接してきた。」

3 給食への対応が必要

進学時には、給食への対応が求められます。園での補助をていねいに書くことが必要となります。

例
「給食や誕生会などの飲食時に、むせてもどしてしまうことがある。ある程度時間をかけてゆっくりと、1口でもがんばれるように見守ったところ、徐々にもどす回数が減ってきた。」

4 周りの理解を説明する

ここでは、どのように他の子どもたちへ知らせたかの説明が大切です。本児への対応は、周りの協力も含めたものだからです。　【該当する10の姿―(1)、(2)】

例
「…他の子どもに、本児の成長のためであることを説明し、基本的な所持品の始末などは時間がかかっても、本児一人でやるように促した。」

Point! 5 よい面も必ず述べること

ハンディ面ばかりでなく、長所も見つかるはずです。それが次の成長への手がかりにもなるのです。
【該当する10の姿―(1)、(5)】

例
「友だちが大好きで、いつも名前を呼んだり、欠席の日は心配して教師に聞くなどの思いやりを見せる。」

6 詳細な情報が役立つ

スペースがあるなら、配慮をできるだけ時系列で詳しく説明しておくと、進学先の教師の手助けとなります。

例
「2学期までは、昼食時に眠くなり昼寝をしていたが、体力面も育ち3学期には元気に一日を送っている。新しい活動ではわからず泣くことも多いが、1対1で説明すると理解して、次の行動に移れる。」

担任が伝えたいこと

圭輔くんは、発育に遅れが見られますが、優しい気持ちをもった明るい子です。ご両親、特に母親が孤立しないように、連絡帳や面談で細かく連絡をとり合い、地域の関係者にも相談しました。今後、小学校に上がると、また違う生活になり本児も戸惑うことが多いと思います。担任の先生に少しでも、圭輔くんのことが伝えられたらよいと思い書いています。

総合評価

★★★★☆

発育に遅れが見られ、特別な配慮が必要な本児の2年間の育ちが、よく伝えられています。音楽・絵本好きなど、本児の長所である豊かな感性【10の姿―⑩】の部分をもう少し述べてもよかったかもしれません。

第4章 指導要録実例集　記入例13／4～5歳

記入例 14 何でもがんばり過ぎる子

4～5歳（2年保育）

モデル（朱璃）のデータ　母親（31歳）、父親（35歳）、祖父母の5人家族。自営業のため、家族全員で働いている。

ふりがな	○□あかり		○○年度	○○年度	幼児期の終わりまでに育ってほしい姿（10の姿）
氏名	○□朱璃　年　月　日生	指導の重点等	（学年の重点）友だちとあそびの中で、友だちの行動や思いに気づく。	（学年の重点）感謝の気持ちと、思いやりの心をもって行動する大切さを知る。	(1)健康な心と体
性別	女		（個人の重点）友だちとともに、いろいろなあそびの楽しさを経験する。	（個人の重点）いろいろな活動に意欲的に取り組み、園生活を十分に楽しむ。	(2)自立心
ねらい（発達を捉える視点）					
健康	明るく伸び伸びと行動し、充実感を味わう。／自分の体を十分に動かし、進んで運動しようとする。／健康、安全な生活に必要な習慣や態度を身に付け、見通しをもって行動する。	指導上参考となる事項	・他人を頼らず、何事も意欲的に挑戦することができる。独立心が強い反面、相手の気持ちより自分の思いを優先してしまう面がある。 ・本年4月の入園当初は、生活リズムに慣れるまで時間がかかり、朝の身支度ができないまま遊び始めることがあった。❶ ・家庭での経験不足から、衣服の着脱が苦手。援助をしているうちに、自分でがんばり自らの衣服の管理ができるようになった。 ・言葉のやりとりがぎこちなく、友だちとのコミュニケーションがうまくいかないときがある。❷ ・自分の思いを主張し過ぎて、友だちに怒ったような態度で接することが多かったが、きつい言い方にならないように助言していくと、❸少しずつ素直に謝ることができるようになってきた。 ・体を動かすあそびや運動は好まないが、特に苦手だった鉄棒のぶら下がりに一生懸命取り組み、できるようになった。	・進級当初は新しいクラスに緊張していたが、仲のよい友だちと、ままごとや積み木をするようになり、次第に馴染んでいった。 ・異年齢児とも仲よく遊び、優しく声をかけることができる。降園時には、教師のあと片づけを進んで手伝ってくれた。❹ ・きっちりとしたルールのあるあそびを好み、理解力はあるが、がんばってやり過ぎる面もある。他の子のルール違反や、ミスにこだわり過ぎることがあった。 ・5月ころには体育指導を通して、体を動かすあそびにも積極的になり、鬼ごっこや駆けっこ楽しむようになった。製作はあまり器用ではないが、折り紙にも興味をもち始めている。❺ ・好奇心旺盛で、何事にも一生懸命に取り組む本児の素直さを、真っすぐ伸ばしていってもらえる指導をお願いしたい。❻	(3)協同性／(4)道徳性・規範意識の芽生え／(5)社会生活との関わり／(6)思考力の芽生え／(7)自然との関わり・生命尊重／(8)数量や図形、標識や文字などへの関心・感覚／(9)言葉による伝え合い／(10)豊かな感性と表現
人間関係	幼稚園生活を楽しみ、自分の力で行動することの充実感を味わう。／身近な人と親しみ、関わりを深め、工夫したり、協力したりして一緒に活動する楽しさを味わい、愛情や信頼感をもつ。／社会生活における望ましい習慣や態度を身に付ける。				
環境	身近な環境に親しみ、自然と触れ合う中で様々な事象に興味や関心をもつ。／身近な環境に自分から関わり、発見を楽しんだり、考えたり、それを生活に取り入れようとする。／身近な事象を見たり、考えたり、扱ったりする中で、物の性質や数量、文字などに対する感覚を豊かにする。				
言葉	自分の気持ちを言葉で表現する楽しさを味わう。／人の言葉や話をよく聞き、自分の経験したことや考えたことを話し、伝え合う喜びを味わう。／日常生活に必要な言葉が分かるようになるとともに、絵本や物語などに親しみ、言葉に対する感覚を豊かにし、先生や友だちと心を通わせる。				
表現	いろいろなものの美しさなどに対する豊かな感性をもつ。／感じたことや考えたことを自分なりに表現して楽しむ。／生活の中でイメージを豊かにし、様々な表現を楽しむ。		【4歳】	【5歳】	

1 指導と成長を記録する

事例だけでなく、もう少し踏み込んだ育ちの記録を書くと広がりが出ます。

例

「…朝の身支度が遅れそうになると、その都度、教師が声かけをし促すことで、6月には自分でできるようになった。」

2 誤解させる書き方をしない

今の表現のままでは、本児の悪い面のみが強調されます。どのように克服したのかを書き、引き継ぐことが大切なのです。

例

「…スムーズにいかず、友だちとのあそびの中で孤立してしまうことがあったが、周りの理解と本児の経験の積み重ねで、徐々に打ち解けられるように変わった。」

3 あとの担任に役立つ助言

❷と同じように、教師の指導が書かれていないと、その対応は伝わりません。

例

「…相手のことを考え、優しい口調で自分の思いを伝えることの大切さを、繰り返し見本を見せながら指導すると、…」

担任が伝えたいこと

朱璃ちゃんは、2年間とてもがんばり屋さんでした。家庭環境から大人ばかりの中で育ち、自分の思いが全て伝えられたかはわかりませんが、本児なりの対応で生きてきたのです。本児はどこにでもいる、よい点も注意したい点もある、ごく普通の子です。園生活で育てた優しさと好奇心を伸ばして、素敵な小学生になってほしいと思いながらまとめました。

Point! 4 よいがんばりも伝える

豊富なエピソードがあればあるほど、指導が立体的に伝わります。本児の姿もイキイキと見えてきます。

【該当する10の姿ー⑵、⑸】

例

「…周りをよく見て、ゴミが落ちていないかチェックしたり、机にイスを上げるなど、教師を手伝ったりしてくれた。」

5 表現に注意したいこと

「器用ではない…」と切って捨てるような書き方はダメです。あくまで本児のよい点を基準に考えてください。

【該当する10の姿ー⑽】

例

「製作はあまり得意なほうではないが、折り紙では教師が本児のペースに合わせ、1手順ずつやり方を説明して進めたところ、徐々に最後まであきらめずに挑戦する姿が見られた。」

6 本児への願いと思いを伝える

小学校に入学しても、本児の長所が伝わっていないとよくありません。あくまで主観を排しつつ、次のステップへ引き継げるようにしましょう。

【該当する10の姿ー⑴、⑵】

総合評価

★★★☆

本児のいろいろな面を全て書くことは不可能ですが、2年間の育ちのポイントを伝えるには十分でしょう。気になることだけでなく期待感をもたせるまとめ方をしていることが評価できます。

第4章 指導要録実例集 記入例14／4〜5歳

記入例 15 うそをついてしまう子

4～5歳（2年保育）

モデル（未来也）のデータ：母親（36歳）、父親（36歳）、祖父母の5人家族。

ふりがな	○□みきや		○○年度	○○年度	幼児期の終わりまでに育ってほしい姿（10の姿）
氏名	○□未来也 年　月　日生	指導の重点等	（学年の重点） 基本的生活習慣を身につけ、教師や友だちと感情を共感でき、安心して遊ぶ。	（学年の重点） 感謝の気持ちや、思いやりの心をもって行動することの大切さを知る。	(1)健康な心と体
性別	男		（個人の重点） 集中して物事に取り組み、友だちと一緒に楽しむ。	（個人の重点） 落ち着いて話を聞き、みんなと一緒に行動できる。	(2)自立心
	ねらい (発達を捉える視点)				
健康	明るく伸び伸びと行動し、充実感を味わう。	指導上参考となる事項	・入園当初から幼稚園が大好きで、教師や友だちとスキンシップをとったり、おどけておもしろいことをして笑わせていた。 ・人懐っこいが繊細過ぎる面があり、幼さを見せるときがある。友だちから言われた些細なことを気にして泣いたり、注意されると必要以上にショックを受け、ふさぎ込んだりする。教師が声かけをするうちに、<u>信頼関係ができた。</u>❶ ・楽しいと感じると夢中になり、やりたい気持ちが先走り、クラス全体での説明を集中して聞くことができなくなることが多い。<u>集中して聞けるように指導してきた。</u>❷ ・引っ越しによる家庭環境の変化で、<u>夜間時のオムツが外せないでいる。</u>❸ ・製作あそびでは、子どもらしい伸び伸びとした発想で、自分の作品を完成させることに喜びを得て、自信をもって行っていた。 ・3学期には集中力もつき、落ち着きも出てきたので、今後も様子を見て人懐っこい性格のよい点を伸ばす指導をしてほしい。	・進級当初から、年長組にしかない遊具に大喜びで遊んでいた。友だちの輪にもスムーズに入ることができた。 ・友だち間でトラブルが起きると、反論できずに泣きながら教師に訴えることがあった。トラブルでの不満を言えないときは、相手の持ち物や園の遊具を隠したりしたことがあった。<u>何度か続いたため、注意をしたところ反省し隠さなくなった。</u>❹ ・教師に友だちや家族、見たことなどの作り話をすることが多くあった。悪戯の言い訳などでうそをつくのではないので、<u>教師が聞いてあげるようにしているうちに、作り話はなくなった。</u>❺ ・小学校へ向けての活動を楽しみ、文字や数字を書くことを得意としていた。たまに興味のない話になると、友だちとの会話に夢中になり、集中力を欠くことがある。全体の中では幼さが目立ち、やや落ち着きに欠ける面があるため、引き続き個別の指導が必要と思われる。	(3)協同性
	自分の体を十分に動かし、進んで運動しようとする。				
	健康、安全な生活に必要な習慣や態度を身に付け、見通しをもって行動する。				(4)道徳性・規範意識の芽生え
人間関係	幼稚園生活を楽しみ、自分の力で行動することの充実感を味わう。				
	身近な人と親しみ、関わりを深め、工夫したり、協力したりして一緒に活動する楽しさを味わい、愛情や信頼感をもつ。				(5)社会生活との関わり
	社会生活における望ましい習慣や態度を身に付ける。				
環境	身近な環境に親しみ、自然と触れ合う中で様々な事象に興味や関心をもつ。				(6)思考力の芽生え
	身近な環境に自分から関わり、発見を楽しんだり、考えたり、それを生活に取り入れようとする。				
	身近な事象を見たり、考えたり、扱ったりする中で、物の性質や数量、文字などに対する感覚を豊かにする。				(7)自然との関わり・生命尊重
言葉	自分の気持ちを言葉で表現する楽しさを味わう。				(8)数量や図形、標識や文字などへの関心・感覚
	人の言葉や話などをよく聞き、自分の経験したことや考えたことを話し、伝え合う喜びを味わう。				
	日常生活に必要な言葉が分かるようになるとともに、絵本や物語などに親しみ、言葉に対する感覚を豊かにし、先生や友だちと心を通わせる。				(9)言葉による伝え合い
表現	いろいろなものの美しさなどに対する豊かな感性をもつ。				
	感じたことや考えたことを自分なりに表現して楽しむ。				(10)豊かな感性と表現
	生活の中でイメージを豊かにし、様々な表現を楽しむ。				
			【4歳】	【5歳】	

1 指導は子どもの目線で

子どもの立場を考えて声かけをしてあげることが大切です。指導の仕方は次年度に役立つので、記したほうがベストでしょう。

例
「教師は本児にあまり気にし過ぎないで、自分の思いを話したり、注意された点をよく考えて直すなど、自分の力で対応するように声かけをした。」

2 具体的な指導は共通

集中力の欠如などは、多くの子どもに見られます。具体的な対応を書くことで、教師への方法論として普遍化されます。

例
「クラスに説明する際は、本児に事前にこれから話をすることを伝え、集中して聞けるように援助し、さらに説明後、活動に入る前に理解できているかを確認するなどの対処をした。」

3 健康のことはていねいに書く

病気による異常ではないのですが、本児のマイナスイメージにもなります。また、引き継ぐ担任へも、正確な情報を示したほうがよいでしょう。

例
「園においても排便に失敗することがあったが、教師に手伝ってもらいながら、自分で始末し克服しようとしている。」

Point! 4 大切な指導はていねいに

本児の抱える問題への指導で、最も重要なところです。このような指導は、できる限り詳しく書くようにしましょう。　【該当する10の姿―(4)】

例
「本児の思いを受け止めながらも、人の物を隠すことの是非を、真剣に考えられるように繰り返し話した。初めはなかなか自分の非を認められずにいたが、2学期後半になり、自分の気持ちを言えるようになってからは素直に謝り、反省して二度とやらないようになった。」

5 子どもの思いが大切

子どもの育ちは千差万別です。その姿を記して、成長を図ることが大切なのです。　【該当する10の姿―(4)】

例
「本児のうそを責めないで、じっと聞いてあげお話の世界を共有するように努めた。やがて作り話でなく、自分の体験や思ったことを言葉にするようになった。」

チェック！ 作り話を責めないこと

幼児は、現実と空想を混合しがちで、自分でもうそをついている自覚はありません。作り話の多い子は、内面の世界で遊んでいるだけで悪気はないのです。教師は子どもの希望や夢だと捉えて、うそを責めないでください。ただ、現実的な適応力が乏しい面もあります。

担任が伝えたいこと

未来也くんは、ちょっと幼さが残るかわいい子です。教師にも友だちにも本当の思いを、言葉で表すことができないもどかしさが、ちょっとした悪戯を引き起こしたのでしょう。子どもたちの日常を教師がつぶさに観察することは事実上不可能です。だから、子どもの目線で感じ考えて、指導していきたいと思います。その姿をしっかりとどめておきましょう。

総合評価

2年間の流れがよく記録されています。教師とのやりとりにより、規範意識が芽生え始めた本児の成長は、小学校での指導にきっと役立つはずです。本要録からは、教師の細やかな視線を感じます。

記入例 16

3〜5歳（3年保育）

3年間預かり保育の子

モデル（輝光）のデータ：母親（35歳）、父親（30歳）、兄9歳、姉8歳の5人家族。3歳入園時より、母親が働き始める。

ふりがな	○□きらり			
氏名	○□輝光　年　月　日生	指導の重点等	○○年度	○○年度
性別	女		（学年の重点） 教師や友だちと親しみ、触れ合いながら安心してあそびを楽しむ。	（学年の重点） 友だちとの関わりを深め、あそびの中で友だちの行動の意味や思いに気づく。
ねらい（発達を捉える視点）			（個人の重点） 安定した友だち関係を築き、自分の思いを伝えながら遊べるようにする。	（個人の重点） 基本的な生活習慣を身につけ、自分のことは自分で進んで行う。

健康	明るく伸び伸びと行動し、充実感を味わう。 自分の体を十分に動かし、進んで運動しようとする。 健康、安全な生活に必要な習慣や態度を身に付け、見通しをもって行動する。	指導上参考となる事項	・入園当初から友だちと遊べることを喜び、笑顔で登園してきた。積極的にあそびを楽しみ、交友関係を広げていった。 ・自分の思い通りにしたい気持ちが強く、あそびの中で意見が合わないときや、したいことができなかったときは癇癪を起こして大泣きした。<u>教師が間に入り、受け入れられるようになった。</u>① ・身支度に集中して取り組めず、周りに気が散り時間がかかっていた。本児と目標の時間を決めるなど指導していった。 ・3月期から母親の仕事のため、<u>預かり保育をするようになり、製作やみんなで遊ぶ楽しさを知り成長した。</u>② ・明るくひょうきんな性格で、友だちや教師を笑わせて喜ぶ一面もある。 ・数字が好きで、通園バスの車窓から見えた数字を読んだり、トランプに関心を示すなどした。変わった形を発見し、何かに見立てて友だちに話すなど、<u>豊かな想像力をもっている。今後も豊かな感性を伸ばしていってもらいたい。</u>③	・新しい担任に緊張し、進級当初は話しかけても固まって返事ができず、困ったことがあっても言い出せなかった。教師が積極的に関わり、信頼関係を深めた結果、親しみをもって接するようになった。 ・発想力が豊かで、おもしろいあそびを提案してリーダーシップをとりながら遊ぶ姿がたびたび見られた。 ・製作が大好きで、工作や共同で工作をするときは時間をかけていねいに作っていた。しかし、1学期後半ころから、製作から次の活動への気持ちの区切りができず、片づけが進まないことがあった。<u>声かけを繰り返し直していった。</u>④ ・降園準備に時間がかかり、他の子を待たせることが多くあった。3学期になると、早くできるようになり、⑤<u>お話の時間も十分に楽しめるようになった。</u> ・母親の就労のため、早朝からの登園と帰りも最後まで預かり保育を行う。<u>本児も徐々に慣れていったようである。</u>⑥本児の様子に合わせて、引き続いての声かけをお願いしたい。
人間関係	幼稚園生活を楽しみ、自分の力で行動することの充実感を味わう。 身近な人と親しみ、関わりを深め、工夫したり、協力したりして一緒に活動する楽しさを味わい愛情や信頼感をもつ。 社会生活における望ましい習慣や態度を身に付ける。			
環境	身近な環境に親しみ、自然と触れ合う中で様々な事象に興味や関心をもつ。 身近な環境に自分から関わり、発見を楽しんだり、考えたり、それを生活に取り入れようとする。 身近な事象を見たり、考えたり、扱ったりする中で、物の性質や数量、文字などに対する感覚を豊かにする。			
言葉	自分の気持ちを言葉で表現する楽しさを味わう。 人の言葉や話などをよく聞き、自分の経験したことや考えたことを話し、伝え合う喜びを味わう。 日常生活に必要な言葉が分かるようになるとともに絵本や物語などに親しみ、言葉に対する感覚を豊かにし、先生や友だちと心を通わせる。			
表現	いろいろなものの美しさなどに対する豊かな感性をもつ。 感じたことや考えたことを自分なりに表現して楽しむ。 生活の中でイメージを豊かにし、様々な表現を楽しむ。			
			【3歳】	【4歳】

	○○年度
(学年の重点)	感謝の気持ちと、思いやりの心をもって行動する大切さを知る。
(個人の重点)	思いやりと優しい気持ちで、友だちに接し活動に取り組む。

- 進級したことを喜び、小さな子や新たに入ってきた子に、遊具の場所や教師の名前を教えてあげていた。

- 本児は積極的に自分の考えや思いを伝えられる性格だが、他の子の発表や教師が大事な話をしているときに、勝手に発言し、結果、発表や話を理解していないことがあった。教師が注意することで、徐々になくなっていった。❼

- 屋外でも、鬼ごっこやリレーなど、体を動かすあそびに積極的だが、始めにしっかりとルールを伝えようとするあまり、強い口調になりトラブルになることも多かった。次第に友だちの意見を聞くようになり、安定して遊べるようになった。

- 歌やセリフを覚えることが得意で、クリスマス会や卒園式の歌も、楽しみながらいち早く覚えた。

- 母親の仕事の関係で最後まで預かり保育となったが、本児は寂しさやいろいろな思いを乗り越え成長した。進学してもその育ちを継続して、創造性豊かな子に指導していただきたいと思う。❽

【5歳】

幼児期の終わりまでに育ってほしい姿（10の姿）
(1) 健康な心と体
(2) 自立心
(3) 協同性
(4) 道徳性・規範意識の芽生え
(5) 社会生活との関わり
(6) 思考力の芽生え
(7) 自然との関わり・生命尊重
(8) 数量や図形、標識や文字などへの関心・感覚
(9) 言葉による伝え合い
(10) 豊かな感性と表現

❶ 指導は詳しく書く

本児が他の子どもたちと関係を受け入れる過程が大事です。次の担任に引き継ぐためにも、ていねいに過程をたどりましょう。

例
「教師は本児の気持ちを受け止めながら、相手の思いに気づくことができるように話をした。教師が間に入ることで、7月には友だちの話も聞く姿が見られた。」

Point! ❷ 預かり保育の問題を書く

保育の現場は、決してよいことばかりではありません。本児が預かり保育に慣れるまでは、重要なことなので記しましょう。

例
「…預かり保育を行うようになった当初は、母親を恋しがって泣き出したり、友だちとトラブルになったりした。しかし、得意な製作や工作を他の預かり保育の子たちと楽しむうちに、みんなで遊ぶ喜びを知り、徐々に預かりに慣れていった。」

❸ 次へのバトンタッチを

本児の長い保育記録の始まりです。次の担任へ、期待と要望をしっかりと伝えます。それが子どもたちの育ちへの、バトンの受け渡しをする者の責任でもあります。

❹ 声かけだけではわからない

❶と同じように、スペースがあれば詳しい指導を書くとよいでしょう。

例
「『次の製作までよく考えておこうね』と本児の気持ちを受け止めつつ、次のステップへ進む声かけをするうちに、次第に区切りをつけられるようになった。」

第4章 指導要録実例集　記入例16／3〜5歳

❺ 子どもの育ちは逃さない

ここでの本児の成長を省くと、せっかくの記録が薄くなります。観察してきた育ちを、的確に記すことが大事です。

例
「…3学期になり、本児自身が次年度への期待を抱くようになって、教師も驚くほど手際よく準備ができるようになり…」

❻ 憶測でなく事例をあげること

「～ようである」は使ってはいけない表現です。あくまで憶測、推測で書かず、事実関係をのべることが原則です。

例
「2学期初めまでは寂しがっていたが、徐々に明るく面倒みのよい性格を発揮し、異年齢の子どもたちとも、仲よくブロックあそびなどを楽しみ、小さな子の面倒もよくみていた。」

チェック！
預かり保育と子ども

預かり保育は全国の幼稚園でも増えていますが、幼稚園側でも施設の整備や安全上の配慮など工夫が求められます。本児のように入園当初から行う場合はもちろん、預かり保育の受け入れは、保護者との連携がポイントです。

❼ ただ注意しただけではダメ

自分の意見を言える本児の長所を、教師は認めてあげることも大切です。その上で指導したことを書きましょう。
【該当する10の姿―(3)、(4)、(5)】

例
「教師は本児が積極的に発言できることを認め受け入れながらも、反対に相手の話や意見をしっかり聞かなくてはいけないことを伝えると、すぐに理解しこのような姿は少しずつなくなっていった。」

❽ 継続する課題を伝える

預かり保育は修了しても、本児の育ちが終わったわけではありません。園を終えた後にも今後の課題は残ります。その点がしっかりと書かれており、評価できます。
【該当する10の姿―(10)】

担任が伝えたいこと

輝光ちゃんは、しっかりと自分の価値観や思いをもっています。兄弟が多いためか自立心も強いのですが、他の子にも自分の考えを強制しがちでした。それでも預かり保育が始まった当初は、泣いていたときもありました。3年間よく寂しさや心細さに負けずがんばったと思います。長所である積極性を伸ばしていけたらいいなと願っています。

総合評価

本児の心の成長はわかるのですが、スペースがあれば、もう少し教師や友だちとの関わりを書きたいところです。預かり保育の子どもの、いろいろな思いを記してあげれば素晴らしいものになります。

記入例 17 友だちを作れない子

3～5歳（3年保育）

モデル（漣都）のデータ：母親（28歳）、父親（30歳）。共働きの両親と3人家族。子育て支援の預かり保育で幼稚園に来ていた。

ふりがな	○□れんと		○○年度	○○年度
氏名	○□漣都 年 月 日生	指導の重点等	（学年の重点） 幼稚園生活に慣れ親しみ、基本的生活習慣を身につけ楽しい毎日を送る。	（学年の重点） 友だちとの触れ合いを楽しみながら、いろいろな活動に興味をもち取り組む。
性別	男		（個人の重点） 自分の思っていることや、困っていることを相手に伝えようとする。	（個人の重点） 気の合う友だちを見つけ、自分の思いを表現しながらあそびを楽しむ。
ねらい（発達を捉える視点）				
健康	明るく伸び伸びと行動し、充実感を味わう。 自分の体を十分に動かし、進んで運動しようとする。 健康、安全な生活に必要な習慣や態度を身に付け、見通しをもって行動する。	指導上参考となる事項	・本児は入園前から子育て支援で、本園に預かり保育に通っていたため、教師や環境には慣れていたので、スムーズに登園できた。 ・優しい性格だが、人見知りがやや強い。あまり関わりのない大人に、「嫌い」と言って近づこうとしないこともあった。 ・園生活の流れに戸惑い、一つ一つ確認しながら行動するようになった。母親の関与が本児の消極性に影響を与えている。❶ ・友だちとの些細なトラブルは教師に訴えるが、排せつの失敗などは伝えないこともあったため、母親とのコミュニケーションを十分にとり、心配し過ぎないように安心させた。❷ ・教師も本児と関わるようにした。❸その結果、歯磨きや身支度などをほめられたり、教師の手伝いをすることで自信を深めていった。 ・3学期には、自分のことは自分でやろうとするなど成長し、友だちと快活に遊ぶ姿が見られるようになった。	・進級当初、仲よしだった友だちが3月に転園し寂しそうな表情を見せた。また、4月からの新しい入園、転園児と担任に少し戸惑いを感じている様子があった。❹ ・登園が9時半を過ぎることが多く、本児が十分にあそびに入り込めないことがあった。保護者に本児の様子を伝えつつ、できるだけ早めの登園をお願いした。その後、登園時間は早くなり、❺スムーズに入り込んであそぶ姿が見られた。 ・一人で好きなあそびをすることが多く、前から親しかった年少児としか遊ばず、新しい友だちとの関わりがほとんどなかった。徐々に友だちが増え、❻8月ころには友だちをあそびに誘うことが増えた。 ・身支度に時間がかかるため、支度の一つずつを声に出して「これ終わったね」と確認しながら行動を促した。本児も自分で声に出して確認するようになった。 ・自己主張が少なく、友だちと意見が違うと遠慮して引いてしまう。自分の思いを相手に伝えることの大切さを知らせ、見守っていただきたい。
人間関係	幼稚園生活を楽しみ、自分の力で行動することの充実感を味わう。 身近な人と親しみ、関わりを深め、工夫したり、協力したりして一緒に活動する楽しさを味わい愛情や信頼感をもつ。 社会生活における望ましい習慣や態度を身に付ける。			
環境	身近な環境に親しみ、自然と触れ合う中で様々な事象に興味や関心をもつ。 身近な環境に自分から関わり、発見を楽しんだり、考えたりし、それを生活に取り入れようとする。 身近な事象を見たり、考えたり、扱ったりする中で、物の性質や数量、文字などに対する感覚を豊かにする。			
言葉	自分の気持ちを言葉で表現する楽しさを味わう。 人の言葉や話をよく聞き、自分の経験したことや考えたことを話し、伝え合う喜びを味わう。 日常生活に必要な言葉が分かるようになるとともに、絵本や物語などに親しみ、言葉に対する感覚を豊かにし、先生や友達と心を通わせる。			
表現	いろいろなものの美しさなどに対する豊かな感性をもつ。 感じたことや考えたことを自分なりに表現して楽しむ。 生活の中でイメージを豊かにし、様々な表現を楽しむ。			
			【3歳】	【4歳】

第4章 指導要録実例集 記入例17／3～5歳

1 突き放し過ぎはダメ

この事例だと母親が原因と突き放した印象が残ります。母親の接し方も理解し、ていねいに書くことが大切です。

例
「友だち関係や排せつの失敗を気遣う母親の心配が本児にも伝わり、園生活が消極的になっていったこともある。」

2 なぜ？ の疑問を残さない

「…安心させた」では、どのように納得したのかわかりません。なぜ？ が残るのは指導要録としては不備と言えます。

例
「…本児のがんばりや、園生活の様子を伝えたところ母親も安心をした。」

3 関わりを深めたことが大事

教師の対応を記すことで、次の年の支援にも役立ちます。

例
「本児との関わりを深めるため、預かり保育時から好きな絵本を読んだり、得意なあそびをしたりするなど、声かけや援助を積極的に行った。」

4 子どもの姿をていねいに書く

なぜ本児が戸惑うのか、その姿が見えません。その対応も書きましょう。

例
「…戸惑う様子で、自分から話しかけることができずにいた。教師のほうから話しかけたり、友だちと一緒にお話を聞かせるなどすると、少しずつ自分のことを伝えようと努力する姿が増えた。」

○○年度

指導の重点等	（学年の重点）友だちと一緒に考え工夫しながら、目的をもって幼稚園生活を送る。 （個人の重点）自分の思いを相手に伝える大切さに気づき、ともにあそびを楽しむ。	幼児期の終わりまでに育ってほしい姿（10の姿）

| 指導上参考となる事項 | ・進級当初は緊張した面持ちで登園し、教師や友だちの声かけにも反応しないことが多かった。

・新しい友だちができず、❼ 他の子にあそびに誘われても拒否し、一人でパズルをしている姿が見られた。ゴールデンウィーク明けになると、登園を拒むようになり1週間ほど欠席が続いた。教師は家庭とこまめに連絡をとり、母親と本児の気持ちを受け止めつつ、安心して登園できるように声かけをした。本児が登園後も努めるうちに、❽ 気の合う友だちができ、教師がいなくてもあそびを楽しめるようになっていった。

・生き物が好きで図鑑をよく見ているため、動物の生態や行動に詳しく、自信をもって話すことができる。製作は得意ではないが、折り紙などは一つずつやり方を教えると最後まであきらめずにやり遂げる。

・長期の休みのあとは緊張しやすく、また、初めての環境に不安を抱きやすい性格のため、❾ 今後も配慮が必要である。 | (1)健康な心と体
(2)自立心
(3)協同性
(4)道徳性・規範意識の芽生え
(5)社会生活との関わり
(6)思考力の芽生え
(7)自然との関わり・生命尊重
(8)数量や図形、標識や文字などへの関心・感覚
(9)言葉による伝え合い
(10)豊かな感性と表現 |

【5歳】

❺ 情報の補足を行う

このままでは短縮し過ぎて、次の文につながりません。必要最低限の説明の必要があります。

> 例
> 「冬季になり園バス利用となって登園時間も早まり、…」

Point! ❻ 友だち作りの支援を書く

本児の一人あそび好きを、どのように他の子に目を向かせるかがポイントです。

> 例
> 「教師が他の子にも興味がもてるように、気の合いそうな子を見つけ、間に入って一緒に遊んでいくと、徐々に打ち解けクラスでの関わりが広がり、…」

チェック！ 子どもの思いを受け止める

寂しいとか悲しいという負（不快）な感情をもっても、5歳児にはその表し方がまだわかりません。友だちがいなくなった喪失感を、教師は本児の思いを尊重して聞いてあげています。気持ちを立て直す支援がポイントです。

担任が伝えたいこと

漣都くんは幼稚園に来ることは大好きなのですが、人見知りで優しい性格から、自分から進んで友だちを増やしていく子ではありません。ブロックあそびやパズルなど、一人あそびを仲のよい子と一緒に遊んでいる姿はよく見られました。友だちと違うクラスになったショックからも立ち直れそうですが、入学後も見守っていただきたいと思います。

❼ 悪い印象を与えない

この文のままでは、本児がそれに至る経緯がなく悪い印象が残ります。育ちをていねいに追うことが大切です。　【該当する10の姿─⑸】

> 例
> 「年中時に仲がよかった友だちと、クラスが別になったことで不安になり…」

❽ どのような変化をしたかが大切

スペースがあれば省略しないで、教師の対応を書いてください。必ず次の担任に受け継がれるはずです。　【該当する10の姿─⑸】

> 例
> 「本児が登園するようになってからも、無理に他の子と遊ばせようとせず、教師が一緒に遊び安心できるように配慮した。次第に教師の声かけにも反応を示すようになると、やがて…」

❾ 性格をつかみ簡潔にまとめる

子どもの性格を端的にまとめています。小学校での本児の新たな育ちに期待し、担任へのメッセージともなっています。　【該当する10の姿─⑸】

総合評価

保護者の、本児の排せつ面や友だち作りへの心配は当然です。神経が繊細な分、本児はプレッシャーになったのでしょう。細やかな対応と本児の育ちの記述が、もう少し書かれているとよいでしょう。

記入例 18 困難を乗り越える強い子

3〜5歳（3年保育）

モデル（瑠里子）のデータ：母親（35歳）、父親（40歳）、姉（8歳）、妹（2歳）の5人家族。入園当時は姉が年長組で在園していた。

ふりがな	○□るりこ	指導の重点等	○○年度	○○年度
氏名	○□瑠里子　年月日生		（学年の重点）好きなあそびを発見し、友だちや教師と関わり合いながら幼稚園に親しむ。	（学年の重点）基本的生活習慣を身につけ、教師や友だちと多様な経験を積み、安心して遊ぶ。
性別	女		（個人の重点）園生活に慣れ、教師や友だちと関わりながら毎日楽しく遊ぶ。	（個人の重点）友だちと一緒に、さまざまなあそびや活動に意欲的に取り組む。
ねらい（発達を捉える視点）				
健康	明るく伸び伸びと行動し、充実感を味わう。／自分の体を十分に動かし、進んで運動しようとする。／健康、安全な生活に必要な習慣や態度を身に付け、見通しをもって行動する。	指導上参考となる事項	・入園当初から、姉の友だちと遊んだり、年長組のコーナーで製作あそびをするなど活動的であった。片づけの時間になると、保育室に戻り一斉保育に参加した。 ・3歳児の活動には参加するが、本児が興味や関心のない活動には、「やりたくない」とはっきりと言い、傍観していることが多かった。教師が見守り、ときに誘うようにした。❶ ・2学期後半には園生活にも慣れ、クラスの友だちとも積極的に遊ぶようになり、担任教師とも信頼関係ができた。❷ ・9月の運動会では踊らなかったが、12月のクリスマス会のダンスでは、堂々と踊る姿が見られた。 ・幼い子どもの世話をするなど面倒みがよく、落ち着いている。納得のいかないことは、「どうして」と質問するが、納得すると活動に参加することが多い。❸ ・手先が器用で、特にハサミ切りは細かいところまでていねいに切ることができ、友だちに自慢している。	・進級当初から好奇心が旺盛で、何事にもチャレンジする。友だちと関わって遊ぶのを好むが、ルールが理解できなかったり、自分の思い通りにいかないと玩具を投げたり、相手の子に乱暴するなど、混乱を生じさせることがあった。教師は、本児の行動の理由を受け止めながら指導した。❹ ・5月ころからは、妹が誕生し姉が卒園したことで、年長としての自覚が生まれ、本来の面倒みのよさを見せて、年下の子に優しく接していた。 ・周囲の人がしていることをよく観察していて、気に入った物をまねて作ろうとしたり、同じあそびに参加したりする。❺ ・音楽に合わせて踊るのが好きで、8月の発表会では、張り切って遊戯を踊った。普段から、ただその場で踊るのだけでなく、積み木を積んでステージを飾って友だちと楽しむなど、豊かな創造性ももつ。 ・好きなブロックあそびや大型積み木あそびで、友だちと協力する楽しさを感じとり、大きく成長した。❻
人間関係	幼稚園生活を楽しみ、自分の力で行動することの充実感を味わう。／身近な人と親しみ、関わりを深め、工夫したり、協力したりして一緒に活動する楽しさを味わい愛情や信頼感をもつ。／社会生活における望ましい習慣や態度を身に付ける。			
環境	身近な環境に親しみ、自然と触れ合う中で様々な事象に興味や関心をもつ。／身近な環境に自分から関わり、発見を楽しんだり、考えたり、それを生活に取り入れようとする。／身近な事象を見たり、考えたり、扱ったりする中で、物の性質や数量、文字などに対する感覚を豊かにする。			
言葉	自分の気持ちを言葉で表現する楽しさを味わう。／人の言葉や話などをよく聞き、自分の経験したことや考えたことを話し、伝え合う喜びを味わう。／日常生活に必要な言葉が分かるようになるとともに、絵本や物語などに親しみ、言葉に対する感覚を豊かにし、先生や友達と心を通わせる。			
表現	いろいろなものの美しさなどに対する豊かな感性をもつ。／感じたことや考えたことを自分なりに表現して楽しむ。／生活の中でイメージを豊かにし、様々な表現を楽しむ。			
			【3歳】	【4歳】

118

○○年度	幼児期の終わりまでに育ってほしい姿（10の姿）
（学年の重点） 感謝の気持ちと思いやりの心をもって、いろいろな活動を行う大切さを知る。	(1) 健康な心と体
（個人の重点） さまざまな遊びに目を向け、興味を広げてみんなと一緒に楽しむ。	(2) 自立心
・進級当初から仲のよい友だちや、預かり保育で園に来る妹（2歳児）と、製作を楽しむ姿が見られた。	(3) 協同性
・食欲は旺盛で、好き嫌いなく給食をおかわりできる。食べるスピードが早いため、ゆっくりとよく噛むように指導した。	(4) 道徳性・規範意識の芽生え
・2学期後半に、本児の母親が体調を崩して入院すると精神的な不安から、腹痛を訴え排便の回数が増え、排尿の失敗も多くなった。3月に退院したときには、教師に報告してくれた。❼	(5) 社会生活との関わり
・負けず嫌いで、できなかった跳び箱にもあきらめずに何度も挑戦し、3学期には跳べるようになった。その自信が友だちとの関係もよくしている。❽ ルールのあるあそびを、男女に関係なく自分の意見を伝えながら遊ぶ活発さがある。	(6) 思考力の芽生え (7) 自然との関わり・生命尊重
・手先が器用で、折り紙で鶴や手裏剣を折ることができる。細かい作業にも集中して取り組み、ていねいに作業する。今後も、本来の活発さと集中力を伸ばしていける指導をお願いしたい。❾	(8) 数量や図形、標識や文字などへの関心・感覚 (9) 言葉による伝え合い (10) 豊かな感性と表現

【5歳】

1 どのように見守ったか

教師がどのように見守り、考えたかが大切です。次の引き継ぎに役立つ情報はもらさないことが肝心です。

例
「その際は、教師は本児に無理強いせず、興味を示すまで見守った。反応を見て声かけを行い、活動に誘うようにした。」

2 適宜詳しい内容を書く

信頼関係とひと口にいっても、すぐには伝わりません。観察したことをていねいに書いてください。

例
「…担任教師に心を開き、ルールややり方を黙って熱心に聞くなど、信頼関係ができてきた。」

Point! 3 変わった子の印象はダメ

言葉足らずでの、誤解を招く表現は厳禁です。ずっと残される記録であることを、しっかり意識しましょう。

例
「本児なりの物差しがあり、あそびや活動に納得しないと教師に質問をするが、その楽しさに納得すると、喜んで参加し活発に遊ぶことができる。」

4 子どもをまず先に考える

長くなりますが、本児の思いを受け止めた過程を書くことが大切です。乱暴な子というだけではないことを示しましょう。

例
「教師は、本児の母親が妹の育児により目をかけてくれない寂しさや、認めてもらいたいという思いからの行動を受け止め、妹ができた意味をていねいに話して聞かせると、納得した様子を見せた。」

第4章 指導要録実例集　記入例18／3〜5歳

⑤ 行動の記録で終らない

単に行動を書くだけでなく、その結果、子どもがどのような成長や変化を遂げたかを忘れずに記すことが大切です。

例
「…同じあそびに加わることで、周囲からの刺激を体験として取り入れ、自分の世界を広げている。」

⑥ 成長した姿を前面に

保育記録は成長そのものです。心の育ちと変化をしっかりと捉えてください。

例
「友だちと協力して、一つのことをやり遂げる満足感と楽しさを感じとり、友だちを大切にしようとする態度が見られるようになった。」

チェック！ 3年間の育ちをまとめる

4歳になると子どもは、前半は自己の思いを主張しケンカも頻繁に起こります。後半にはさまざまなあそびの中でぶつかり合いますが他の子との関係を見つめ直し、作り直す時期です。この例は3〜5歳の心と体の育ちを、実例をもとに簡潔にまとめています。

担任が伝えたいこと

　　　瑠里子ちゃんは、自分の意思をもった活発な子です。感情の揺れが大きくなるところがあり、妹の誕生や母親の病気など、3年間に起きたさまざまな出来事にその心は動揺しました。しかし、落ち着きと持ち前の活発さで、見事に乗り越えたことを担任として誇りに思います。今後も積極的にいろいろな経験と学習を重ねて、りっぱな小学生になることを願っています。

⑦ 信頼関係ができた証し

本児が、教師に信頼をおいている証しのエピソードです。心の成長ですからていねいに書いてください。

例　【該当する10の姿―⑼】
「3月に母親が退院した際は、本児の表情も驚くほど明るくなり、わざわざ教師に報告にやってきてくれた。」

⑧ 観察の大事さを知ろう

本児の変化は、ずっと観察してきたからこそわかるものです。時系列で述べることで、記録に深みが出ます。　【該当する10の姿―⑵、⑸】

例
「自信がついてきたことで、自分から他の子に声をかけ、あそびに誘う姿が多く見られるようになった。」

⑨ 可能性と期待感を示す

本児の長所を簡潔にまとめ、期待感を示しています。可能性のある子どもである点をアピールしてください。　【該当する10の姿―⑴、⑽】

総合評価

学期を追った時系列で書き進められているため、わかりやすい構成になっています。また、詳細なエピソードの積み重ねで子どもの姿が立体的に浮かび上がり、説得力もあります。

指導要録 Q&A ③

幼稚園での日常には、子どもの成長を実感できる楽しい出来事がある一方で、いじめやモンスターペアレンツなど、対応にとまどう問題もあります。

Q1 モンスペ（モンスターペアレンツ）には、どう対応するか？

A.保護者にはいろいろなタイプの人がいます。同様に教師にもいろいろな個性の人がいて、さらに幼稚園にもそれぞれ個性（運営方針）があり、さまざまです。

保護者側からすると、「園の行事が忙し過ぎる」とか、「家の子だけ面倒をみてくれない」など、その不満は多岐にわたります。保護者の方の不満は、根本的には幼稚園、教師と保護者間の「信頼関係」が崩れかけているからかもしれません。もちろん子どもと教師の関係は教育以前に、人と人が対している限り「相性」のようなものもあると思います。

幼稚園教師は、特定の子にだけ厳しく当たったり、逆にその子だけ目をかけたりはしませんが、どうしても子どもが反目したり、心を開かない場合もあります。その不満が募って、園や教師にぶつかることもあるでしょう。幼稚園、教師との信頼関係を再構築するのは時間がかかります。教師、園長の全員で話し合い、保護者とのコミュニケーションを密に行うことが大切です。教師と園が一つになって、こまめな連絡や面談など、信頼関係を継続する努力を入園時から怠らないことです。また、教師一人にその責任がかぶらないようなシステム作りも必要かもしれません。

保護者同士のトラブルも発生しがちです。特定の子どもや保護者の変化が見られたら、注意深く様子を観察しトラブルが大きくならないようにしたいものです。

Q2 子どものいじめ問題には、どう対応するか？

A.子どもたち同士の中では、大人が見ると「いじめ」としか思えない言動は大変多く見られます。背中や胸を強く叩いたり、押したりすることは確かに乱暴で、危険な行為です。子どもはまだまだ人間関係では経験が浅く、自己主張は先に出がちです。何を感じ何を伝えたいのかを、じっくりと聞いてあげてください。

もしも、陰でいじめている現場に出合っても、そのときのその行為だけを「いけないこと」として注意し、決して以前のことまで遡ってしかってはいけません。陰でのいじめ行為を解消するのは、個々の問題があり簡単には言えませんが、保護者や他の教師と話し合い、その子に人間関係が学べる環境を作ることが大切です。それには子どもが本当にやりたいあそびを十分にやらせて、満足したらその思いを聞いてあげることが第一です。そのことで子どもに「自分でもやればできるんだ」という自尊感情が生まれてきます。自分の存在を確認できれば、他者に対しても寛容さが生まれ、人の思いも受け入れられるようになるはずです。

また、家庭の中に他の子をいじめている原因があると思われる子どもには、リラックスした雰囲気で子どもの気持ちを聞いてあげ、子どもが感じているストレスの原因をつかみ、保護者と話し合うことも大切です。

記入例 19 体は弱いが一生懸命な子

2〜5歳（4年保育）

モデル（健斗）のデータ：母親（37歳）、父親（39歳）、弟（3歳）の4人家族。体が弱く毎年のようにカゼをひく。

ふりがな	○□けんと		○○年度	○○年度
氏名	○□健斗	指導の重点等	（学年の重点）教師と関わりながら、安定した幼稚園生活を過ごす。	（学年の重点）教師とのつながりを基盤にして、自分から友だちと遊べるようになる。
性別	男		（個人の重点）園生活に慣れ、あそびを楽しむ。	（個人の重点）自分で行動する楽しさを知り、一人でできることはがんばる。

	ねらい（発達を捉える視点）			
健康	明るく伸び伸びと行動し、充実感を味わう。	指導上参考となる事項	・幼稚園に関心があり、入園時から喜んで登園していたが、家と勝手が違うために戸惑うことも多いようだった。	・進級当初から園生活を楽しみ、友だちと好きなあそびをしていた。特に砂あそびや泥あそびなど、手触りの感触が好きで夢中になっていた。
	自分の体を十分に動かし、進んで運動しようとする。		・人見知りもなく、何でも自分でやろうとするが、教師の支援も必要である。❶	・登園時に教師に甘え、スキンシップを求めることがある。朝の始末も援助をし過ぎると、自らやろうとしない。1学期後半には、自分でできるようになった。❹
	健康、安全な生活に必要な習慣や態度を身に付け、見通しをもって行動する。			
人間関係	幼稚園生活を楽しみ、自分の力で行動することの充実感を味わう。		・周りのことに興味をもち、自分でやりたいという意欲が強く、すぐに園生活に馴染んで活動できた。	・恥ずかしがり屋の面があり、自分の思いを言うことが苦手で口数も少なかったが、2学期には口数も多くなった。❺
	身近な人と親しみ、関わりを深め、工夫したり、協力したりして一緒に活動する楽しさを味わい、愛情や信頼感をもつ。		・明るい性格が年中・年長児にも可愛がられ、すべり台やトランポリン、ボール投げなどを一緒に楽しんでいる。	・魚卵のアレルギーがあり、湿疹が出やすいので食事に注意が必要である。❻
	社会生活における望ましい習慣や態度を身に付ける。		・遊びたい気持ちが強く、身支度がおろそかになることがあるので、教師は気をつけている。❷	・本児はやや体が弱い面があり、カゼなどにかかりやすい。欠席が20日あまりになったのは、腹痛と夏カゼが長引いたためであり、ヘルパンギーナで通院している。❼
環境	身近な環境に親しみ、自然と触れ合う中で様々な事象に興味や関心をもつ。		・排せつ、着脱、片づけ、食事、うがい、手洗いなど、ほとんど一人でできる。給食も落ち着いて食べることができる。ときに、トイレが間に合わないことがあるので、❸言葉かけが必要である。	・絵画製作が得意で、ダイナミックな表現をする。3学期には製作コーナーで、廃品と紙でヒーローグッズを作り、友だちにほめられて満足そうにしていた。
	身近な環境に自分から関わり、発見を楽しんだり、考えたりし、それを生活に取り入れようとする。			
	身近な事象を見たり、考えたり、扱ったりする中で、物の性質や数量、文字などに対する感覚を豊かにする。			
言葉	自分の気持ちを言葉で表現する楽しさを味わう。		・絵本が大好きで、気に入った本を自分で持ってきて教師の膝に乗る。みんなの前で選んだ本が読まれると喜んでいる。	
	人の言葉や話などをよく聞き、自分の経験したことや考えたことを話し、伝え合う喜びを味わう。			
	日常生活に必要な言葉が分かるようになるとともに、絵本や物語などに親しみ、言葉に対する感覚を豊かにし、先生や友達と心を通わせる。			
表現	いろいろなものの美しさなどに対する豊かな感性をもつ。			
	感じたことや考えたことを自分なりに表現して楽しむ。			
	生活の中でイメージを豊かにし、様々な表現を楽しむ。			
			【満3歳（2歳）】	【3歳】

① 支援の側面も書くとよい

「必要である」と言い切るだけでなく、具体的な子どもの姿を示すとよいでしょう。

例
「…その反面、できないことがあると、言葉に出して教師に助けを求めることができる。」

② 言いっぱなしはダメ

「気をつけた」より踏み込んだ支援を書きましょう。子どもとの関わりを、正確に記すことが大切です。

例
「…本児の思いを受け止めながら、ちゃんと終えたらすぐに遊べることを伝え、落ち着いてできるように見守ってきた。」

③ 原因がわかると引き継ぎやすい

単におもらしをするというだけでは、心理的なものか身体的なものかわかりません。原因がはっきりしている場合は、その旨を記しておくとよいでしょう。

例
「あそびに夢中になり排尿を我慢し、その結果…」

Point! ④ 教師の関わりを記す

本児が依存心をもち過ぎないように、教師はどう対応したのかを書いたほうが、より伝わる育ちの記録になります。

例
「自分でできるのにやろうとしないときがあった。本児の思いを受け止めつつ、依存心が増長しないように声かけにとどめて見守るようにすると、自分で行えるようになった。」

⑤ 働きかけを書く

口数が増えたのはどうしてかが、これではわかりません。教師の働きかけを書くとよいでしょう。

例
「教師や友だちがあそびに誘い、親しむうちに徐々に慣れきて、家での出来事や家族のことなどを話すようになった。」

⑥ 健康の情報は重要

持病や弱いところは、子どもの生活を守る上で大切な情報です。特に、食物アレルギーは、ときにアナフィラキシーショックにつながる恐れもあるので、必ず明記する必要があります。

⑦ 専門用語は避ける

「ヘルパンギーナ」は全ての教師が知っている専門用語ではありません。夏カゼ疾患や口腔の水疱、としたほうがよいでしょう。

例
「…カゼから口腔の水疱ができ通院した。母親と本児の体調管理の連絡を、密に行うようにしている。」

チェック! 育ちをあそびで援助する

子どもはおおむね4歳ころから、体のバランスをとるための機能がほぼそろって、俊敏な動きや全身の動きもスムーズにできるようになります。この指導要録から、本児を健康な子どもへと育つように教師があそびや活動を援助する姿が伝わるとベストです。

「体は弱いが一生懸命な子」つづき 4歳〜5歳

		○○年度	○○年度	幼児期の終わりまでに育ってほしい姿（10の姿）
指導の重点等		（学年の重点）さまざまな活動を友だちと楽しみ、自分の考えで主体的に取り組む。	（学年の重点）自分の気持ちや考えを表現しながら、友だちと共同、役割分担などし活動を楽しむ。	(1)健康な心と体
		（個人の重点）みんなで行うあそびにも、進んで参加し楽しむ。	（個人の重点）さまざまなあそびに目を向け、興味を広げ楽しい園生活を過ごす。	(2)自立心
指導上参考となる事項		・進級当初は、新しい担任や入園児と少し距離を置き、眺めている姿があった。<u>伸び伸び接することができるように援助した。</u>❽ ・最後まで集中して取り組むことができず、活動の途中でも集中が切れると周りの友だちと遊び出してしまう。朝の支度や降園準備などで多く見られた。<u>教師の声かけで徐々に取り組めるようになった。</u>❾ ・活動当番を始めると、当番を任されるのがうれしく、張り切ってテーブルや椅子をきれいにする姿が見られた。 ・シャイで恥ずかしがる傾向があったが、9月の運動会ではクラスの代表として、<u>堂々とおみやげを受け取ることができた。</u>❿ ・ヒーローあそびが大好きで、園庭でも活発に動いているので、体力面では順調に成長しているものと思われる。 ・欠席も3歳時より半分以下に減ったが、<u>まだカゼをひきやすく、腹痛も頻繁に起こす。</u>⓫今後も家庭との連携を深めて、健康な体作りを目指したい。	・前年度までは、初めてのことや行事の前に緊張し、泣いたり腹痛を訴えることが多かった。<u>進級したことに慣れるに従い</u>⓬、仲のよい友だちとヒーローあそびや、粘土あそびなどを十分楽しめるようになった。 ・体が大きくなったことで、運動に積極的になり、長縄跳びに毎日挑戦して記録が伸びることを喜んでいた。 ・自分が楽しかったことや感じたことを、教師や友だちにすぐに伝えて喜ぶ。だが、言いたい気持ちが強くなり過ぎ、他の子が話していても、状況を見ずに勝手に話すことがあった。<u>教師の指導で少なくなったが、興奮するとまた始まる。</u>⓭ ・3学期には弟（3歳）が年少組に入園し、自分が世話をしなければと一生懸命になり過ぎ、少し疲れが見られた。 ・体も大きくなり、虚弱な感じはなくなりつつあるが、カゼは変わらずにひきやすい。欠席日数は減ってきているので、今後も健康な子どもに育つことを願う。	(3)協同性 (4)道徳性・規範意識の芽生え (5)社会生活との関わり (6)思考力の芽生え (7)自然との関わり・生命尊重 (8)数量や図形、標識や文字などへの関心・感覚 (9)言葉による伝え合い (10)豊かな感性と表現
		【4歳】	【5歳】	

8 援助とその後の育ちが大切

本児の怯えや恐れをどのように解かしていったのか、その経緯がポイントです。

例

「過剰な警戒心が芽生えないように、本児に相手の子のことを教えたり、スキンシップがあるあそびを行うことで、伸び伸びした振る舞いができるようになった。」

9 時間の経過がわからない

教師の声かけが、どのように本児の気づきを促したのかをていねいに書きましょう。育ちが時系列でわかるのが理想的です。

例

「その都度声かけをし、自分の身の回りの始末の大切さを教えた。遊びたい気持ちの切り換えが難しかったが、3学期には最後まで集中して、自分一人でできるようになった。」

10 一生懸命な姿を伝える

本児の懸命な姿を、スペースがあれば1年のスパンで書いてください。次年度、さらに、小学校へと正しい姿を伝えましょう。

例

「…クリスマス会の劇では、一生懸命練習をして他の子のセリフまで覚え、欠席者を助けてみんなを驚かせた。」

11 らん外「備考」に書くこと

「指導上参考となる事項」の下にある「備考」らん（14ページ・フォーマット参照）に休みやケガなどを書きます。できるだけ細やかな情報を書いておくと、次年度にも役立ちます。

12 「慣れる」ではあいまい

進級したことで、本児が成長したことをていねいに書いてください。教師は、子どもの多様多彩な面を、日頃から観察しておくことが大切です。

【該当する10の姿―(1)、(5)】

例

「進級し、小さな子の面倒をみることで年長の自信がつき、…」

13 教師の指導が見えない

子どもの気持ちを受け止め、さらにどのように指導していったかを書きましょう。簡潔でよいのですが、子どもの姿をていねいに描くことで、教師の心も伝わります。

【該当する10の姿―(4)、(9)】

例

「教師は本児の思いを理解しつつ、相手の気持ちを考え、相手が話し終えたら自分の気持ちを言う大切さを本児に伝えてきた。1学期末には勝手に話すことは減ったが、まだ興奮すると、夢中になって話しかけてしまうときがある。今後も声かけを続けてほしい。」

第4章 指導要録実例集 記入例19／2〜5歳

担任が伝えたいこと

健斗くんは入園当初は体が弱く、カゼをひくと長期間休むことが多い子どもでした。家族の方と、健康管理についてたくさん話し合いました。体が弱くても、何事にも一生懸命に取り組むことができます。反面、夢中になり過ぎると少し周囲のことが見えなくなってしまう、という面もありました。でも、健康で素直に育った姿は伝わると思います。

総合評価

4年間の、本児の育ちがよく伝わってきます。特に年少から年中にかけての、本児の大きな成長には目を見張る思いです。全体像としての姿に比べ、心の育ち【10の姿―(6)、(10)】がやや書き足りないかもしれません。

125

記入例 20 食に問題があるが芯が強い子

2〜5歳（4年保育）

モデル（茉桜）のデータ：母親（31歳）、父親（38歳）、弟（3歳）、祖母の5人家族。

ふりがな	○□まお	指導の重点等	○○年度	○○年度
氏名	○□茉桜		（学年の重点） 教師や友だちと関わりながら、穏やかで安定した幼稚園生活を過ごす。	（学年の重点） 幼稚園生活に慣れ親しみ、基本的生活習慣を身につけ、快適な毎日を過ごす。
	年　月　日生			
性別	女		（個人の重点） 自分の気持ちを、教師や友だちに言葉で伝えようとする。	（個人の重点） 好き嫌いなくおいしく食べて、丈夫な体を作る。
ねらい（発達を捉える視点）				

健康	明るく伸び伸びと行動し、充実感を味わう。 自分の体を十分に動かし、進んで運動しようとする。 健康、安全な生活に必要な習慣や態度を身に付け、見通しをもって行動する。	指導上参考となる事項	・9月に入園。入園時は人見知りがあり、自分から話しかけることはなかったが、11月ころから、次第にポツリポツリと話し始め言葉も徐々に増えていった。❶ ・同年齢の子に比べて体が小さいので、赤ちゃんっぽく見られ、みんなに可愛がられている。 ・まだ甘えたい気持ちが強く、担任におんぶをせがむ幼さもある。その反面、好きなあそびでは積極性がある。❷ ・食べ物は野菜類が嫌いで、特に根菜類が固くて嫌いという。食自体も細くあまり食べないため、教師が指導している。❸ ・生活に必要な基本的な習慣と、身支度などは身につけていて、きちんと行ってからあそびに移る几帳面な子である。❹ ・左利きのため、ハサミを使っての製作では、不安な表情を見せることもあったので、担任が支援した結果、本児も安心して取り組んでいた。❺	・進級当初は、年中の従兄弟たちと登園し張り切っていたが、新しいクラスや友だちに不安をもっていたようだった。❻ ・几帳面な性格から、朝のうがい、シール貼り、スモックへの着替えなどをしっかりとこなし、終了したことを教師に伝えてきた。逆にできないことがあると、くやしさから大泣きすることもあった。❼ ・ままごとあそびを特に好み、日常生活の会話や情景をまねして楽しんでいた。 ・他児に関心をもち始め、登園時に玄関の様子を見ていて、「○○ちゃんが来たよ」などと担任に伝えてくれた。また、ケガをした子や困っている子を見つけると、急いで知らせるなど、周りとの関わり方に広がりが出てきた。 ・2学期後半には、苦手だった給食にもチャレンジし、3学期にはよく食べるようになった。❽ ・新しくできた友だちとヒーローごっこを楽しむようになり、クラスで緊張することもなくなった。
人間関係	幼稚園生活を楽しみ、自分の力で行動することの充実感を味わう。 身近な人と親しみ、関わりを深め、工夫したり、協力したりして一緒に活動する楽しさを味わい、愛情や信頼感をもつ。 社会生活における望ましい習慣や態度を身に付ける。			
環境	身近な環境に親しみ、自然と触れ合う中で様々な事象に興味や関心をもつ。 身近な環境に自分から関わり、発見を楽しんだり、考えたり、それを生活に取り入れようとする。 身近な事象を見たり、考えたり、扱ったりする中で、物の性質や数量、文字などに対する感覚を豊かにする。			
言葉	自分の気持ちを言葉で表現する楽しさを味わう。 人の言葉や話をよく聞き、自分の経験したことや考えたことを話し、伝え合う喜びを味わう。 日常生活に必要な言葉が分かるようになるとともに、絵本や物語などに親しみ、言葉に対する感覚を豊かにし、先生や友達と心を通わせる。			
表現	いろいろなものの美しさなどに対する豊かな感性をもつ。 感じたことや考えたことを自分なりに表現して楽しむ。 生活の中でイメージを豊かにし、様々な表現を楽しむ。		【満3歳（2歳）】	【3歳】

① 育ちの過程はしっかりと

本児が人見知りを克服し、会話ができるようになった事例を示すことが大切です。次年度の引き継ぎに役立つものとなります。

例

「…ままごとあそびや、教師との関わりの中で言葉が増えていった。3月期には友だちとおしゃべりを楽しむ姿が見られるようになった。」

② 子どもを立体的に見せる

本児のもう一つの面を見せるためには、もう少し突っ込んで書いたほうがよいでしょう。そのことで、より立体的な姿が浮かび上がります。

例

「…好きなままごとあそびでは、自分がお母さん役になり、積極的にあそびをリードする姿が見られた。」

Point! ③ 食の問題はていねいに

子どもの食べ物の好き嫌いは、両親や家庭環境の影響が強く出ます。特に野菜嫌いの子どもが多い現代では、健康上、深刻な状況です。改善の過程をしっかりとたどることがポイントです。

例

「苦手なニンジンなどは細かくしてあげるが、食自体も細くあまり食べないため、家庭との連携を図り、偏食や食べず嫌いを防ぐように努めている。」

④ よい点は大きく取り上げる

しっかりとして几帳面な性格は、今後も本児のプラス材料となるものです。できるだけスペースを取り、書いておきましょう。

例

「…きちんと終えてからあそびに移り、やり忘れたときはあそびの途中でも、戻って続きを行う几帳面さをもっている。」

⑤ 支援と結果の関係

正しく支援することで、子どもの力を発揮させることができます。事例の場合、普通のハサミを左利きの子が使うという特殊な形です。一緒に確認しながら行ったことが大切になります。

例

「…担任が手を添えて、安全なハサミの持ち方や切り方を一緒に確認することで、安心して最後まで作品を作ろうとしていた。今後は、左利き用のハサミをそろえる必要性もある。」

⑥ 環境の変化への対応

本児は進級したことで、環境が大きく変わり不安になりました。その気持ちを受け入れ、慣れるまでの経過を記したほうが、より本児の育ちが伝わってきます。

例

「…新しいクラスや変わってしまった友だちへの不安から、『次は何をするの』と活動の都度、心配そうに教師に尋ね、確かめることが多かった。教師は次の行動をする際に、その都度声かけを行い、本児の気持ちを受け入れるようにした。」

⑦ 性格を表す逸話を書く

体が小さくても、本児が芯の強い子どもである証しと言える逸話です。3歳児ですが、几帳面な面もよく書かれています。日頃の観察と、日誌の大切さがわかります。

⑧ 3学期までの時系列が大事

給食へのチャレンジから、次のステップまでの過程を示すと、より説得力のあるものになるでしょう。

例

「…トマトなどの野菜も、少量だが食べられるようになった。家庭も積極的に協力していただいたおかげで、3学期には好き嫌いが減り食への意欲が強まった。」

第4章 指導要録実例集 記入例20／2〜5歳

「食に問題があるが芯が強い子」つづき
4歳〜5歳

		○○年度	○○年度	幼児期の終わりまでに育ってほしい姿(10の姿)
指導の重点等		(学年の重点) 友だちとのあそびを楽しみ、その中で友だちの気持ちや行動の意味に気づく。	(学年の重点) 感謝の気持ちと思いやりの心をもち、園や家庭での毎日を大事にする。	(1)健康な心と体
		(個人の重点) いろいろな友だちとの関わりを広げ、さまざまなあそびと活動を行う。	(個人の重点) 自分の意見を主張しながら、一緒に遊ぶ楽しさを味わう。	(2)自立心
指導上参考となる事項		・進級当初は、まだ給食で嫌いな食べ物があると、食が進まない様子だった。量や雰囲気に工夫し、好き嫌いが治まった。❾ ・几帳面でまじめな性格で、身の回りのことや製作などをていねいに行い、間違いがないかを教師に確認をとりにきたり、繊細過ぎる面もあり、友だちの悪ふざけの言葉や、教師のちょっとした注意を必要以上に気にして落ち込んでしまうことがあるが、本児と話してなくなってきた。❿ ・周囲の子の評価や、大人の目を気にする傾向があり、⓫一番に身支度を済まそうと片づけをしないときがあった。その都度、「ゆっくりでも大丈夫」などと声かけを行うことで周囲を気にせず、熱心に片づけるようになった。 ・優しく他人に気づかいができるため、男女問わず人気者である。戦隊ヒーローあそびが大好きで、主人公に成りきって元気いっぱいに楽しんでいた。 ・鍵盤ハーモニカや打楽器が好きで、メロディーやリズムをすぐに覚えて、友だちと演奏を楽しむ姿が見られた。	・進級当初は、年少組に入園した弟(3歳)の世話をよくし、一緒にドミノやブロックで遊ぶなど、お姉さんとして毎日気にかけていた。 ・ごっこあそびを好み、ルールを決めリーダーシップをとる姿が見られた。⓬ ・人の話を最後までよく聞き、物覚えも早い。クリスマス劇での役のセリフも一人ですぐに覚え、⓭大きな声で言い、演じる姿はクラスの手本となっていた。 ・3学期には自由画帳にあみだくじや、迷路作りをすることに夢中になり、描いた物を使って友だちと楽しんでいた。 ・食が細く給食も残しがちだったが、少量の配膳を完食できたことに大喜びし、食も改善されていった。⓮ ・人のことを気にし過ぎることもなくなり、生来の芯の強さが表れるようになった。優しく思いやりがあり、泣いている子や仲間に入れない子がいると、声をかけて仲間に誘う場面がたびたびあった。	(3)協同性 (4)道徳性・規範意識の芽生え (5)社会生活との関わり (6)思考力の芽生え (7)自然との関わり・生命尊重 (8)数量や図形、標識や文字などへの関心・感覚 (9)言葉による伝え合い (10)豊かな感性と表現
		【4歳】	【5歳】	

9 省き過ぎが気になる

食の問題を抱える本児なので、支援の経緯をていねいに書くことがポイントです。スペースが許す限り対応を記しましょう。

例

「量を減らし、仲よしの友だちのそばで食べるなど、明るい雰囲気で食事を行ううちに、徐々に苦手な物も食べられるようになってきた。」

10 冗長過ぎないようにまとめる

一つの文章に、いくつもの情報を詰め込み、冗長にならないようにします。短めの文章をつないで表現しましょう。

例

「几帳面でまじめな性格で、整頓や工作などもていねいに行い、間違えていないか、教師に確認する慎重さもある。反面、繊細過ぎて、友だちの言葉や教師の注意などに、必要以上に落ち込んでいた。教師はその都度、相手の子や教師の真意を伝えつつ、本児の心の整理ができるように話をしていくと、2学期には落ち込む姿が少なくなった。」

11 4歳児の育ちの一つ

おおむね4歳から4歳半ころになると、子どもは他者の目を意識するようになります。他者や大人に認められたいというのは、4歳児の健全な育ちなのです。本児だけの傾向ではないので、表現を変えたほうが誤解を与えないでしょう。

例

「成長につれ他の子の評価や、大人の目を気にするようになり、…」

12 自分勝手にとられないように

この文章のままでは、本児が独善的な子と間違われそうです。もう少し、言葉を補うことが必要です。

【該当する10の姿―(2)、(3)】

例

「…ルールもみんなと話し合って決めるなど、上手にリーダーシップをとりながら遊ぶことができる。」

13 観察記録をよく見ること

本児の覚えのよさを書いているのですが、本当の姿が伝わってきません。もう少し、本児のがんばりが書ければベストです。

【該当する10の姿―(10)】

例

「クリスマス劇では、与えられた役のセリフを、母親と一緒に練習していち早く覚えて、みんなとの練習でも…」

14 食の問題を引き継ぐ

本児の食の課題は、小学校に上がってもすぐ解決するものではありません。引き続きの配慮は、正しい姿が伝わってこそできるのです。

【該当する10の姿―(1)】

例

「…その自信から食べるスピードも上がり、3学期には食事量も増えた。今後も食に配慮し、健康に育つことを願う。」

担任が伝えたいこと

茉桜ちゃんは、几帳面で面倒みのよい女の子ですが、食が細く好き嫌いが多いのが問題です。小学校に上がって、幼稚園とは違う給食に順応できるか心配です。しかし、芯が強くがんばり屋さんなので何とか給食に慣れてくれると思います。4年間の茉桜ちゃんの食を通しての成長が、次に伝わってくれたらうれしいです。

総合評価

弟が入園してきてから、本児が姉の自覚をもって成長していきます。食の問題から自我の育ちまで、4年間の記録は次のステップへ踏み出す大切な資料となるはずです。

第4章 指導要録実例集 記入例20／2〜5歳

記入例 21 複雑な家庭環境で育った子

2〜5歳（4年保育）

モデル（杜望也）のデータ：母親（30歳）、父親（33歳）、弟（2歳）、祖母の5人家族。父親が単身赴任で不在、祖母に育てられる。

ふりがな	○□ともや		○○年度	○○年度
氏名	○□杜望也	指導の重点等	（学年の重点） 教師と関わりながら、安定した幼稚園生活を過ごす。	（学年の重点） 教師とのつながりを強め、毎日の生活を楽しみ充実したものとする。
	年　月　日生			
性別	男		（個人の重点） 幼稚園生活に慣れ、身の回りのことを自分でしようとする。	（個人の重点） 園生活や教師に慣れ、友だちと遊ぶ楽しさを知る。
ねらい（発達を捉える視点）				

健康	明るく伸び伸びと行動し、充実感を味わう。 自分の体を十分に動かし、進んで運動しようとする。 健康、安全な生活に必要な習慣や態度を身に付け、見通しをもって行動する。	指導上参考となる事項	・1月の入園まで、働いている母親よりも同居の祖母と過ごすことが多かった。そのため、身支度もほとんどできなかった。素直な性格なので、一つひとつ支援しながら指導を行った。❶ ・発育は順調で、他の子と体力的にも変わらない。食事は普通に食べるが、家でお菓子などを食べ慣れているためか、甘味の強い物を好む。❷ ・入園後しばらくは他の子と遊ばず、すぐ家に帰りたがった。友だちのやり方を見ているうちにあそび方を覚え、トランポリンやすべり台などできることが多くなり、それにつれて本児も笑顔が増えた。❸ ・動きが早く、無鉄砲な行動をすることが多く、人や物にぶつかるため注意が必要で、ケガのないように気を配った。 ・入園時はトイレトレーニングが完成されていないため、紙おむつをつけていた。時間を決めてトイレに連れていくことで、一人で排尿できるようになった。 ・指先を使うことが苦手で、シールはがしなど細かい作業は、今後も補助、助言が必要である。	・進級当初は張り切って登園し、身の回りのことも自分でこなし、笑顔で遊ぶ姿が見られた。しばらくすると、登園後に母親を探して泣くようになった。朝も玄関で泣くことが続いたが、母親と離れてしまえば泣き止んでいた。❹ ・夏ころの母親の妊娠をきっかけに、登園時間が早くなったことで、母親を探すことはなくなり、園生活を楽しむようになった。 ・自己中心的な行動を見せることがあり、友だちを「入れないよ」と拒否したり、逆に「入れてあげない」と言われて涙ぐむこともあった。教師の援助と話をすることで、友だちとの仲も回復した。❺ ・2学期になり教師と信頼関係ができると、「先生はわすれん坊」「先生おいてっちゃうよ」など、コミュニケーションに余裕ができ、❻2学期後半には、自ら友だちをあそびに誘う姿が見られた。 ・大人の中で育ってきたため、言葉が豊富で難しい言い回しも知っている。歌やダンスを好み、素早い体の動きを見せる。
人間関係	幼稚園生活を楽しみ、自分の力で行動することの充実感を味わう。 身近な人と親しみ、関わりを深め、工夫したり、協力したりして一緒に活動する楽しさを味わい、愛情や信頼感をもつ。 社会生活における望ましい習慣や態度を身に付ける。			
環境	身近な環境に親しみ、自然と触れ合う中で様々な事象に興味や関心をもつ。 身近な環境に自分から関わり、発見を楽しんだり、考えたりし、それを生活に取り入れようとする。 身近な事象を見たり、考えたり、扱ったりする中で、物の性質や数量、文字などに対する感覚を豊かにする。			
言葉	自分の気持ちを言葉で表現する楽しさを味わう。 人の言葉や話などをよく聞き、自分の経験したことや考えたことを話し、伝え合う喜びを味わう。 日常生活に必要な言葉が分かるようになるとともに、絵本や物語などに親しみ、言葉に対する感覚を豊かにし、先生や友達と心を通わせる。			
表現	いろいろなものの美しさなどに対する豊かな感性をもつ。 感じたことや考えたことを自分なりに表現して楽しむ。 生活の中でイメージを豊かにし、様々な表現を楽しむ。			
			【満3歳(2歳)】	【3歳】

Point! ① 一番重要な事柄は詳しく書く

本児の育ちがわかる記述なので、多少長めになっても詳しく書きましょう。ここが伝わらないと、引き継ぎが不完全な情報をもとにすることになってしまいます。

例
「…生活経験が乏しく、身支度は自分一人ではほとんどできず、やる意欲もなかった。素直な性格で、教師の話も聞いて受け入れることができたため、一つひとつていねいに身の回りの準備からサポートしていった。本児が理解しやすく説明し、やり方を工夫したことで、自力でできることが多くなり、積極的に行うようになっていった。」

② 家庭の育て方の批判はしない

母親など家族からの確認された話以外は、誤解を招くため、批判的にとれる表現は避けましょう。

例
「…比較的甘い物を好むが、食べ過ぎないように注意をしている。」

③ 子どもの変化を見逃さない

些細なことからでも、子どもの成長する姿は感じとれます。園生活での育ちをしっかりと書きとめてください。

例
「…他の子とも親しく話せるようになり、笑顔が増え動きも活発になってきた。」

④ どのように乗り越えたかを記す

スペースが許せば、本児がどのように葛藤を乗り越えたか、ていねいに書きましょう。心の揺れも育ちの一つなのです。

例
「…母親と離れたあとで、泣いている本児を仲のよい友だちがあそびに誘うと、次第に遊び始めて帰りには『また遊びたい』と笑顔になった。」

⑤ 子どもの状況を書く

本児の心の揺れが、友だちとのトラブルに表れています。教師がどう受け止め、どう支援したかをしっかり書いてください。

例
「教師は本児の要求や思いを受け止めつつ、相手の気持ちを説明してあげると、本児の気持ちも安定し始めた。落ち着くと友だちの話にも耳を傾け、自分の思いも伝えられるようになった。」

⑥ 子どもの変化をていねいに

事例のように、子どもとの会話や言葉を日々の記録から抽出して書くと、イキイキとした文章となり、その姿が立体的に浮かび上がります。ここで日ごろの観察眼を、ぜひ生かしてください。

チェック！ 特別な環境の子どももいる

子どもは周囲の人を見て模倣をすることで、さまざまなことを学習します。特別な環境で基本的な生活習慣の獲得や、基本的運動能力を身につけるチャンスを失う子どもも存在します。その育ちを年度ごとに確実に記録するのも、要録の大切な役割です。

第4章 指導要録実例集 記入例21／2～5歳

「複雑な家庭環境で育った子」つづき
4歳〜5歳

		○○年度	○○年度	幼児期の終わりまでに育ってほしい姿（10の姿）
指導の重点等	(学年の重点)	幼稚園生活、友だちに慣れ、伸び伸びと毎日のあそびを楽しむ。	感謝の気持ちと思いやりの心を大切に、自分で考えて行動する。	(1)心と体 健康な
	(個人の重点)	友だちの思いを知り、相手を受け入れようとする。	友だちの意見を受け入れながら、あそびや活動を一緒に楽しむ。	(2)自立心
指導上参考となる事項		・進級当初は、新しい担任と保育室に不安を感じて、泣いて母親と離れなかった。やがて少しずつ慣れて、泣かずに登園できるようになっていった。❼ ・1学期は積極的に人と関わろうという意欲がなく、友だちのあとについて遊ぶことが多かった。自分の思いを口にしなかったが、教師が仲立ちすると話すようになっていった。❽ ・善悪に対して、はっきりとした考えをもっているため、意に添わないとカッとして相手に手を出したり、いつまでも怒っていることが続いた。教師のサポートで、相手を受け入れられるようになった。❾ ・3学期には友だちが泣いていると、心配そうに声をかけることができた。 ・運動会やクリスマス会のダンス練習では、堂々と楽しそうに踊るが、本番では緊張感と環境の違いに戸惑い、すくむ姿が見られた。がんばりたいという気持ちは、人一倍強く負けず嫌いの面もある。今後の、本児のがんばりに期待したい。	・本児はお店屋さんごっこや、お家ごっこなどのあそびを好み、友だちと興じる姿が多く見られた。しかし、友だちとのあそびのイメージの違いや、物の貸し借りなどでトラブルになると、「だめ」と否定するだけで自分の意見を言えなかったり、泣いて教師に言いに来たりすることが何度もあった。本児の気持ちを受け止めながら話を聞くと、次第に意思表示をするようになった。❿ ・鉄棒での成功体験から、体を動かすことにも積極的になった。縄跳びでは友だちと協力して2人跳びをしたり、長縄跳びに挑戦する活動的な姿も見られる。 ・困っている子、あそびに入れない子、小さい子にも話しかけたり、そっと面倒をみることができる優しい面もある。3学期には弟が2歳になり、年長としての自覚が芽生えてきている。家庭的な安定が本児にも強く影響している。⓫ ・手先が器用になり、折り紙やハサミでの工作が得意である。空き箱などの廃材で電話やテレビを作り、友だちとごっこあそびを楽しんでいる。	(3)協同性 (4)道徳性・規範意識の芽生え (5)社会生活との関わり (6)思考力の芽生え (7)自然との関わり・生命尊重 (8)数量や図形、標識や文字などへの関心・感覚 (9)言葉による伝え合い (10)豊かな感性と表現
		【4歳】	【5歳】	

❼ 教師の関わりを深く

本児の不安をどのように和らげたのかを、ていねいに書いてください。本児の育ちの歴史は教師の葛藤の歴史でもあります。

> **例**
> 「スキンシップを頻繁に図り、本児とゆっくりと関わるようにして、その警戒心をといていくと、少しずつ泣かずに登園できるようになった。」

❽ 教師の立ち位置を明確に

どのようなスタンスで子どもを支えたのか、次へ伝えることはとても重要です。

> **例**
> 「自分の思いや意見を、友だちに言い出す機会が少ないようだったので、教師が仲立ちしみんなと話した。やがて自分から話すようになり、豊富な言葉づかいから友だちに一目置かれるようになった。」

point ❾ 子どもの多面性を伝える

子どもは、その中に多面性をもって育っていきます。その一面をしっかりと書くことで、成長がイキイキと感じられます。

> **例**
> 「本児の思いを受け止める一方、相手の気持ちを代弁し、誰でも失敗することがあることを話すと、葛藤しながらも少しずつだが相手を受け入れ、自分の気持ちをコントロールしようと努力している。」

❿ 大切な心の変化を示す

実例は長くなりますが、本児の育ちを示すエピソードは省かないほうがよいでしょう。

【該当する10の姿ー⑶、⑸、⑼】

> **例**
> 「本児の気持ちを相手の子に代弁して伝えたり、介入して話を聞き2人で解決できるように配慮した。本児には自分の気持ちを伝えるには『だめ』と否定するのでなく、理由をちゃんと話すことの大切さを聞かせた。2学期になると、次第に友だちに対して落ち着いて気持ちを伝えられるようになった。」

⓫ 家庭環境は見えないもの

本児は家庭的に複雑で、生育にもその影響があることは否定しがたいものです。しかし、弟ができたのは事実ですが、「家庭的に安定している」ことは教師の憶測にほかなりません。もし記述するなら、確認が必要でしょう。

【該当する10の姿ー⑴】

> **例**
> 「家族に聞いたところ、家でも弟を進んで手伝い気持ちも安定しているとのことだった。」

担任が伝えたいこと

杜望也くんは、父親の長期不在と母親の就労のため、多くの時間をおばあちゃんと過ごしてきた、いわゆる「おばあちゃんっ子」で、基本的な生活習慣が身についていない状態で入園しました。2歳児ですからそれでもよいのですが、本児はがんばり屋ぶりを発揮し、年長の最後には小さな子の面倒をみるほど成長しました。それが伝わったらいいなと思います。

総合評価 ★★★☆

4年間の歴史から、本児の多面性やそのがんばりが伝わってきます。本児の長所である、器用さや感性の豊かさ【10の姿ー⑽】がもう少し具体的であれば、より小学校の支援に活用できたでしょう。

練習用　幼稚園幼児指導要録（学籍）

*コピーして
お使いください。

年度 区分	年度	年度	年度	年度
学　級				
整理番号				

幼児	ふりがな 氏　名		性　別	
		年　月　日生		
	現住所			

保護者	ふりがな 氏　名	
	現住所	

入　園	年　月　日	入園前の 状　況	
転入園	年　月　日		
転・退園	年　月　日	進学先等	
修　了	年　月　日		

幼稚園名 及び所在地	

年度及び入園（転入園） ・進級時の幼児の年齢	年度 歳　か月	年度 歳　か月	年度 歳　か月	年度 歳　か月
園　　長 氏名　　印				
学級担任者 氏名　　印				

練習用 **幼稚園幼児指導要録（指導）** ＊110％に拡大コピーしてお使いください。

ふりがな 氏名		指導の重点等	年度	年度	年度
			（学年の重点）	（学年の重点）	（学年の重点）
	年　　月　　日生				
性別			（個人の重点）	（個人の重点）	（個人の重点）

	ねらい（発達を捉える視点）		指導上参考となる事項		
健康	明るく伸び伸びと行動し、充実感を味わう。				
	自分の体を十分に動かし、進んで運動しようとする。				
	健康、安全な生活に必要な習慣や態度を身に付け、見通しをもって行動する。				
人間関係	幼稚園生活を楽しみ、自分の力で行動することの充実感を味わう。				
	身近な人と親しみ、関わりを深め、工夫したり、協力したりして一緒に活動する楽しさを味わい、愛情や信頼感をもつ。				
	社会生活における望ましい習慣や態度を身に付ける。				
環境	身近な環境に親しみ、自然と触れ合う中で様々な事象に興味や関心をもつ。				
	身近な環境に自分から関わり、発見を楽しんだり、考えたりし、それを生活に取り入れようとする。				
	身近な事象を見たり、考えたり、扱ったりする中で、物の性質や数量、文字などに対する感覚を豊かにする。				
言葉	自分の気持ちを言葉で表現する楽しさを味わう。				
	人の言葉や話などをよく聞き、自分の経験したことや考えたことを話し、伝え合う喜びを味わう。				
	日常生活に必要な言葉が分かるようになるとともに、絵本や物語などに親しみ、言葉に対する感覚を豊かにし、先生や友達と心を通わせる。				
表現	いろいろなものの美しさなどに対する豊かな感性をもつ。				
	感じたことや考えたことを自分なりに表現して楽しむ。				
	生活の中でイメージを豊かにし、様々な表現を楽しむ。				

出欠状況		年度	年度	年度	備考	
	教育日数					
	出席日数					

練習用　幼稚園幼児指導要録（指導）

*110%に拡大
コピーして
お使いください。

【最終学年の指導に関する記録】

ふりがな		指導の重点等	年度
氏名	年　　月　　日生		（学年の重点）
性別			（個人の重点）

ねらい（発達を捉える視点）

		指導上参考となる事項
健康	明るく伸び伸びと行動し、充実感を味わう。	
	自分の体を十分に動かし、進んで運動しようとする。	
	健康、安全な生活に必要な習慣や態度を身に付け、見通しをもって行動する。	
人間関係	幼稚園生活を楽しみ、自分の力で行動することの充実感を味わう。	
	身近な人と親しみ、関わりを深め、工夫したり、協力したりして一緒に活動する楽しさを味わい、愛情や信頼感をもつ。	
	社会生活における望ましい習慣や態度を身に付ける。	
環境	身近な環境に親しみ、自然と触れ合う中で様々な事象に興味や関心をもつ。	
	身近な環境に自分から関わり、発見を楽しんだり、考えたりし、それを生活に取り入れようとする。	
	身近な事象を見たり、考えたり、扱ったりする中で、物の性質や数量、文字などに対する感覚を豊かにする。	
言葉	自分の気持ちを言葉で表現する楽しさを味わう。	
	人の言葉や話などをよく聞き、自分の経験したことや考えたことを話し、伝え合う喜びを味わう。	
	日常生活に必要な言葉が分かるようになるとともに、絵本や物語などに親しみ、言葉に対する感覚を豊かにし、先生や友達と心を通わせる。	
表現	いろいろなものの美しさなどに対する豊かな感性をもつ。	
	感じたことや考えたことを自分なりに表現して楽しむ。	
	生活の中でイメージを豊かにし、様々な表現を楽しむ。	

出欠状況		年度	備考
	教育日数		
	出席日数		

幼児期の終わりまでに育ってほしい姿

「幼児期の終わりまでに育ってほしい姿」は、幼稚園教育要領第2章に示すねらい及び内容に基づいて、各幼稚園で、幼児期にふさわしい遊びや生活を積み重ねることにより、幼稚園教育において育みたい資質・能力が育まれている幼児の具体的な姿であり、特に5歳児後半に見られるようになる姿である。「幼児期の終わりまでに育ってほしい姿」は、とりわけ幼児の自発的な活動としての遊びを通して、一人一人の発達の特性に応じて、これらの姿が育っていくものであり、全ての幼児に同じように見られるものではないことに留意すること。

(1)健康な心と体	幼稚園生活の中で、充実感をもって自分のやりたいことに向かって心と体を十分に働かせ、見通しをもって行動し、自ら健康で安全な生活をつくり出すようになる。
(2)自立心	身近な環境に主体的に関わり様々な活動を楽しむ中で、しなければならないことを自覚し、自分の力で行うために考えたり、工夫したりしながら、諦めずにやり遂げることで達成感を味わい、自信をもって行動するようになる。
(3)協同性	友達と関わる中で、互いの思いや考えなどを共有し、共通の目的の実現に向けて、考えたり、工夫したり、協力したりし、充実感をもってやり遂げるようになる。
(4)道徳性・規範意識の芽生え	友達と様々な体験を重ねる中で、してよいことや悪いことが分かり、自分の行動を振り返ったり、友達の気持ちに共感したりし、相手の立場に立って行動するようになる。また、きまりを守る必要性が分かり、自分の気持ちを調整し、友達と折り合いを付けながら、きまりをつくったり、守ったりするようになる。
(5)社会生活との関わり	家族を大切にしようとする気持ちをもつとともに、地域の身近な人と触れ合う中で、人との様々な関わり方に気付き、相手の気持ちを考えて関わり、自分が役に立つ喜びを感じ、地域に親しみをもつようになる。また、幼稚園内外の様々な環境に関わる中で、遊びや生活に必要な情報を取り入れ、情報に基づき判断したり、情報を伝え合ったり、活用したりするなど、情報を役立てながら活動するようになるとともに、公共の施設を大切に利用するなどして、社会とのつながりなどを意識するようになる。
(6)思考力の芽生え	身近な事象に積極的に関わる中で、物の性質や仕組みなどを感じ取ったり、気付いたりし、考えたり、予想したり、工夫したりするなど、多様な関わりを楽しむようになる。また、友達の様々な考えに触れる中で、自分と異なる考えがあることに気付き、自ら判断したり、考え直したりするなど、新しい考えを生み出す喜びを味わいながら、自分の考えをよりよいものにするようになる。
(7)自然との関わり・生命尊重	自然に触れて感動する体験を通して、自然の変化などを感じ取り、好奇心や探究心をもって考え言葉などで表現しながら、身近な事象への関心が高まるとともに、自然への愛情や畏敬の念をもつようになる。また、身近な動植物に心を動かされる中で、生命の不思議さや尊さに気付き、身近な動植物への接し方を考え、命あるものとしていたわり、大切にする気持ちをもって関わるようになる。
(8)数量や図形、標識や文字などへの関心・感覚	遊びや生活の中で、数量や図形、標識や文字などに親しむ体験を重ねたり、標識や文字の役割に気付いたりし、自らの必要感に基づきこれらを活用し、興味や関心、感覚をもつようになる。
(9)言葉による伝え合い	先生や友達と心を通わせる中で、絵本や物語などに親しみながら、豊かな言葉や表現を身に付け、経験したことや考えたことなどを言葉で伝えたり、相手の話を注意して聞いたりし、言葉による伝え合いを楽しむようになる。
(10)豊かな感性と表現	心を動かす出来事などに触れ感性を働かせる中で、様々な素材の特徴や表現の仕方などに気付き、感じたことや考えたことを自分で表現したり、友達同士で表現する過程を楽しんだりし、表現する喜びを味わい、意欲をもつようになる。

第5章

認定こども園園児指導要録の書き方

「幼保連携型認定こども園園児指導要録」のポイント

幼保連携型認定こども園では「幼保連携型認定こども園園児指導要録」を作成することになっています。またそれ以外の認定こども園においては、「幼保連携型認定こども園園児指導要録」をその施設に沿った内容のものに読み替えて「認定こども園こども要録」を作成します。ただし、幼稚園型の認定こども園では「幼稚園幼児指導要録」を、幼稚園型および幼保連携型認定こども園以外の認定こども園では「保育所児童保育要録」を作成しても構わないことになっています。保育期間の長さに関わらず、最終年度に在籍した園が小学校へ送付します。

● 学籍等に関する記録 ●

園児の氏名、保護者の連絡先、学級担任名を記載するなど、名簿としての役割をもち、証明等の原簿となります。入園時や学年の始め、及び異動が生じた際に記入します。20年間の保存が義務づけられています。

園児 現住所には、マンション名なども省略せずに記入します。

保護者 親権者以外である場合は、氏名のあとに「後見人」であることを記入します。現住所が園児と同じ場合は、「子どものらんに同じ」とします。

入園前の状況 入園する前の集団生活の経験の有無等を記入。海外の保育園にいた場合は、その旨記入します。

進学・就学先等 進学した小学校の名称及び所在地等を記入します。転園した場合は転園先の名称及び所在地、転園理由を記入します。

幼稚園に在籍した期間 当該こども園在園期間のうち、幼稚園児として在籍した期間を記入します。

園名及び所在地 正式名称を記入し、所在地は都道府県名から記入します。

各年度の入園・進級時の園児の年齢 年度は、4月1日から3月31日までの学年の属する年度を記入します。年齢は、当該年度の4月1日時点での幼児の年齢を月齢まで記入します。

学級担任者　氏名　印 年度内に担任が代わった場合は、その都度後任者の名前を記入します。担任が複数いる場合は氏名を列挙し、副担任の場合はカッコ内に記入します。

幼保連携型認定こども園園児指導要録（学籍等に関する記録）

園児	ふりがな　氏　名	年　月　日生	性　別	
	現住所			
保護者	ふりがな　氏　名			
	現住所			

入　園	年　月　日	入園前の状況	
転入園	年　月　日		
転・退園	年　月　日	進学・就学先等	
終　了	年　月　日		

園　名及び所在地				
年度及び入園(転入園)・進級時等園児の年齢	年度　歳　か月	年度　歳　か月	年度　歳　か月	年度　歳　か月
園　長氏名　印				
担任者氏名　印				

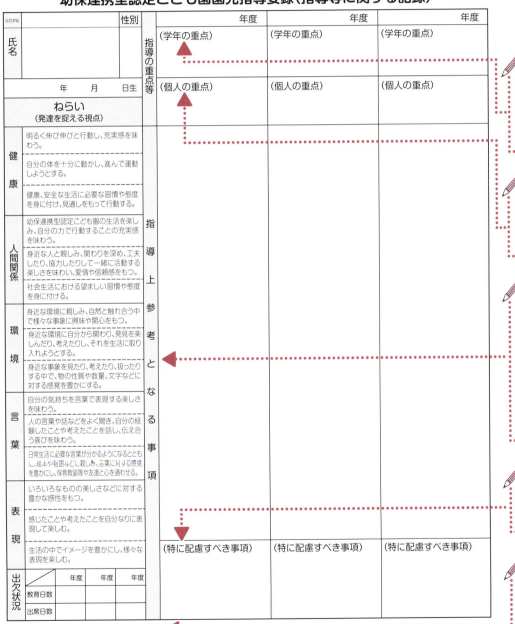

●指導等に関する記録【最終学年について】●

最終学年については、小学校における児童の指導に生かされるよう「幼児期の終わりまでに育ってほしい姿（幼保連携型認定こども園教育・保育要領 第1章総則）」を活用して、指導の過程と育ちつつある姿をわかりやすく記入します。

幼保連携型認定こども園園児指導要録（最終学年の指導等に関する記録）

ふりがな		年度
氏名		（学年の重点）
	年　　月　　日生	指導の重点等
性別		（個人の重点）

ねらい（発達を捉える視点）	
健康	明るく伸び伸びと行動し、充実感を味わう。
	自分の体を十分に動かし、進んで運動しようとする。
	健康、安全な生活に必要な習慣や態度を身に付け、見通しをもって行動する。
人間関係	幼保連携型認定こども園の生活を楽しみ、自分の力で行動することの充実感を味わう。
	身近な人と親しみ、関わりを深め、工夫したり、協力したりして一緒に活動する楽しさを味わい、愛情や信頼感をもつ。
	社会生活における望ましい習慣や態度を身に付ける。
環境	身近な環境に親しみ、自然と触れ合う中で様々な事象に興味や関心をもつ。
	身近な環境に自分から関わり、発見を楽しんだり、考えたりし、それを生活に取り入れようとする。
	身近な事象を見たり、考えたり、扱ったりする中で、物の性質や数量、文字などに対する感覚を豊かにする。
言葉	自分の気持ちを言葉で表現する楽しさを味わう。
	人の言葉や話などをよく聞き、自分の経験したことや考えたことを話し、伝え合う喜びを味わう。
	日常生活に必要な言葉が分かるようになるとともに、絵本や物語などに親しみ、言葉に対する感覚を豊かにし、先生や友達と心を通わせる。
表現	いろいろなものの美しさなどに対する豊かな感性をもつ。
	感じたことや考えたことを自分なりに表現して楽しむ。
	生活の中でイメージを豊かにし、様々な表現を楽しむ。

指導上参考となる事項

【最終学年の記録】 「幼児期の終わりまでに育ってほしい姿」を活用して総合的に記入します。◀

（特に配慮すべき事項）

出欠状況		年度
	教育日数	
	出席日数	

幼児期の終わりまでに育ってほしい姿

「幼児期の終わりまでに育ってほしい姿」は、幼保連携型認定こども園教育・保育要領第2章に示すねらい及び内容に基づいて、各園で、幼児期にふさわしい遊びや生活を積み重ねることにより、幼保連携型認定こども園の教育及び保育において育みたい資質・能力が育まれている園児の具体的な姿であり、特に5歳児後半に見られるようになる姿である。「幼児期の終わりまでに育ってほしい姿」は、とりわけ園児の自発的な活動としての遊びを通して、一人一人の発達の特性に応じて、これらの姿が育っていくものであり、全ての園児に同じように見られるものではないことに留意すること。

ア 健康な心と体	幼保連携型認定こども園における生活の中で、充実感をもって自分のやりたいことに向かって心と体を十分に働かせ、見通しをもって行動し、自ら健康で安全な生活をつくり出すようになる。
イ 自立心	身近な環境に主体的に関わり様々な活動を楽しむ中で、しなければならないことを自覚し、自分の力で行うために考えたり、工夫したりしながら、諦めずにやり遂げることで達成感を味わい、自信をもって行動するようになる。
ウ 協同性	友達と関わる中で、互いの思いや考えなどを共有し、共通の目的の実現に向けて、考えたり、工夫したり、協力したりし、充実感をもってやり遂げるようになる。
エ 道徳性・規範意識の芽生え	友達と様々な体験を重ねる中で、してよいことや悪いことが分かり、自分の行動を振り返ったり、友達の気持ちに共感したりし、相手の立場に立って行動するようになる。また、きまりを守る必要性が分かり、自分の気持ちを調整し、友達と折り合いを付けながら、きまりをつくったり、守ったりするようになる。
オ 社会生活との関わり	家族を大切にしようとする気持ちをもつとともに、地域の身近な人と触れ合う中で、人との様々な関わり方に気付き、相手の気持ちを考えて行動したり、自分が役に立つ喜びを感じ、地域に親しみをもつようになる。また、幼保連携型認定こども園内外の様々な環境に関わる中で、遊びや生活に必要な情報を取り入れ、情報に基づき判断したり、情報を伝え合ったり、活用したりするなど、情報を役立てながら活動するようになるとともに、公共の施設を大切に利用するなどして、社会とのつながりなどを意識するようになる。
カ 思考力の芽生え	身近な事象に積極的に関わる中で、物の性質や仕組みなどを感じ取ったり、気付いたりし、考えたり、予想したり、工夫したりするなど、多様な関わりを楽しむようになる。また、友達の様々な考えに触れる中で、自分と異なる考えがあることに気付き、自ら判断したり、考え直したりするなど、新しい考えを生み出す喜びを味わいながら、自分の考えをよりよいものにするようになる。
キ 自然との関わり・生命尊重	自然に触れて感動する体験を通して、自然の変化などを感じ取り、好奇心や探究心をもって考え言葉などで表現しながら、身近な事象への関心が高まるとともに、自然への愛情や畏敬の念をもつようになる。また、身近な動植物に心を動かされる中で、生命の不思議さや尊さに気付き、身近な動植物への接し方を考え、命あるものとしていたわり、大切にする気持ちをもって関わるようになる。
ク 数量や図形、標識や文字などへの関心・感覚	遊びや生活の中で、数量や図形、標識や文字などに親しむ体験を重ねたり、標識や文字の役割に気付いたりし、自らの必要感に基づきこれらを活用し、興味や関心、感覚をもつようになる。
ケ 言葉による伝え合い	保育教諭や友達と心を通わせる中で、絵本や物語などに親しみながら、豊かな言葉や表現を身に付け、経験したことや考えたことなどを言葉で伝えたり、相手の話を注意して聞いたりし、言葉による伝え合いを楽しむようになる。
コ 豊かな感性と表現	心を動かす出来事などに触れ感性を働かせる中で、様々な素材の特徴や表現の仕方などに気付き、感じたことや考えたことを自分で表現したり、友達同士で表現する過程を楽しんだりし、表現する喜びを味わい、意欲をもつようになる。

※文部科学省・厚生労働省のフォーマットをもとに作成しています。

認定こども園園児指導要録文例集
育ち・健康等に関する記録

「指導等に関する記録」の【特に配慮すべき事項】と【満3歳未満の園児に関する記録】では、園児の指導上留意が必要な育ちや、健康・家庭に関する配慮事項を記入します。

「特に配慮すべき事項」文例

カゼをひきやすい
冬場に限らずカゼをひきやすく、欠席が多い。身体的に虚弱ではないと思われるので、うがいと手洗いを楽しくできるように援助した。

食物アレルギーがある
卵、そばに食物アレルギーがある。検査の結果、卵は問題なしとわかり、そばだけになった。除去食を続けている。

メガネ使用になる
視力検査で右0.8、左1.2とわかり、眼科で治療中だが、左右の視力差が大きいため、メガネ着用になることも考えられる。

やや肥満気味に
体重が平均と比較すると多く、肥満の傾向がある。バランスのよい食事やスナック菓子のセーブなど、保護者の協力を考えてもよいと思われる。

けいれんを起こす
熱性けいれんを起こすため、注意が必要。1歳10か月のとき、家で高熱のため発作を起こした。37.5度以上の熱のときは、すみやかに家族と連絡をとった。

「満3歳未満の園児に関する記録」文例

祖母の愛情がカギ　[女児]
0歳：父親、祖母の家族構成で、0歳より入園。慎重な性格で、着実に経験を積み重ねていき、順調な発達が見られる。

優しい泣き虫　[男児]
1歳：優しく大人しい性格で、おもちゃを取られると取り返せず、ただ泣くばかりであった。やがて、自分で他のあそびを見つけることができるようになった。

一人っ子のダダっ子　[男児]
1歳：自営業の父母、祖母の4人家族。一人っ子のためか自分の思い通りにならないと、ダダをこねて暴れた。さまざまな体験を重ねるうちに安定しつつある。

末っ子の甘えん坊　[女児]
2歳：3人姉妹の末っ子のため、甘えん坊の面があるが、園では安定した発達と、生活習慣の自立が見られる。きちんと文具を整理するなど、几帳面さも感じられる。

運動面での遅れを援助　[男児]
2歳：運動面での発達の遅れが見られ、保護者と相談し保育者が本児と1対1の関わりの中で、遊びながら体を動かすことを援助した。

父親の転勤で転入園　[女児]
2歳：父親の転勤のため転入園。当初は母親と離れられず、保育者に対して接触を拒むなど新しい環境にとまどっていた。友だちができるように援助すると、遊ぶ楽しさに目覚め笑顔が増えた。

3歳児 「指導等に関する記録」文例集

幼保連携型認定こども園園児指導要録「指導等に関する記録」の3歳児の文例です。
日々の記録を振り返りながら、1年間の指導の過程と園児の発達の姿について記入します。

学年の重点

- 他の園児たちとの関係を深め、一緒に生活をすることを楽しむ。
- クラスの友だちの気持ちを理解して、一緒に考え、相手を思いやって行動する。
- 食事や衣類の着脱など、できるだけ一人で行い、そのことを誇りにして、自分のできることを広げていく。
- 自分の意思で生活を展開し、考えをもって判断、行動できるよう、生活習慣が自立する。
- いろいろな運動やあそびを楽しみ、健康な体作りを進め、身体の感覚が高まる。
- 走る、投げるなど基礎的な運動能力を磨き、友だちと一緒に元気に遊び、体を思い通りスムーズに動かす。
- 友だちや保育者と「おはよう」「ありがとう」と言葉のやりとりを交わし、会話による触れ合いを楽しむ。
- 普段の会話を楽しみ、豊かな表現と語彙を身につけ、身の回りや自然に知的興味を深める。
- 友だちと分かち合ったり、順番に使うなど他者との関わりを通して、生活する力が身につく。
- 人の話を理解し、予想や期待感を働かせて自分なりの行動をする。
- 絵本やお話を楽しみ、登場人物に感情移入してあそびや会話に発展させることができる。

個人の重点

- 身近な友だちを作り、一緒に屋外あそびやごっこあそびを楽しむ。
- 一生懸命に走ったり、みんなと全身を使って遊べるように運動を十分にする。
- 保育者や新しい友だちと積極的に関わり、自分の気持ちや思いを伝える。
- 水あそびや泥あそびなど、友だちと身近な自然に親しみ、仲よく安心して遊ぶ。
- 好きなあそびを十分に楽しんだあと、友だちや保育者と一緒にあと片づけを行う。
- 友だちのしたいことや好きな物、嫌いなことなど、相手の思いや気持ちに気づく。
- 保育者から離れて、友だちと遊んだり、自然を観察するなど安心して楽しむ。
- 順番を守り、友だちが遊んでいる物を持っていったりしないで、約束や決まりを守るようになる。
- 知らないことや見たことのない物に興味を示し、自分から積極的に関わる。
- 自分のしてほしいことや、思ったことを友だちや保育者に、自分の言葉で伝える。

指導上参考となる事項

3歳児の育ちと保育者の援助を、日ごろの記録をもとに具体的に記入します。

[養護]
人見知りをする子
初対面の大人や子どもに、緊張しておどおどとして、積極的に関わろうとしない。そばにいる保育者にスキンシップを求め、十分に受け入れられると安定する。初対面の人と一緒にいる時間を増やし、緊張をほぐすようにした。

[人間関係＋健康]
食べることに無関心な子
小食で、給食もおやつも残してしまうことが多かったので、個人差も考慮しながら「ちょっとにしたから、みんな食べようね」と語りかけた。「見て！ 全部食べたよ！」と、達成感を感じたことで少し改善が見られた。4歳児クラスでも盛りつけなどを工夫したいと思う。

[人間関係＋環境]
3歳でおむつがとれない
今年入園した本児は、他の子に比べおしっこに行く回数が1日10回以上と多かった。緊張やストレスも考えられるが、ちゃんとおしっこ出ているかを確認し、保護者とも話し合った結果、様子を見ながら行きたいときに行かせることにした。あそびに夢中なときはあまりトイレに行かないため、興味を持続させることを目指す。

[人間関係＋言語]
思いを言葉にできず怒る子
相手の子の肩を噛んで泣かせてしまったが、噛まれた子に聞くと、置いてあった本児のバケツをだまって使っていたらしい。噛まれた子と一緒に謝りの言葉をかけるが、本児は納得がいかないようだった。今後は、怒ったと感じたらまず言葉にして伝えること、思いやる気持ちをもてるように援助していきたい。

[人間関係＋健康]
愛着物を持ってくる子
好きなキャラクターのバスタオルを、入園時から手放さず毎日持ってきていた。他の子には「○ちゃんはこのバスタオルが大好きなんだって」と話して、ごく自然に認めて接することで、問題にはならなかった。園生活に慣れ、愛着物に頼らなくてもよくなるように、友だちと会話を増やしたり、スキンシップを図るなど援助した結果、バスタオルを持ってくる日が減少している。

[環境＋言語]
関心がいっぱいでいじわるする
「○○ちゃん嫌い」と言うのでわけを聞くと、本児にいじわるをするからだと言う。相手の子の様子を見ると、本児に興味をもっているようだった。相手の気持ちを感じる前に、自分の関心が先行してしまう子の幼児性も考慮して、その子と一緒に仲よく遊んでほしいと「仲間に入れて」と言葉をかけた。無事仲間入りでき、その子との距離が少し近くなったと思われる。

[環境＋言語]
名前を覚え色彩に興味
色水あそびや絵を描くときに、積極的にいろいろな方法を試している。赤い水に青を足して、「変な色になった！」と友だちに見せて喜んでいた。色の名前を覚え、たくさんの色を使い表現することを楽しんでいる。緑色と黄緑色の違いを、クレヨンや36色の色鉛筆から見つけて「こっちの緑が明るい」など色彩への興味も深めている。

[環境＋表現]
得意なあそびで表現する
工作あそびのとき、得意の紙粘土で小さなおだんごをいくつも作りだした。友だちが興味をもって同様に作り始めると「おだんご屋さんだよ」と、お店屋さんごっこに進展した。他の児童がお客さん役になって来ると、紙を巻いて海苔だんごにするなど、自分なりの表現を使いごっこあそびを十分に満喫した。

[環境＋健康]
小柄だけど活発な子に
入園時は体がやや小さくひ弱な印象だったが、外あそびが好きで人一倍元気に走り回り運動するうちに、かなりたくましくなった。家庭では小さい子扱いされてきたためか、少し引っ込み思案だった性格まで、明るく積極的になって心身の成長が感じられる。

第5章 認定こども園園児指導要録の書き方　3歳児・文例集

 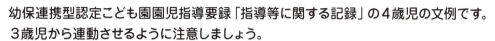 

4歳児「指導等に関する記録」文例集

幼保連携型認定こども園園児指導要録「指導等に関する記録」の4歳児の文例です。
3歳児から連動させるように注意しましょう。

学年の重点

- 新しい保育者や友だちとも、不自由なく日常会話をし人間関係の広がりを楽しみ、つながりを認識する。
- 友だちと同じあそびを楽しみながら、触れ合いを深め、お互いの思いや考えを話す。
- 図形や絵をまねて描いて遊び、自分の描きたい物を意欲的に表現する。
- 好きな絵本の場面や登場人物の言葉を覚え、友だちに暗唱するなど、自分なりの表現を楽しむ。
- 楽器操作や片足跳び、ダンスなど、体を自分の思い通りに使って、活動的なあそびを行う。
- あそびを通して身近な自然や、関わりのある出来事などに興味をもち、それを日常生活に取り込む。
- あそびや生活の中で、友だちや保育者の思いを受け止め、みんなが楽しくできる大切さに気づく。
- あそびや生活に必要なルールや約束を理解し、自分のわがままや願望をセーブし、みんなと自然に暮らす。
- 問いかけに対して友だちと相談して、自分の考えや思いを述べて会話を進める。
- 他の人の感謝や思いやりに気づき、自分以外の人に対して理解やいたわりを意識する。
- 絵本やお話を楽しみ、登場人物の感情や思いを理解して、それを伝えようとする。

個人の重点

- 自分の考えや思いを、友だちや保育者に話してお互いにコミュニケーションを楽しむ。
- 運動やヒーローごっこで、自分のイメージを固めて全身でなりきって遊ぶ。
- すべり台やブランコなど、さまざまな運動を自分の体をバランスよく動かして楽しむ。
- 友だちと身近な自然に親しみ、その発見や感動を一緒に分かち合う。
- 保育者の支援を受けながら、自分のやりたかったあそびに挑戦して十分に楽しむ。
- 他の人にも、それぞれしたいことや好きな物、嫌いなことなどがあることに気づく。
- 基本的な生活習慣をしっかりと身につけ、自分のことは自分で行うようにする。
- 順番や約束など決まりを守り、友だちと仲よく運動やごっこあそびを楽しむ。
- 自分の思いや考えを、自分の言葉で友だちや保育者に正しく伝える。
- 感じたこと、想像したことを発展させ、自分の思いのままを絵や工作で表現する。

指導上参考となる事項

4歳児の育ちと保育者の援助を、日ごろの記録をもとに具体的に記入します。

[養護]
はしが使えない
はしが上手に持てず、本人もイライラしていた。初めはスプーンと併用し、栄養士とも相談してはしのほうが食べやすいメニューも入れてもらい、だんだんとはし遣いが上達している。

[養護]
間違えると不安
忘れ物や手順を間違えると、不安のあまり立ちすくむような姿がときどき見られる。不安な気持ちを受け止めるように援助し、間違えたら次に何をすればいいのかを、寄り添ってともに考えると、前向きな姿勢になってきた。

[人間関係+環境]
心を開かない子にサインを
4歳3か月で入園してきたが、保育者に対して目を合わせず、話しかけてもそっぽを向く。前の園と違う新しい環境に、強い緊張感を抱いているようだ。さりげないスキンシップと、遊んでいる姿を見守り続けることで、「ずっと見守っているわよ」というサインを送った。あせらずに距離を縮めていき、しばらくすると安心して自分を出してくるようになった。

[人間関係+健康]
全てのんびりやの子
自営業の家庭に育ち、のんびりやで登園も遅くなることが多く、途中から参加するため、あそびも友だちと十分にできないことがある。本人は急いでいるようなので、保護者にも叱るのではなく、早めの登園への調整をお願いした。本人と家族の努力で改善されつつあるが、寒い冬の日にはまだ遅くなることがあるので、励まして自信をもたせる必要がある。

[人間関係+健康]
爪を噛むクセがある子
何もすることがないと、いつも爪を噛むクセがある。寂しさや心配事がストレスになっていると思われ、さりげなくスキンシップを図り安心できるようにした。保護者とも相談して、同じように体の触れ合いや指あそびをするなど援助した結果、爪を噛む回数が減少した。

[環境+言語]
思っていることを言わない子
普段からあまりおしゃべりではないが、「あのね、アリさんがたまごを運んでいたよ。お引っ越しかな」と、ボソリとつぶやいた。「あらホント、お引っ越ししてるんだ」と返事をしたら、うれしそうに次から話しかけてくるようになった。無口なことが気になっていたが、これからも思いをくみとって会話を続けていきたい。

[環境+健康]
好き嫌いなく食べられる
少しでもニンジンが入っていると、食が進まなくなるので、細かくしたり、すりおろして入れるなど調理を工夫し盛りつけも考えた。友だちと一緒に食べているとき、「おいしいよ」という声に押されて、一口食べることができた。「よかったね」とほめられたことがうれしく、その後は徐々にニンジンが食べられるようになった。

[環境+言語]
特定の子としか遊ばない子
慣れている子としか遊ばないわけではないが、他の子に声をかけて遊ぶことはあまりない。「いつも一緒に遊べるお友だちがいていいわね」と話しかけ本児の姿を肯定し、「一緒に仲間に入れてくれてありがとう」と周りの子にも認めてあげた。このことで本児も他の子どもも「友だちに声をかけて仲よく遊ぶことは大切なんだ」と認識し、信頼と安心感が生まれたようである。

[表現]
手先が器用で工作好き
発泡トレーで器用に帆を立てた舟を作り、人型を乗せて色をぬり仕上げた。いつも工作のときは集中力を発揮し、他の子どもが話しかけても、一つひとつていねいに作り気をそらさない。その後、みんなで舟を浮かべ水あそびをして、十分に満足していた。想像力、感性も豊かなので、それを伸ばしていきたいと思う。

5歳児 「指導等に関する記録」文例集

幼保連携型認定こども園園児指導要録「指導等に関する記録」の5歳児の文例です。
最終年度の育ちを、過去の保育とリンクさせて正確に記しましょう。

学年の重点

- 跳び箱やうんていなど、全身をすばやく動かしたり、竹馬などバランスをとって上手に遊ぶ。
- 家族や人との関わりの中で、自分の役割を考えながら自信をもって活動する。
- 自分のできることに自信をもち、誇りを自覚し、人に役立つことを積極的に行う。
- 先を見越して計画を立て、友だちと一緒に目的をもった行動をする。
- いろいろな年齢の児童との交流を深め、積極的に小さな子に関わり面倒をみる。
- 身近な自然や環境に親しみ、それを生活やあそびに取り入れて楽しく過ごす。
- 友だちに自分の思いや考えを言葉で伝え、会話を通して相手の話を聞いて理解する。
- 経験したことや印象に残ったことを、相手にわかるように自分の言葉で正しく伝える。
- 普段の生活や身近な自然でわからないことを、自分で調べたり試すなどして、知的好奇心を発揮する。
- 友だちと自分の考えや思いを語り合い、協同で一つのことを進める楽しさを味わう。
- 他の人の考えや気持ちを想像し、自分以外の人に対して理解を示し関わりを深めていく。
- 自分たちのトラブルに対し、保育者の意見やヒントを得ながら自力で解決するよう努力する。

個人の重点

- 苦手な運動を「やってみよう」という挑戦する心が育ち、いろいろな動きが楽しめるようになる。
- スケーターやすべり台の順番を守り、みんなで交代しながら十分に楽しむ。
- 絵や粘土など、始めたら最後まであきらめずに取り組み、達成感と満足感を味わう。
- 園や周辺の身近な自然に親しみ、発見や感動を友だちや保育者にわかるように伝える。
- 手指を上手に使って、手あそびや折り紙あそびを楽しみ、達成感を得る。
- 友だちのしたいことや好きな物、してもらいたくないこと、嫌いな物などを察して接する。
- 日常の生活態度をしっかりと身につけ、自分のことはできるだけ自分で行う。
- 順番や約束など決まりを守り、友だちと連帯感を深めながら遊ぶ。
- 順番を守り、友だちが遊んでいる物を持っていったりしないで、約束や決まりを守るようになる。
- 自分の思いや考えを、友だちのまねでなく、周囲の声に惑わされず自分の言葉で伸び伸びと表す。
- 小さな子に教えるときに、手をとって教える、お手本を見せるなど、間接的な教え方ができる。

指導上参考となる事項

「幼児期の終わりまでに育ってほしい姿（10の姿）」も活用して記入します。

［養護］
一番にこだわる
食事でもあそびでも、一番にこだわるあまり、負けると泣いたり、他の子どもともめたりする。関わりの中で負けてもよいこと、努力することが大切なことがわかるように援助している。
【該当する10の姿－イ 自立心、ウ 協同性】

［人間関係＋健康］
当番活動に燃える子
給食の献立を読み上げる係になって、あこがれていた当番活動に大はりきり。最初はモゴモゴと言っていたが、日を重ねるうちに上手に読み上げられるようになった。みんなの役に立つ喜びと晴れがましさ、協同して役を完遂した達成感に顔が輝いている。遅れた日には、当番同士で役割を話し合う姿も見られた。
【該当する10の姿－イ 自立心、ウ 協同性】

［人間関係＋表現］
興味をもって取り組む
友だちのたこが高く揚がるのに感心し、たこ足の長さについて興味深げに聞いていた。自分のたこ足を友だちのものと同じようにつけるなど、熱心に取り組み、ヒモの張りぐあいを教えてもらい、さらに思考して工夫を重ね、うまく揚がるようになった。興味や関心をもったものに疑問をもち、積極的に意見や知識を聞き、自分のものを表現する姿が見られた。
【該当する10の姿－カ 思考力の芽生え、コ 豊かな感性と表現】

［人間関係＋環境］
あがって話せなくなる子
普段は楽しくおしゃべりができるが、あがり症なのか、発表会などで大勢の人の前に出ると、もじもじして言葉を発せられない。本児に合った無理のない役割なのかを検討し、遊びながら自然と役割が果たせるようにした。また、不用意に励ましたりあおったりせず、自らその役割を楽しみ、演じる興味をもてるように少しずつ準備に変化をつけた。その結果、役割をあそびの一環として、無理のない表現ができるようになった。
【該当する10の姿－ア 健康な心と体、コ 豊かな感性と表現】

［環境＋言語］
「場面かん黙」を疑うことも
日ごろからとても無口で、何とか話をしようと試みるが、なかなか口を開かない。聴覚や発達には異常がないので、毎日優しく気軽に話しかけるようにする。保護者に聞くと、家でもあまり話さないというので「場面かん黙」ではないと推測される。本児の心に寄り添い、園でみんなと一緒にいる喜び、会話の楽しさを伝える。
【該当する10の姿－ア 健康な心と体、ケ 言葉による伝え合い】

［人間関係＋健康］
全身でサッカーを楽しむ
体が比較的小さく全身運動に消極的だったが、サッカーで他の児童と体をぶつけ合って走るうちに、満足感と自信が生まれた。友だちや保育者の声援に喜び、全力を出してボールを追いかけるようになった。他の運動にも積極的に取り組み、体力もかなり向上した。
【該当する10の姿－ア 健康な心と体、ウ 協同性】

［人間関係＋言語］
受け入れてくれる人が好き
ニコニコと愛想がよく優しいので、友だちも多い。自分の思いや行動を受け入れてくれる児童には、べったりするほど好意を見せる。一方で、近所で一緒に登園するほど関わりが深くても、自分を認めてくれない児童には、自己中心的ともいえるほど、素っ気ない態度で接する。友だちの思いを想像する力を身につけるようにする。
【該当する10の姿－エ 道徳性・規範意識の芽生え】

［表現］
ふざけ過ぎのムードメーカー
変なしぐさや発言で、周囲を笑わせるムードメーカーで、クラスが明るく和やかになるが、ふざけ過ぎて他の児童も巻き込み進行に支障が出ることもあった。どうすればみんなに迷惑をかけずに、楽しく遊べるかを本人に聞くと、その後はムードメーカーに変わりはないが、場の雰囲気に合わせられるようになった。
【該当する10の姿－カ 思考力の芽生え、コ 豊かな感性と表現】

記入例 1 園児指導要録

感情的になり手をあげる子

リカちゃんのデータ

2歳で入園。父親（46歳）、母親（40歳）と兄（7歳）、本児、妹（2歳）の5人家族。建築関係の自営業のため、両親とも多忙。

❶ 個人の重点は保育者の目標となる
感情的になってしまいがちな園児に対して、どのような配慮や支援をしてきたかを書きます。

❷ 養護に関わる事項についても書く
「思いが相手に伝わらないとイライラする」といった園児の特徴が、年を重ねるごとにどう変化していったのか、順を追って書きます。

❸ 園児の健康状態等について書く
園児の健康の状況、指導上特記すべき事項があれば記入します。

❹ 3歳未満児の記録を年度ごとに記入する
園児の育ちに関わる事項として、園児の健康状態等も含め簡潔に記入します。

ふりがな	なる み	り か	性別	指導の重点等	○年度（3歳）
氏名	成美	リカ	女		（学年の重点）・園生活を楽しみ、保育者や友だちといろいろな体験を仲よく共有することを喜びとする。
	○年　1月　20日生				（個人の重点）・思い通りにならないとき、他の子を叩いたりしないで保育者に話そうとする。❶

	ねらい（発達を捉える視点）	指導上参考となる事項	
健康	明るく伸び伸びと行動し、充実感を味わう。		・きょうだいがいるためか、初対面の児童や保育者とも積極的に交わりを持つ。自分の気持ちを素直に表すことが不得手で、思いが相手に伝わらないとイライラする。❷
	自分の体を十分に動かし、進んで運動しようとする。		
	健康、安全な生活に必要な習慣や態度を身に付け、見通しをもって行動する。		・入園時から生活面では、兄や父母の様子を見ていたためか、身支度やトイレができるなどおおむね自立している。
人間関係	幼保連携型認定こども園の生活を楽しみ、自分の力で行動することの充実感を味わう。		・散歩に行くとき、積極的に友だちの手をにぎりながら歩く。友だちとの交流や保育者との触れ合いを好み、お店ごっこあそびなどでも、進んで役について楽しむ。
	身近な人と親しみ、関わりを深め、工夫したり、協力したりして一緒に活動する楽しさを味わい、愛情や信頼感をもつ。		
	社会生活における望ましい習慣や態度を身に付ける。		・鬼ごっこで捕まっても、逃げることをやめなかったり、他のあそびで負けると怒ったりするなど、自分の嫌な感情を抑えきれずに他にぶつける姿が見られる。ルールを守ることで楽しく遊べることを説明し、感情の高まりを見て一時あそびから離脱するなどするうちに、本児も理解するようになった。
環境	身近な環境に親しみ、自然と触れ合う中で様々な事象に興味や関心をもつ。		
	身近な環境に自分から関わり、発見を楽しんだり、考えたりし、それを生活に取り入れようとする。		・園庭でアリなどを見つけると、ジッと観察し保育者に質問をすることが多い。好奇心が旺盛で、問いかけを楽しんでいる。できるだけ質問に答えてあげられるようにし、興味対象を広げていく。
	身近な事象を見たり、考えたり、扱ったりする中で、物の性質や数量、文字などに対する感覚を豊かにする。		
言葉	自分の気持ちを言葉で表現する楽しさを味わう。		
	人の言葉や話などをよく聞き、自分の経験したことや考えたことを話し、伝え合う喜びを味わう。		
	日常生活に必要な言葉が分かるようになるとともに、絵本や物語などに親しみ、言葉に対する感覚を豊かにし、保育教諭等や友達と心を通わせる。		
表現	いろいろなものの美しさなどに対する豊かな感性をもつ。		
	感じたことや考えたことを自分なりに表現して楽しむ。		
	生活の中でイメージを豊かにし、様々な表現を楽しむ。		（特に配慮すべき事項）カゼをひきやすい体質で、年に何度か発熱し気管支が少し弱いと保護者より聞いている。❸

出欠状況		○年度	○年度	○年度
	教育日数	224	221	215
	出席日数	215	210	213

【満3歳未満の園児に関する記録】

関園児の育ちに関する事項	○年度（2歳）	年度	
	5人家族の3きょうだいの長女。生活習慣は完成し、経験も積んでいるが、少しきかん気が強い面もある。入園時は気持ちを抑えられなかったが、だんだんコントロールができるようになった。❹		

148

●保育者が伝えたいこと●

3人きょうだいの真ん中のリカちゃんは、嫌なことや自分の思い通りにならないと、口で言うより先に関わった他の子をぶつことがありました。保育者や保護者が思いを受け止めることで、次第に自分をコントロールできるようになりました。単に乱暴な子というイメージだけが小学校に伝わらないように、他のよい点も記述しました。

○年度（4歳）	○年度（5歳）	幼児期の終わりまでに育ってほしい姿（10の姿）	
（学年の重点） ・園や周辺で身近な自然に関わりながら、季節の変化や動植物の生長に気づき、豊かな感情を育む。	（学年の重点） ・自分の思いや考えを友だちと伝え合い、協力して意欲的にあそびや園生活を送る大切さを理解する。		
（個人の重点） ・トラブルが起きても騒がず、友だちや保育者に相談して、どのように対処したらいいかを考えて行動する。	（個人の重点） ・気の合う友だちと、自分の思いや考えを伝え合いながら、たくさんのあそびや運動をする楽しみを知る。		
・自分の思い通りにすることを強く望むため、トラブルになることもある。いろいろな児童と関わりをもち、他の人にも嫌なことやうれしいことがあるのを知ったようである。	・心身ともに順調に発育していて、きかん気によるトラブルも減少した。自分なりの世界をもち、絵本等を楽しみ、小さな子に聞かせるなど面倒みのよさも芽生えてきている。	心と体	ア 健康な
・自分の思い通りにならないと、大きな声で泣き続ける。本児の思いを受け止めて、自分から気持ちを切り替えられるように、根気強く見守っていくと、徐々に安定して気持ちを抑えられるようになった。❺ ・自分の使っていた物を取られたことから口論となり、泣きながら相手の子を激しく叩いたことがあった。当事者双方に状況や理由を尋ね、叩いた本児の思いを受け入れて話を聞いたあと、双方で謝り仲直りできた。自分の思いを言葉で表すことはまだ未熟である。 ・花や動物が好きで、絵本や読み聞かせでもそれらが登場する話を頼んでくる。絵本はストーリーを覚えていて、友だちに説明するなど積極的に交わっていく姿が見られる。 ・遠足の動物園で見たゾウを表現するあそびで、ゾウになりきって他の児童と一緒に手を鼻にし、水浴びや食事のまねを楽しむ。イメージを、体を使って的確に表現する力がすぐれている。❻	・自分から進んでハムスター係になり、毎日飼育ケースの掃除やエサやりを行っている。1匹が死んだときは、すぐに死を理解できなかったが、絵本を見せるなどで本児なりに整理し、ハムスターの死を受け入れられた。……⑴ ・まだ少し感情の起伏が激しいところも見受けられるが、気持ちのコントロールができるようになった。してよいこと、悪いことの判断もつくようになり、自主的に行動ができる。また、仲よしの友だちが困っているときには、その思いを代弁してあげるなど、他の児童とも優しく関わることができる。……⑵ ・小学生の兄の影響もあり、文字が読めるようになり絵本を大きな声で読みあげたり、小さな子に読んであげたりする。また、自分の考えたお話をするなど、絵本で得た世界を自分なりにふくらませ創作して楽しんでいる。想像力が豊かで工作などでは、意外な物を組み合わせるなど、さまざまな素材を用いて、最後まで自分の満足する作品を作りあげようと努力する。……⑶ ❼	イ 自立心 ウ 協同性 エ 道徳性・規範意識の芽生え オ 社会生活との関わり カ 思考力の芽生え キ 自然との関わり・生命尊重 ク 数量や図形、標識や文字などへの関心・感覚 ケ 言葉による伝え合い コ 豊かな感性と表現	
（特に配慮すべき事項） 気管支は医師によると心配ないとのことで、カゼ予防のうがいと手洗いの励行を言い聞かせる。	（特に配慮すべき事項） 成長につれ体質が強くなり、あまりカゼをひかなくなった。		

年度	年度

第5章 認定こども園園児指導要録の書き方　記入例1

❺ 必要な関わりと成長をあわせて書く

「思い通りにならないと泣き続ける」といった園児の訴えに対し、どういった配慮や支援が必要なのか。また、その関わりを受けて園児がどう成長していったのかを記入します。

❻ 園児の興味・関心を成長へとつなげる

園児の好奇心旺盛で観察力がすぐれている様子や関心事を書くことは、小学校でのさらなる学習意欲につながります。

❼ 最終学年の記録は小学校へとつなげる

最終学年については、小学校における児童の指導に生かされるよう、「幼児期の終わりまでに育ってほしい姿」を活用し、具体的なエピソード等も織り交ぜてわかりやすく記入します。

⑴…園児の自主性や生命の大切さに触れたことが具体的にわかりやすく書かれています。
【該当する10の姿ーイ、キ】

⑵…他者との関わりについて、欠点だけではなく、長所も拾い上げています。
【該当する10の姿ーエ、オ、ケ】

⑶…園児の文字に対する関心度、思考力や豊かな感性までをまとめて書き、今後期待される方向性を示しています。
【該当する10の姿ーカ、ク、コ】

記入例 2 園児指導要録
虚弱から健康になった子

新太くんのデータ
3歳で入園。離婚した母親（30歳）と、その祖父母と暮らす。母親は看護師のため夜勤も多い。

❶ 子どもに必要なことはそれぞれ違う
この子どもに必要なのは人との交流といったように的をしぼり、必要な配慮や支援を重点事項とします。

❷ 家庭環境や生育をまとめて記載する
3年間の子どもの成長の流れがすぐわかるように、できるだけダイジェストにまとめます。

❸ 保育者の支援が小学校の参考に
その子どもが苦手とすることに対して、保育者がどのように配慮や支援を行い、子どもがどう変化していったかがわかると、引き継ぎの参考になります。

❹ 事実だけを述べ、憶測は書かない
「転びやすい」のは、明らかに「体のバランスがうまくとれていない」ことが原因なのか、保育者の憶測で書かないようにしましょう。

ふりがな	おがわ あらた	性別	指導の重点等	○年度（3歳）
氏名	小川 新太	男		（学年の重点） ・園生活を楽しみ、基本的な生活習慣をしっかり身につける。
	○年 11月 18日生			（個人の重点） ・困ったことやしてほしいことを、素直に保育者や周囲の大人に伝え、スッキリした気持ちになる。❶

	ねらい（発達を捉える視点）		指導上参考となる事項
健康	明るく伸び伸びと行動し、充実感を味わう。 自分の体を十分に動かし、進んで運動しようとする。 健康、安全な生活に必要な習慣や態度を身に付け、見通しをもって行動する。		・入園当初は母親と離れて不安になり、ウロウロと保育室の中を歩いていた。好きな車のおもちゃを与え、抱いて話しかけると徐々に打ち解けて、思いを口にするようになった。❷ ・泣いて母親と離れられなかったが、保育者がスキンシップを図りながら笑顔で接するうちに、ウロウロすることもなくなった。 ・片づけが嫌なため、片づけの時間になるとどこかに隠れてしまっていたが、あそびの楽しい要素を加えると、友だちと積極的に行うようになった。 ・苦手な衣類の着脱を保育者に手伝ってもらうことが多かったが、声をかけながらゲームのようにすると進んで行うようになり、半年ほどで自分一人でできるようになった。 ・転びやすいため、友だちの活発なあそびをじっと見ている姿があったが、保育者が一緒に見ながら仲間に入れてもらうタイミングを計り、子どもにお願いすると、抵抗なく受け入れてもらえた。❸ ・他の子どもの前では、素直に自分の姿を出せなかった。相手の児童のことを教えると、警戒心をとき、伸び伸びとふるまうことができた。
人間関係	幼保連携型認定こども園の生活を楽しみ、自分の力で行動することの充実感を味わう。 身近な人と親しみ、関わりを深め、工夫したり、協力したりして一緒に活動する楽しさを味わい、愛情や信頼感をもつ。 社会生活における望ましい習慣や態度を身に付ける。		
環境	身近な環境に親しみ、自然と触れ合う中で様々な事象に興味や関心をもつ。 身近な環境に自分から関わり、発見を楽しんだり、考えたりし、それを生活に取り入れようとする。 身近な事象を見たり、考えたり、扱ったりする中で、物の性質や数量、文字などに対する感覚を豊かにする。		
言葉	自分の気持ちを言葉で表現する楽しさを味わう。 人の言葉や話などをよく聞き、自分の経験したことや考えたことを話し、伝え合う喜びを味わう。 日常生活に必要な言葉が分かるようになるとともに、絵本や物語などに親しみ、言葉に対する感覚を豊かにし、保育教諭等や友達と心を通わせる。		
表現	いろいろなものの美しさなどに対する豊かな感性をもつ。 感じたことや考えたことを自分なりに表現して楽しむ。 生活の中でイメージを豊かにし、様々な表現を楽しむ。		（特に配慮すべき事項） 転びやすい。体のバランスがうまくとれていないので、お散歩のときはみんなと手をつなぐ必要がある。❹

出欠状況	○年度	○年度	○年度
教育日数	224	221	215
出席日数	220	215	210

【満3歳未満の園児に関する記録】

園児の育ちに関する事項	○年度（2歳）	年度

150

● 保育者が伝えたいこと ●

母親と祖父母と暮らす新太くんは、食が細い上に虚弱な子でした。しかし、園で十分なあそびと友だちとの交遊の中で、年長になるとリーダーシップをとる、活発な子どもに成長しました。一人親ややせっぽちだったハンディを乗り越えた新太くんの姿を、明るさが伝わるようにたくさんのエピソードをあげて記述しました。

	○年度（4歳）	○年度（5歳）	幼児期の終わりまでに育ってほしい姿（10の姿）	
	（学年の重点） ・自分の思いや考えを的確に表現し、友だちと一緒に遊んだり食事をしたりする楽しさを知り、生活する喜びを味わう。	（学年の重点） ・目的に向かって自分なりに創意工夫しながら、いろいろな活動に積極的に取り組んで充足感を得る。		
	（個人の重点） ・保育者や友だちと会話しながら、食事を楽しい時間にする。	（個人の重点） ・気の合う友だちとさまざまな表現を楽しみ、意欲的に自分を表す。		
	・園生活に慣れ友だちも増えている。ごっこあそびが好きで、熱中して終わったあとも役に成り切るほどである。自分の思いを、友だちに伝えようと努力している姿が見られる。	・友だちのリーダーとなって自分の考えや思いを、正しく相手に伝える力を発揮している。また、他者を思いやる優しさがあり、小さい子の面倒をみている。	ア 健康な心と体 イ 自立心 ウ 協同性	
	・食事中に、口の中に食べ物をたくさん入れたまま大きな声で話すため、口からこぼすことがあった。飲み込んでから話をすることを伝えると、友だちと会話を楽しみながらこぼさずに食事ができるようになった。 ・キラキラのベルトをつけて、変身ヒーローになることが大好き。発泡トレーやペットボトルなどで、ヒーローのグッズを作る時間に用意すると、友だちとストーリーや用具を作ったり、自分で工夫して楽しむ想像力が育まれてきた。❺ ・衣類の着脱や歯みがき、手洗いなど、基本的な生活習慣はほぼ身についてきた。 ・名前を呼ぶと、呼ばれたほうを見るがすぐに返事をしないことが多い。引っ込み思案な面もあり、呼ばれたら元気よく「はい！」と返事をすると、気持ちよく話ができることを伝える。小さな声でも返事を始め、ほめると自信をもち、だんだん大きな声で返事ができるようになった。 ・意外な歌をよく知っていて、話を聞いたあと連想して口ずさむ。保育者が楽しく聞いて拍手したり、友だちに教えると本児も喜んで歌っている。❻	・乳歯が抜け始め、永久歯が伸びつつある。大人に近づいたのがうれしくて、歯みがきのブラッシングがていねいになった。年長としての自覚が芽生え、小さな子が困っていると優しく声をかけるなど、他者を思いやる姿が見られた……⑴ ・友だちの思いや意見を、じっと聞いてあげることができるようになった。トラブルが起きても、自分たちで解決する手段を探している様子がうかがえる。誰にでも思ったことや感じたことを伝えられるが、相手がどう思うかは、まだ察することができない。相手の気持ちを考えてから言ったほうがよいことを教えると、少しずつ相手の様子を見て、場の雰囲気がつかめるようになった。……⑵ ・自分たちで園庭に植えたトマトの成長に興味津々で、毎日友だちと水やりを続けた。夏の収穫では、感動しみんなで大喜びしていた。また、絵本作りでは、好きな変身ヒーローを細かく、ていねいに描いていた。お話作りを楽しみ、作品を見てもらうことで充足感を味わっていた。……⑶	エ 道徳性・規範意識の芽生え オ 社会生活との関わり カ 思考力の芽生え キ 自然との関わり・生命尊重 ク 数量や図形、標識や文字などへの関心・感覚 ケ 言葉による伝え合い コ 豊かな感性と表現	
	（特に配慮すべき事項） 食が細く標準より少しやせているが、医師の診断では格別に異常もなく治療は不要とのことだった。	（特に配慮すべき事項） ここ1年で心身ともに成長し、体格は園でも上位に入るほど健康体となった。		

年度	年度

❺ 成長の証しはできるだけ具体的に

好きな変身ヒーローのグッズ作りや友だちとのストーリー作りが、想像力を育むことにつながったなど、好きな物が能力向上へとつながる情報を提供します。

❻ 長所は見逃さずすくいあげよう

意外な歌を知っているというような小さなことでも、その子どもの長所を見つけ出し、小学校に伝えることが大切です。

❼ 最終学年の記録は小学校へとつなげる

最終学年については「幼児期の終わりまでに育ってほしい姿」を活用し、具体的なエピソード等も織り交ぜてわかりやすく記入します。

⑴…園児の成長と、他者を思いやる気持ち、年長児としての自覚が読み取れます。
【該当する10の姿―ア、オ】

⑵…他者との関係について長所、努力している点、苦手とする点について、わかりやすく書いています。
【該当する10の姿―イ、ウ、ケ】

⑶…自然との関わりや、豊かな感性を発揮した場面がわかります。
【該当する10の姿―キ、コ】

第5章 認定こども園園児指導要録の書き方 記入例2

| 練習用 | 幼保連携型認定こども園園児指導要録（指導） |

＊コピーしてお使いください。「学籍」については、幼稚園と同じフォーマットになりますので、P134をお使いください。

ふりがな 氏名		性別	指導の重点等	年度	年度	年度
				（学年の重点）	（学年の重点）	（学年の重点）
年　　月　　日生				（個人の重点）	（個人の重点）	（個人の重点）
ねらい（発達を捉える視点）			指導上参考となる事項			
健康	明るく伸び伸びと行動し、充実感を味わう。					
	自分の体を十分に動かし、進んで運動しようとする。					
	健康、安全な生活に必要な習慣や態度を身に付け、見通しをもって行動する。					
人間関係	幼保連携型認定こども園の生活を楽しみ、自分の力で行動することの充実感を味わう。					
	身近な人と親しみ、関わりを深め、工夫したり、協力したりして一緒に活動する楽しさを味わい、愛情や信頼感をもつ。					
	社会生活における望ましい習慣や態度を身に付ける。					
環境	身近な環境に親しみ、自然と触れ合う中で様々な事象に興味や関心をもつ。					
	身近な環境に自分から関わり、発見を楽しんだり、考えたりし、それを生活に取り入れようとする。					
	身近な事象を見たり、考えたり、扱ったりする中で、物の性質や数量、文字などに対する感覚を豊かにする。					
言葉	自分の気持ちを言葉で表現する楽しさを味わう。					
	人の言葉や話などをよく聞き、自分の経験したことや考えたことを話し、伝え合う喜びを味わう。					
	日常生活に必要な言葉が分かるようになるとともに、絵本や物語などに親しみ、言葉に対する感覚を豊かにし、保育教諭等や友達と心を通わせる。					
表現	いろいろなものの美しさなどに対する豊かな感性をもつ。					
	感じたことや考えたことを自分なりに表現して楽しむ。					
	生活の中でイメージを豊かにし、様々な表現を楽しむ。				（特に配慮すべき事項）	（特に配慮すべき事項）	（特に配慮すべき事項）

出欠状況		年度	年度	年度
	教育日数			
	出席日数			

【満3歳未満の園児に関する記録】

園児の育ちに関する事項	年度	年度	年度	年度

※文部科学省・厚生労働省のフォーマットをもとに作成しています。

練習用　幼保連携型認定こども園園児指導要録（指導）

【最終学年の指導等に関する記録】

ふりがな		年度			幼児期の終わりまでに育ってほしい姿

「幼児期の終わりまでに育ってほしい姿」は、幼保連携型認定こども園教育・保育要領第2章に示すねらい及び内容に基づいて、各園で、幼児期にふさわしい遊びや生活を積み重ねることにより、幼保連携型認定こども園の教育及び保育において育みたい資質・能力が育まれている園児の具体的な姿であり、特に5歳児後半に見られるようになる姿である。「幼児期の終わりまでに育ってほしい姿」は、とりわけ園児の自発的な活動としての遊びを通して、一人一人の発達の特性に応じて、これらの姿が育っていくものであり、全ての園児に同じように見られるものではないことに留意すること。

氏名　　年　月　日生

性別

指導の重点等
- （学年の重点）
- （個人の重点）

ねらい（発達を捉える視点）

健康
- 明るく伸び伸びと行動し、充実感を味わう。
- 自分の体を十分に動かし、進んで運動しようとする。
- 健康、安全な生活に必要な習慣や態度を身に付け、見通しをもって行動する。

人間関係
- 幼保連携型認定こども園の生活を楽しみ、自分の力で行動することの充実感を味わう。
- 身近な人と親しみ、関わりを深め、工夫したり、協力したりして一緒に活動する楽しさを味わい、愛情や信頼感をもつ。
- 社会生活における望ましい習慣や態度を身に付ける。

環境
- 身近な環境に親しみ、自然と触れ合う中で様々な事象に興味や関心をもつ。
- 身近な環境に自分から関わり、発見を楽しんだり、考えたりし、それを生活に取り入れようとする。
- 身近な事象を見たり、考えたり、扱ったりする中で、物の性質や数量、文字などに対する感覚を豊かにする。

言葉
- 自分の気持ちを言葉で表現する楽しさを味わう。
- 人の言葉や話などをよく聞き、自分の経験したことや考えたことを話し、伝え合う喜びを味わう。
- 日常生活に必要な言葉が分かるようになるとともに、絵本や物語などに親しみ、言葉に対する感覚を豊かにし、先生や友達と心を通わせる。

表現
- いろいろなものの美しさなどに対する豊かな感性をもつ。
- 感じたことや考えたことを自分なりに表現して楽しむ。
- 生活の中でイメージを豊かにし、様々な表現を楽しむ。

指導上参考となる事項
- （特に配慮すべき事項）

出欠状況

	年度
教育日数	
出席日数	

ア 健康な心と体
幼保連携型認定こども園における生活の中で、充実感をもって自分のやりたいことに向かって心と体を十分に働かせ、見通しをもって行動し、自ら健康で安全な生活をつくり出すようになる。

イ 自立心
身近な環境に主体的に関わり様々な活動を楽しむ中で、しなければならないことを自覚し、自分の力で行うために考えたり、工夫したりしながら、諦めずにやり遂げることで達成感を味わい、自信をもって行動するようになる。

ウ 協同性
友達と関わる中で、互いの思いや考えなどを共有し、共通の目的の実現に向けて、考えたり、工夫したり、協力したりし、充実感をもってやり遂げるようになる。

エ 道徳性・規範意識の芽生え
友達と様々な体験を重ねる中で、してよいことや悪いことが分かり、自分の行動を振り返ったり、友達の気持ちに共感したりし、相手の立場に立って行動するようになる。また、きまりを守る必要性が分かり、自分の気持ちを調整し、友達と折り合いを付けながら、きまりをつくったり、守ったりするようになる。

オ 社会生活との関わり
家族を大切にしようとする気持ちをもつとともに、地域の身近な人と触れ合う中で、人との様々な関わり方に気付き、相手の気持ちを考えて関わり、自分が役に立つ喜びを感じ、地域に親しみをもつようになる。また、幼保連携型認定こども園内外の様々な環境に関わる中で、遊びや生活に必要な情報を取り入れ、情報に基づき判断したり、情報を伝え合ったり、活用したりするなど、情報を役立てながら活動するようになるとともに、公共の施設を大切に利用するなどして、社会とのつながりなどを意識するようになる。

カ 思考力の芽生え
身近な事象に積極的に関わる中で、物の性質や仕組みなどを感じ取ったり、気付いたりし、考えたり、予想したり、工夫したりするなど、多様な関わりを楽しむようになる。また、友達の様々な考えに触れる中で、自分と異なる考えがあることに気付き、自ら判断したり、考え直したりするなど、新しい考えを生み出す喜びを味わいながら、自分の考えをよりよいものにするようになる。

キ 自然との関わり・生命尊重
自然に触れて感動する体験を通して、自然の変化などを感じ取り、好奇心や探究心をもって考え言葉などで表現しながら、身近な事象への関心が高まるとともに、自然への愛情や畏敬の念をもつようになる。また、身近な動植物に心を動かされる中で、生命の不思議さや尊さに気付き、身近な動植物への接し方を考え、命あるものとしていたわり、大切にする気持ちをもって関わるようになる。

ク 数量や図形、標識や文字などへの関心・感覚
遊びや生活の中で、数量や図形、標識や文字などに親しむ体験を重ねたり、標識や文字の役割に気付いたりし、自らの必要感に基づきこれらを活用し、興味や関心、感覚をもつようになる。

ケ 言葉による伝え合い
保育教諭等や友達と心を通わせる中で、絵本や物語などに親しみながら、豊かな言葉や表現を身に付け、経験したことや考えたことを言葉で伝えたり、相手の話を注意して聞いたりし、言葉による伝え合いを楽しむようになる。

コ 豊かな感性と表現
心を動かす出来事などに触れ感性を働かせる中で、様々な素材の特徴や表現の仕方などに気付き、感じたことや考えたことを自分で表現したり、友達同士で表現する過程を楽しんだりし、表現する喜びを味わい、意欲をもつようになる。

※文部科学省・厚生労働省のフォーマットをもとに作成しています。

幼稚園教育要領（全文）

2017・3・31 文部科学省告示　2018・4・1 施行

第1章　　　　　総則

第1　幼稚園教育の基本

　幼児期の教育は、生涯にわたる人格形成の基礎を培う重要なものであり、幼稚園教育は、学校教育法に規定する目的及び目標を達成するため、幼児期の特性を踏まえ、環境を通して行うものであることを基本とする。

　このため教師は、幼児との信頼関係を十分に築き、幼児が身近な環境に主体的に関わり、環境との関わり方や意味に気付き、これらを取り込もうとして、試行錯誤したり、考えたりするようになる幼児期の教育における見方・考え方を生かし、幼児と共によりよい教育環境を創造するように努めるものとする。これらを踏まえ、次に示す事項を重視して教育を行わなければならない。

1　幼児は安定した情緒の下で自己を十分に発揮することにより発達に必要な体験を得ていくものであることを考慮して、幼児の主体的な活動を促し、幼児期にふさわしい生活が展開されるようにすること。

2　幼児の自発的な活動としての遊びは、心身の調和のとれた発達の基礎を培う重要な学習であることを考慮して、遊びを通しての指導を中心として第2章に示すねらいが総合的に達成されるようにすること。

3　幼児の発達は、心身の諸側面が相互に関連し合い、多様な経過をたどって成し遂げられていくものであること、また、幼児の生活経験がそれぞれ異なることなどを考慮して、幼児一人一人の特性に応じ、発達の課題に即した指導を行うようにすること。

　その際、教師は、幼児の主体的な活動が確保されるよう幼児一人一人の行動の理解と予想に基づき、計画的に環境を構成しなければならない。この場合において、教師は、幼児と人やものとの関わりが重要であることを踏まえ、教材を工夫し、物的・空間的環境を構成しなければならない。また、幼児一人一人の活動の場面に応じて、様々な役割を果たし、その活動を豊かにしなければならない。

第2　幼稚園教育において育みたい資質・能力及び「幼児期の終わりまでに育ってほしい姿」

1　幼稚園においては、生きる力の基礎を育むため、この章の第1に示す幼稚園教育の基本を踏まえ、次に掲げる資質・能力を一体的に育むよう努めるものとする。
　(1) 豊かな体験を通じて、感じたり、気付いたり、分かったり、できるようになったりする「知識及び技能の基礎」
　(2) 気付いたことや、できるようになったことなどを使い、考えたり、試したり、工夫したり、表現したりする「思考力、判断力、表現力等の基礎」
　(3) 心情、意欲、態度が育つ中で、よりよい生活を営もうとする「学びに向かう力、人間性等」

2　1に示す資質・能力は、第2章に示すねらい及び内容に基づく活動全体によって育むものである。

3　次に示す「幼児期の終わりまでに育ってほしい姿」は、第2章に示すねらい及び内容に基づく活動全体を通して資質・能力が育まれている幼児の幼稚園修了時の具体的な姿であり、教師が指導を行う際に考慮するものである。

(1) 健康な心と体
　幼稚園生活の中で、充実感をもって自分のやりたいことに向かって心と体を十分に働かせ、見通しをもって行動し、自ら健康で安全な生活をつくり出すようになる。

(2) 自立心
　身近な環境に主体的に関わり様々な活動を楽しむ中で、しなければならないことを自覚し、自分の力で行うために考えたり、工夫したりしながら、諦めずにやり遂げることで達成感を味わい、自信をもって行動するようになる。

(3) 協同性
　友達と関わる中で、互いの思いや考えなどを共有し、共通の目的の実現に向けて、考えたり、工夫したり、協力したりし、充実感をもってやり遂げるようになる。

(4) 道徳性・規範意識の芽生え
　友達と様々な体験を重ねる中で、してよいことや悪いことが分かり、自分の行動を振り返ったり、友達の気持ちに共感したりし、相手の立場に立って行動するようになる。また、きまりを守る必要性が分かり、自分の気持ちを調整し、友達と折り合いを付けながら、きまりをつくったり、守ったりするようになる。

(5) 社会生活との関わり
　家族を大切にしようとする気持ちをもつとともに、地域の身近な人と触れ合う中で、人との様々な関わり方に気付き、相手の気持ちを考えて関わり、自分が役に立つ喜びを感じ、地域に親しみをもつようになる。また、幼稚園内外の様々な環境に関わる中で、遊びや生活に必要な情報を取り入れ、情報に基づき判断したり、情報を伝え合ったり、活用したりするなど、情報を役立てながら活動するようになるとともに、公共の施設を大切に利用するなどして、社会とのつながりなどを意識するようになる。

(6) 思考力の芽生え
　身近な事象に積極的に関わる中で、物の性質や仕組みなどを感じ取ったり、気付いたりし、考えたり、予想したり、工夫したりするなど、多様な関わりを楽しむようになる。また、友達の様々な考えに触れる中で、自分と異なる考えがあることに気付き、自ら判断したり、考え直したりするなど、新しい考えを生み出す喜びを味わいながら、自分の考えをよりよいものにするようになる。

(7) 自然との関わり・生命尊重
　自然に触れて感動する体験を通して、自然の変化などを感じ取り、好奇心や探究心をもって考え言葉などで表現しながら、身近な事象への関心が高まるとともに、自然への愛情や畏敬の念をもつようになる。また、身近な動植物に心を動かされる中で、生命の不思議さや尊さに気付き、身近な動植物への接し方を考え、命あるものとしていたわり、大切にする気持ちをもって関わるようになる。

(8) 数量や図形、標識や文字などへの関心・感覚
　遊びや生活の中で、数量や図形、標識や文字などに親しむ体験を重ねたり、標識や文字の役割に気付いたりし、自

らの必要感に基づきこれらを活用し、興味や関心、感覚を
もつようになる。
(9) 言葉による伝え合い
　先生や友達と心を通わせる中で、絵本や物語などに親し
みながら、豊かな言葉や表現を身に付け、経験したことや
考えたことなどを言葉で伝えたり、相手の話を注意して聞
いたりし、言葉による伝え合いを楽しむようになる。
(10) 豊かな感性と表現
　心を動かす出来事などに触れ感性を働かせる中で、様々
な素材の特徴や表現の仕方などに気付き、感じたことや考
えたことを自分で表現したり、友達同士で表現する過程を
楽しんだりし、表現する喜びを味わい、意欲をもつように
なる。

第3　教育課程の役割と編成等
1　教育課程の役割
　各幼稚園においては、教育基本法及び学校教育法その他の
法令並びにこの幼稚園教育要領の示すところに従い、創意工
夫を生かし、幼児の心身の発達と幼稚園及び地域の実態に即
応した適切な教育課程を編成するものとする。
　また、各幼稚園においては、6に示す全体的な計画にも留
意しながら、「幼児期の終わりまでに育ってほしい姿」を踏
まえ教育課程を編成すること、教育課程の実施状況を評価し
てその改善を図っていくこと、教育課程の実施に必要な人的
又は物的な体制を確保するとともにその改善を図っていくこ
となどを通して、教育課程に基づき組織的かつ計画的に各幼
稚園の教育活動の質の向上を図っていくこと（以下「カリキ
ュラム・マネジメント」という。）に努めるものとする。
2　各幼稚園の教育目標と教育課程の編成
　教育課程の編成に当たっては、幼稚園教育において育みた
い資質・能力を踏まえつつ、各幼稚園の教育目標を明確にす
るとともに、教育課程の編成についての基本的な方針が家庭
や地域とも共有されるよう努めるものとする。
3　教育課程の編成上の基本的事項
(1) 幼稚園生活の全体を通して第2章に示すねらいが総合
　的に達成されるよう、教育課程に係る教育期間や幼児の
　生活経験や発達の過程などを考慮して具体的なねらいと
　内容を組織するものとする。この場合においては、特に、
　自我が芽生え、他者の存在を意識し、自己を抑制しよう
　とする気持ちが生まれる幼児期の発達の特性を踏まえ、
　入園から修了に至るまでの長期的な視野をもって充実し
　た生活が展開できるように配慮するものとする。
(2) 幼稚園の毎学年の教育課程に係る教育週数は、特別の
　事情のある場合を除き、39週を下ってはならない。
(3) 幼稚園の1日の教育課程に係る教育時間は、4時間を
　標準とする。ただし、幼児の心身の発達の程度や季節な
　どに適切に配慮するものとする。
4　教育課程の編成上の留意事項
　教育課程の編成に当たっては、次の事項に留意するものと
する。
(1) 幼児の生活は、入園当初の一人一人の遊びや教師との
　触れ合いを通して幼稚園生活に親しみ、安定していく時
　期から、他の幼児との関わりの中で幼児の主体的な活動
　が深まり、幼児が互いに必要な存在であることを認識す
　るようになり、やがて幼児同士や学級全体で目的をもっ
　て協同して幼稚園生活を展開し、深めていく時期などに
　至るまでの過程を様々に経ながら広げられていくもので
　あることを考慮し、活動がそれぞれの時期にふさわしく
　展開されるようにすること。

(2) 入園当初、特に、3歳児の入園については、家庭との
　連携を緊密にし、生活のリズムや安全面に十分配慮する
　こと。また、満3歳児については、学年の途中から入園
　することを考慮し、幼児が安心して幼稚園生活を過ごす
　ことができるよう配慮すること。
(3) 幼稚園生活が幼児にとって安全なものとなるよう、教
　職員による協力体制の下、幼児の主体的な活動を大切に
　しつつ、園庭や園舎などの環境の配慮や指導の工夫を行
　うこと。
5　小学校教育との接続に当たっての留意事項
(1) 幼稚園においては、幼稚園教育が、小学校以降の生活
　や学習の基盤の育成につながることに配慮し、幼児期に
　ふさわしい生活を通して、創造的な思考や主体的な生活
　態度などの基礎を培うようにするものとする。
(2) 幼稚園教育において育まれた資質・能力を踏まえ、小
　学校教育が円滑に行われるよう、小学校の教師との意見
　交換や合同の研究の機会などを設け、「幼児期の終わり
　までに育ってほしい姿」を共有するなど連携を図り、幼
　稚園教育と小学校教育との円滑な接続を図るよう努める
　ものとする。
6　全体的な計画の作成
　各幼稚園においては、教育課程を中心に、第3章に示す教
育課程に係る教育時間の終了後等に行う教育活動の計画、学
校保健計画、学校安全計画などとを関連させ、一体的に教育
活動が展開されるよう全体的な計画を作成するものとする。

第4　指導計画の作成と幼児理解に基づいた評価
1　指導計画の考え方
　幼稚園教育は、幼児が自ら意欲をもって環境と関わること
によりつくり出される具体的な活動を通して、その目標の達
成を図るものである。
　幼稚園においてはこのことを踏まえ、幼児期にふさわしい
生活が展開され、適切な指導が行われるよう、それぞれの幼
稚園の教育課程に基づき、調和のとれた組織的、発展的な指
導計画を作成し、幼児の活動に沿った柔軟な指導を行わなけ
ればならない。
2　指導計画の作成上の基本的事項
(1) 指導計画は、幼児の発達に即して一人一人の幼児が幼
　児期にふさわしい生活を展開し、必要な体験を得られる
　ようにするために、具体的に作成するものとする。
(2) 指導計画の作成に当たっては、次に示すところにより、
　具体的なねらい及び内容を明確に設定し、適切な環境を
　構成することなどにより活動が選択・展開されるように
　するものとする。
　ア　具体的なねらい及び内容は、幼稚園生活における幼
　　児の発達の過程を見通し、幼児の生活の連続性、季節
　　の変化などを考慮して、幼児の興味や関心、発達の実
　　情などに応じて設定すること。
　イ　環境は、具体的なねらいを達成するために適切なも
　　のとなるように構成し、幼児が自らその環境に関わる
　　ことにより様々な活動を展開しつつ必要な体験を得ら
　　れるようにすること。その際、幼児の生活する姿や発
　　想を大切にし、常にその環境が適切なものとなるよう
　　にすること。
　ウ　幼児の行う具体的な活動は、生活の流れの中で様々
　　に変化するものであることに留意し、幼児が望まし
　　い方向に向かって自ら活動を展開していくことができ
　　るよう必要な援助をすること。

巻末資料 幼稚園教育要領（全文）

155

その際、幼児の実態及び幼児を取り巻く状況の変化などに即して指導の過程についての評価を適切に行い、常に指導計画の改善を図るものとする。

3　指導計画の作成上の留意事項

指導計画の作成に当たっては、次の事項に留意するものとする。

(1) 長期的に発達を見通した年、学期、月などにわたる長期の指導計画やこれとの関連を保ちながらより具体的な幼児の生活に即した週、日などの短期の指導計画を作成し、適切な指導が行われるようにすること。特に、週、日などの短期の指導計画については、幼児の生活のリズムに配慮し、幼児の意識や興味の連続性のある活動が相互に関連して幼稚園生活の自然な流れの中に組み込まれるようにすること。

(2) 幼児が様々な人やものとの関わりを通して、多様な体験をし、心身の調和のとれた発達を促すようにしていくこと。その際、幼児の発達に即して主体的・対話的で深い学びが実現するようにするとともに、心を動かされる体験が次の活動を生み出すことを考慮し、一つ一つの体験が相互に結び付き、幼稚園生活が充実するようにすること。

(3) 言語に関する能力の発達と思考力等の発達が関連していることを踏まえ、幼稚園生活全体を通して、幼児の発達を踏まえた言語環境を整え、言語活動の充実を図ること。

(4) 幼児が次の活動への期待や意欲をもつことができるよう、幼児の実態を踏まえながら、教師や他の幼児と共に遊びや生活の中で見通しをもったり、振り返ったりするよう工夫すること。

(5) 行事の指導に当たっては、幼稚園生活の自然の流れの中で生活に変化や潤いを与え、幼児が主体的に楽しく活動できるようにすること。なお、それぞれの行事についてはその教育的価値を十分検討し、適切なものを精選し、幼児の負担にならないようにすること。

(6) 幼児期は直接的な体験が重要であることを踏まえ、視聴覚教材やコンピュータなど情報機器を活用する際には、幼稚園生活では得難い体験を補完するなど、幼児の体験との関連を考慮すること。

(7) 幼児の主体的な活動を促すためには、教師が多様な関わりをもつことが重要であることを踏まえ、教師は、理解者、共同作業者など様々な役割を果たし、幼児の発達に必要な豊かな体験が得られるよう、活動の場面に応じて、適切な指導を行うようにすること。

(8) 幼児の行う活動は、個人、グループ、学級全体などで多様に展開されるものであることを踏まえ、幼稚園全体の教師による協力体制を作りながら、一人一人の幼児が興味や欲求を十分に満足させるよう適切な援助を行うようにすること。

4　幼児理解に基づいた評価の実施

幼児一人一人の発達の理解に基づいた評価の実施に当たっては、次の事項に配慮するものとする。

(1) 指導の過程を振り返りながら幼児の理解を進め、幼児一人一人のよさや可能性などを把握し、指導の改善に生かすようにすること。その際、他の幼児との比較や一定の基準に対する達成度についての評定によって捉えるものではないことに留意すること。

(2) 評価の妥当性や信頼性が高められるよう創意工夫を行い、組織的かつ計画的な取組を推進するとともに、次年度又は小学校等にその内容が適切に引き継がれるように

すること。

第5　特別な配慮を必要とする幼児への指導

1　障害のある幼児などへの指導

障害のある幼児などへの指導に当たっては、集団の中で生活することを通して全体的な発達を促していくことに配慮し、特別支援学校などの助言又は援助を活用しつつ、個々の幼児の障害の状態などに応じた指導内容や指導方法の工夫を組織的かつ計画的に行うものとする。また、家庭、地域及び医療や福祉、保健等の業務を行う関係機関との連携を図り、長期的な視点で幼児への教育的支援を行うために、個別の教育支援計画を作成し活用することに努めるとともに、個々の幼児の実態を的確に把握し、個別の指導計画を作成し活用することに努めるものとする。

2　海外から帰国した幼児や生活に必要な日本語の習得に困難のある幼児の幼稚園生活への適応

海外から帰国した幼児や生活に必要な日本語の習得に困難のある幼児については、安心して自己を発揮できるよう配慮するなど個々の幼児の実態に応じ、指導内容や指導方法の工夫を組織的かつ計画的に行うものとする。

第6　幼稚園運営上の留意事項

1　各幼稚園においては、園長の方針の下に、園務分掌に基づき教職員が適切に役割を分担しつつ、相互に連携しながら、教育課程や指導の改善を図るものとする。また、各幼稚園が行う学校評価については、教育課程の編成、実施、改善が教育活動や幼稚園運営の中核となることを踏まえ、カリキュラム・マネジメントと関連付けながら実施するよう留意するものとする。

2　幼児の生活は、家庭を基盤として地域社会を通じて次第に広がりをもつものであることに留意し、家庭との連携を十分に図るなど、幼稚園における生活が家庭や地域社会と連続性を保ちつつ展開されるようにするものとする。その際、地域の自然、高齢者や異年齢の子供などを含む人材、行事や公共施設などの地域の資源を積極的に活用し、幼児が豊かな生活体験を得られるように工夫するものとする。また、家庭との連携に当たっては、保護者との情報交換の機会を設けたり、保護者と幼児との活動の機会を設けたりなどすることを通じて、保護者の幼児期の教育に関する理解が深まるよう配慮するものとする。

3　地域や幼稚園の実態等により、幼稚園間に加え、保育所、幼保連携型認定こども園、小学校、中学校、高等学校及び特別支援学校などとの間の連携や交流を図るものとする。特に、幼稚園教育と小学校教育の円滑な接続のため、幼稚園の幼児と小学校の児童との交流の機会を積極的に設けるようにするものとする。また、障害のある幼児児童生徒との交流及び共同学習の機会を設け、共に尊重し合いながら協働して生活していく態度を育むよう努めるものとする。

第7　教育課程に係る教育時間終了後等に行う教育活動など

幼稚園は、第3章に示す教育課程に係る教育時間の終了後等に行う教育活動について、学校教育法に規定する目的及び目標並びにこの章の第1に示す幼稚園教育の基本を踏まえ実施するものとする。また、幼稚園の目的の達成に資するため、幼児の生活全体が豊かなものとなるよう家庭や地域における幼児期の教育の支援に努めるものとする。

第2章　ねらい及び内容

この章に示すねらいは、幼稚園教育において育みたい資質・能力を幼児の生活する姿から捉えたものであり、内容は、ねらいを達成するために指導する事項である。各領域は、これらを幼児の発達の側面から、心身の健康に関する領域「健康」、人との関わりに関する領域「人間関係」、身近な環境との関わりに関する領域「環境」、言葉の獲得に関する領域「言葉」及び感性と表現に関する領域「表現」としてまとめ、示したものである。内容の取扱いは、幼児の発達を踏まえた指導を行うに当たって留意すべき事項である。

各領域に示すねらいは、幼稚園における生活の全体を通じ、幼児が様々な体験を積み重ねる中で相互に関連をもちながら次第に達成に向かうものであること、内容は、幼児が環境に関わって展開する具体的な活動を通して総合的に指導されるものであることに留意しなければならない。

また、「幼児期の終わりまでに育ってほしい姿」が、ねらい及び内容に基づく活動全体を通して資質・能力が育まれている幼児の幼稚園修了時の具体的な姿であることを踏まえ、指導を行う際に考慮するものとする。

なお、特に必要な場合には、各領域に示すねらいの趣旨に基づいて適切な、具体的な内容を工夫し、それを加えても差し支えないが、その場合には、それが第1章の第1に示す幼稚園教育の基本を逸脱しないよう慎重に配慮する必要がある。

健　康
〔健康な心と体を育て、自ら健康で安全な生活をつくり出す力を養う。〕

1　ねらい
(1) 明るく伸び伸びと行動し、充実感を味わう。
(2) 自分の体を十分に動かし、進んで運動しようとする。
(3) 健康、安全な生活に必要な習慣や態度を身に付け、見通しをもって行動する。

2　内容
(1) 先生や友達と触れ合い、安定感をもって行動する。
(2) いろいろな遊びの中で十分に体を動かす。
(3) 進んで戸外で遊ぶ。
(4) 様々な活動に親しみ、楽しんで取り組む。
(5) 先生や友達と食べることを楽しみ、食べ物への興味や関心をもつ。
(6) 健康な生活のリズムを身に付ける。
(7) 身の回りを清潔にし、衣服の着脱、食事、排泄などの生活に必要な活動を自分でする。
(8) 幼稚園における生活の仕方を知り、自分たちで生活の場を整えながら見通しをもって行動する。
(9) 自分の健康に関心をもち、病気の予防などに必要な活動を進んで行う。
(10) 危険な場所、危険な遊び方、災害時などの行動の仕方が分かり、安全に気を付けて行動する。

3　内容の取扱い
上記の取扱いに当たっては、次の事項に留意する必要がある。
(1) 心と体の健康は、相互に密接な関連があるものであることを踏まえ、幼児が教師や他の幼児との温かい触れ合いの中で自己の存在感や充実感を味わうことなどを基盤として、しなやかな心と体の発達を促すこと。特に、十分に体を動かす気持ちよさを体験し、自ら体を動かそうとする意欲が育つようにすること。

(2) 様々な遊びの中で、幼児が興味や関心、能力に応じて全身を使って活動することにより、体を動かす楽しさを味わい、自分の体を大切にしようとする気持ちが育つようにすること。その際、多様な動きを経験する中で、体の動きを調整するようにすること。
(3) 自然の中で伸び伸びと体を動かして遊ぶことにより、体の諸機能の発達が促されることに留意し、幼児の興味や関心が戸外にも向くようにすること。その際、幼児の動線に配慮した園庭や遊具の配置などを工夫すること。
(4) 健康な心と体を育てるためには食育を通じた望ましい食習慣の形成が大切であることを踏まえ、幼児の食生活の実情に配慮し、和やかな雰囲気の中で教師や他の幼児と食べる喜びや楽しさを味わったり、様々な食べ物への興味や関心をもったりするなどし、食の大切さに気付き、進んで食べようとする気持ちが育つようにすること。
(5) 基本的な生活習慣の形成に当たっては、家庭での生活経験に配慮し、幼児の自立心を育て、幼児が他の幼児と関わりながら主体的な活動を展開する中で、生活に必要な習慣を身に付け、次第に見通しをもって行動できるようにすること。
(6) 安全に関する指導に当たっては、情緒の安定を図り、遊びを通して安全についての構えを身に付け、危険な場所や事物などが分かり、安全についての理解を深めるようにすること。また、交通安全の習慣を身に付けるようにするとともに、避難訓練などを通して、災害などの緊急時に適切な行動がとれるようにすること。

人間関係
〔他の人々と親しみ、支え合って生活するために、自立心を育て、人と関わる力を養う。〕

1　ねらい
(1) 幼稚園生活を楽しみ、自分の力で行動することの充実感を味わう。
(2) 身近な人と親しみ、関わりを深め、工夫したり、協力したりして一緒に活動する楽しさを味わい、愛情や信頼感をもつ。
(3) 社会生活における望ましい習慣や態度を身に付ける。

2　内容
(1) 先生や友達と共に過ごすことの喜びを味わう。
(2) 自分で考え、自分で行動する。
(3) 自分でできることは自分でする。
(4) いろいろな遊びを楽しみながら物事をやり遂げようとする気持ちをもつ。
(5) 友達と積極的に関わりながら喜びや悲しみを共感し合う。
(6) 自分の思ったことを相手に伝え、相手の思っていることに気付く。
(7) 友達のよさに気付き、一緒に活動する楽しさを味わう。
(8) 友達と楽しく活動する中で、共通の目的を見いだし、工夫したり、協力したりなどする。
(9) よいことや悪いことがあることに気付き、考えながら行動する。
(10) 友達との関わりを深め、思いやりをもつ。
(11) 友達と楽しく生活する中できまりの大切さに気付き、守ろうとする。
(12) 共同の遊具や用具を大切にし、皆で使う。
(13) 高齢者をはじめ地域の人々などの自分の生活に関係の深いいろいろな人に親しみをもつ。

3　内容の取扱い

巻末資料　幼稚園教育要領（全文）

157

上記の取扱いに当たっては、次の事項に留意する必要がある。

(1) 教師との信頼関係に支えられて自分自身の生活を確立していくことが人と関わる基盤となることを考慮し、幼児が自ら周囲に働き掛けることにより多様な感情を体験し、試行錯誤しながら諦めずにやり遂げることの達成感や、前向きな見通しをもって自分の力で行うことの充実感を味わうことができるよう、幼児の行動を見守りながら適切な援助を行うようにすること。

(2) 一人一人を生かした集団を形成しながら人と関わる力を育てていくようにすること。その際、集団の生活の中で、幼児が自己を発揮し、教師や他の幼児に認められる体験をし、自分のよさや特徴に気付き、自信をもって行動できるようにすること。

(3) 幼児が互いに関わりを深め、協同して遊ぶようになるため、自ら行動する力を育てるようにするとともに、他の幼児と試行錯誤しながら活動を展開する楽しさや共通の目的が実現する喜びを味わうことができるようにすること。

(4) 道徳性の芽生えを培うに当たっては、基本的な生活習慣の形成を図るとともに、幼児が他の幼児との関わりの中で他人の存在に気付き、相手を尊重する気持ちをもって行動できるようにし、また、自然や身近な動植物に親しむことなどを通して豊かな心情が育つようにすること。特に、人に対する信頼感や思いやりの気持ちは、葛藤やつまずきをも体験し、それらを乗り越えることにより次第に芽生えてくることに配慮すること。

(5) 集団の生活を通して、幼児が人との関わりを深め、規範意識の芽生えが培われることを考慮し、幼児が教師との信頼関係に支えられて自己を発揮する中で、互いに思いを主張し、折り合いを付ける体験をし、きまりの必要性などに気付き、自分の気持ちを調整する力が育つようにすること。

(6) 高齢者をはじめ地域の人々などの自分の生活に関係の深いいろいろな人と触れ合い、自分の感情や意志を表現しながら共に楽しみ、共感し合う体験を通して、これらの人々などに親しみをもち、人と関わることの楽しさや人の役に立つ喜びを味わうことができるようにすること。また、生活を通して親や祖父母などの家族の愛情に気付き、家族を大切にしようとする気持ちが育つようにすること。

環境

〔周囲の様々な環境に好奇心や探究心をもって関わり、それらを生活に取り入れていこうとする力を養う。〕

1 ねらい

(1) 身近な環境に親しみ、自然と触れ合う中で様々な事象に興味や関心をもつ。

(2) 身近な環境に自分から関わり、発見を楽しんだり、考えたりし、それを生活に取り入れようとする。

(3) 身近な事象を見たり、考えたり、扱ったりする中で、物の性質や数量、文字などに対する感覚を豊かにする。

2 内容

(1) 自然に触れて生活し、その大きさ、美しさ、不思議さなどに気付く。

(2) 生活の中で、様々な物に触れ、その性質や仕組みに興味や関心をもつ。

(3) 季節により自然や人間の生活に変化のあることに気付く。

(4) 自然などの身近な事象に関心をもち、取り入れて遊ぶ。

(5) 身近な動植物に親しみをもって接し、生命の尊さに気付き、いたわったり、大切にしたりする。

(6) 日常生活の中で、我が国や地域社会における様々な文化や伝統に親しむ。

(7) 身近な物を大切にする。

(8) 身近な物や遊具に興味をもって関わり、自分なりに比べたり、関連付けたりしながら考えたり、試したりして工夫して遊ぶ。

(9) 日常生活の中で数量や図形などに関心をもつ。

(10) 日常生活の中で簡単な標識や文字などに関心をもつ。

(11) 生活に関係の深い情報や施設などに興味や関心をもつ。

(12) 幼稚園内外の行事において国旗に親しむ。

3 内容の取扱い

上記の取扱いに当たっては、次の事項に留意する必要がある。

(1) 幼児が、遊びの中で周囲の環境と関わり、次第に周囲の世界に好奇心を抱き、その意味や操作の仕方に関心をもち、物事の法則性に気付き、自分なりに考えることができるようになる過程を大切にすること。また、他の幼児の考えなどに触れて新しい考えを生み出す喜びや楽しさを味わい、自分の考えをよりよいものにしようとする気持ちが育つようにすること。

(2) 幼児期において自然のもつ意味は大きく、自然の大きさ、美しさ、不思議さなどに直接触れる体験を通して、幼児の心が安らぎ、豊かな感情、好奇心、思考力、表現力の基礎が培われることを踏まえ、幼児が自然との関わりを深めることができるよう工夫すること。

(3) 身近な事象や動植物に対する感動を伝え合い、共感し合うことなどを通して自分から関わろうとする意欲を育てるとともに、様々な関わり方を通してそれらに対する親しみや畏敬の念、生命を大切にする気持ち、公共心、探究心などが養われるようにすること。

(4) 文化や伝統に親しむ際には、正月や節句など我が国の伝統的な行事、国歌、唱歌、わらべうたや我が国の伝統的な遊びに親しんだり、異なる文化に触れる活動に親しんだりすることを通じて、社会とのつながりの意識や国際理解の意識の芽生えなどが養われるようにすること。

(5) 数量や文字などに関しては、日常生活の中で幼児自身の必要感に基づく体験を大切にし、数量や文字などに関する興味や関心、感覚が養われるようにすること。

言葉

〔経験したことや考えたことなどを自分なりの言葉で表現し、相手の話す言葉を聞こうとする意欲や態度を育て、言葉に対する感覚や言葉で表現する力を養う。〕

1 ねらい

(1) 自分の気持ちを言葉で表現する楽しさを味わう。

(2) 人の言葉や話などをよく聞き、自分の経験したことや考えたことを話し、伝え合う喜びを味わう。

(3) 日常生活に必要な言葉が分かるようになるとともに、絵本や物語などに親しみ、言葉に対する感覚を豊かにし、先生や友達と心を通わせる。

2 内容

(1) 先生や友達の言葉や話に興味や関心をもち、親しみをもって聞いたり、話したりする。

(2) したり、見たり、聞いたり、感じたり、考えたりなどしたことを自分なりに言葉で表現する。